Annemarie Jost

Die Rettung unserer psychischen Gesundheit

Annemarie Jost

Die Rettung unserer psychischen Gesundheit

Wie wir jetzt die Kurve kriegen

Frank & Timme
Verlag für wissenschaftliche Literatur

Umschlaggestaltung unter Verwendung einer Abbildung
von © primipil – stock.adobe.com

ISBN 978-3-7329-0853-0
ISBN E-Book 978-3-7329-9060-3

Herstellung durch Frank & Timme GmbH,
Wittelsbacherstraße 27a, 10707 Berlin.
Printed in Germany.
Gedruckt auf säurefreiem, alterungsbeständigem Papier.

www.frank-timme.de

Möge die Welt meine Enkel freundlich empfangen!

Inhalt

Einführung

Die in den Jahren 2020 und 2021 verhängten Maßnahmen zur Abwehr der Covid-19-Pandemie haben enorme Umwälzungen im sozialen Leben erzeugt. Im Zuge von Social Distancing wurden physische Sozialkontakte eingeschränkt und auf Telefonate und Videobegegnungen verlagert, wobei gerade ältere und weniger medienaffine oder schlechter ausgestattete Menschen von Kontaktreduktion und Einsamkeit bedroht waren und es immer noch sind. Soziale Zusammenkünfte und Austauschprozesse im Gemeinwesen, bei kulturellen Veranstaltungen, im Bildungsbereich und am Arbeitsplatz nahmen ab oder wurden als Videokonferenzen durchgeführt. Die Digitalisierung hat bei vielen eine Sehnsucht nach echten Begegnungen hervorgebracht. Fragen der Authentizität (Echtheit) gewannen eine neue Bedeutung, zugleich schürte die mediale Aufbereitung von Wirklichkeit heftige Emotionen. Für manche war der Rückzug eine Zeit der Sinnsuche und Spiritualität. Konsumverhalten wurde infrage gestellt und der Wert guter Beziehungen und familiärer Netzwerke wurde deutlich. Ebenso wuchsen die Spannungen. Gesellschaftliche Spaltungsprozesse setzten sich im privaten Miteinander fort, und die räumliche Enge, bedingt durch Ausgangsbeschränkungen, vermehrte Heimarbeit (Homeoffice) und häusliche Quarantäne, erhöhte die Reizbarkeit der Betroffenen. Das sind Stressoren, die nahe Beziehungen vor enorme Herausforderungen stellen, insbesondere, wenn prekäre Wohnverhältnisse, materielle Notlagen, vorbestehende Konflikte oder Suchtmittelkonsum das Zusammenleben erschweren und häuslicher Gewalt Vorschub leisten.

Besonders mit dem Homeschooling alleingelassene Alleinerziehende in prekären wirtschaftlichen Verhältnissen, Menschen mit nicht im Fokus stehenden Vorerkrankungen, Pflegeheimbewohner*innen und Migrant*innen in Gemeinschaftsunterkünften standen vor riesigen, kaum zu bewältigenden Herausforderungen. Auch Kinder und Jugendliche waren, obgleich sie selbst selten schwer erkrankten, erheblich von den Maßnahmen betroffen – wie zum Beispiel von der Masken- und Testpflicht in Schulen, dem Unterrichtsausfall mit Bildungsdefiziten und dem Wegfall sozialer Kontakte. Ebenfalls belastend wirkte sich aus, dass sie insbesondere mit dem Narrativ konfrontiert waren, als (unerkannte) Infektionsträger möglicherweise Schuld an der Erkrankung älterer Menschen zu haben. Vor diesem Hintergrund verdient die Individualisierung von Schuld und Verantwortung eine gesonderte Analyse.

Bei der Betrachtung der Pandemiemaßnahmen spielt die derzeitige Fokussierung der Aufmerksamkeit auf bestimmte Aspekte von Gesundheit (Verbreitung von Virusinfektionen, Teststrategien und Impfstatus) eine wichtige Rolle. Die Fokussierung von Aufmerksamkeit ist stets eine wirkungsvolle Einflussmöglichkeit auf soziale Systeme mit erheblichen Auswirkungen, und sie ist dies umso mehr, wenn eine solche Fokussierung weltweit geschieht.

Gesundheit lässt sich jedoch nicht nur auf die Abwesenheit von Krankheit reduzieren und setzt neben dem körperlichen Wohlbefinden maßgeblich psychisches und soziales Wohlsein voraus. Gesundheit ist eng mit persönlichen Freiheiten und Entfaltungsmöglichkeiten verbunden, braucht Frieden und eine intakte Umwelt und hat darüber hinaus eine spirituelle Dimension. Im Jahr 1948 wurde die WHO (Weltgesundheitsorganisation) gegründet – im gleichen Jahr, in dem die Allgemeine Erklärung der Menschenrechte von der Generalversammlung der Vereinten Nationen angenommen wurde. Die Satzung der WHO besagt: „Es ist eines der Grundrechte jedes Menschen ohne Unterschied der Rasse, der Religion, der politischen Überzeugung, der wirtschaftlichen oder sozialen Lage, sich einer möglichst guten Gesundheit zu erfreuen". Darüber hinaus definiert sie Gesundheit als einen „Zustand völligen körperlichen, seelischen und sozialen Wohlbefindens" und legt die Verantwortung der Regierungen für die Gesundheit ihrer Völker dar, der „sie nur durch geeignete Maßnahmen auf dem Gebiet des Gesundheits- und Sozialwesens nachkommen" können (WHO Europa 2018).

Während der Coronakrise beleuchtete der Scheinwerfer der Aufmerksamkeit vornehmlich die Gefahren durch ein Virus, während andere Gesundheitsgefahren in den Hintergrund traten. Diese starke gesundheitspolitische Fokussierung wurde weltweit herbeigeführt, nachdem die WHO die Pandemie ausgerufen hatte und nationale Regierungen eine epidemische Lage nationaler Tragweite feststellten. Wie bereits in Planspielen durchexerziert (vgl. Schreyer 2020), wurden auch die Medien genutzt, um in der Bevölkerung maßnahmenkonformes Verhalten herbeizuführen und aufrechtzuerhalten. Zugleich wurden kritische Stimmen begrenzt. Es wurden weltweite freiheitseinschränkende Maßnahmen umgesetzt, deren Effektivität durchaus kritisch differenziert bewertet werden muss, was sich bereits nach der ersten Welle zeigte (vgl. Haug et al. 2020). In Ländern, die diese Maßnahmen weniger drastisch umsetzten, wie in Schweden, blieb die vorhergesagte Katastrophe einer dramatischen Übersterblichkeit aus (vgl. scb 2021, S. 24/25; euromomo 2021)[1],

1 In der 2. Januarwoche 2022 wurden bei euromomo die Daten zu Schweden (vorübergehend) entfernt.

und religiöse Gruppierungen, die sich vielen Einschränkungen entzogen und Impfungen ablehnend gegenüberstanden, wie die nordamerikanischen Amish People, kamen erstaunlich gut durch die Pandemie. Bei einer plötzlichen tödlichen Gefahr können freiheitseinschränkende Strategien durchaus angebracht sein; die unmittelbare Gefahrenabwehr wiegt schwerer als das Übel, die Lage möglicherweise falsch einzuschätzen. Da sich aber die Erkrankung als weniger gefährlich als ursprünglich mithilfe von Modellrechnungen prognostiziert herausstellte (vgl. RKI 2020, z. B. Abb. 7) und zudem die Maßnahmen sehr lange aufrechterhalten wurden, bergen diese Strategien das Risiko, dass die unerwünschten Begleitwirkungen der Maßnahmen die erzielten Effekte übersteigen und sich das, was aus dem Blick gerät, zu ernsten Problemen entwickelt. Dies soll am Beispiel psychosozialer Beeinträchtigungen genauer in den Blick genommen werden.

Fehlt es an sachgerechter Würdigung kritischer Stimmen, erschwert dies ein Umsteuern bei Fehleinschätzungen erheblich, insbesondere dann, wenn technokratische, von kleinen Expert*innengruppen entwickelte Strategien das Geschehen maßgeblich bestimmen und die Bevölkerung durch medial vermittelte Strategien der Angsterzeugung zur Regression in kindliche Verhaltensweisen verleitet wird. Hierbei besteht die Gefahr, dass die Umsetzung der Maßnahmen in unterschiedlichen Bevölkerungsgruppen zu anderen als den geplanten Effekten führt. Diese Erkenntnis hatte die strategische Ausrichtung der WHO (Weltgesundheitsorganisiation) in den 1980er und 1990er Jahren stark geprägt und partizipatorische Ansätze der Gesundheitsförderung in den Vordergrund gerückt. Nun bleibt für Partizipation, etwa die Einbeziehung der Betroffenen in die Gestaltung der Schutzmaßnahmen, bei jäher Gefahr möglicherweise zu wenig Zeit. Nachdem nun aber die Pandemiemaßnahmen nicht nur wenige Monate, sondern schon Jahre das gesellschaftliche Leben bestimmen, erscheint es geboten, mithilfe von beteiligungsorientierten Formaten Maßnahmen zu hinterfragen und nachzujustieren. Gerade für eine weniger definitionsmächtige Gruppierung wie Menschen mit psychischen Erkrankungen wäre das von großer Bedeutung.

Weltweit ähneln sich die Strategien, technokratische Lösungen für komplexe Probleme zu nutzen. Werden diese maßgeblich von wenigen globalen Konzernen oder Finanzdienstleistern in enger Zusammenarbeit mit Stiftungen, globalen Organisationen und Regierungen (Public Private Partnership) gestaltet, birgt dies die erhebliche Gefahr, dass kulturelle Vielfalt unberücksichtigt bleibt und die Teilhabe vor Ort ausgehöhlt wird. Zugleich bereichern sich private Akteure und Konzerne auf Kosten der Steuerzahler*innen. Zudem hat gerade die intersektionale Forschung darauf hingewiesen, wie miteinander verschränkte Diskriminierungen mit Machtverhältnissen und Ungleichheitsrelationen von sozialen Gruppen verwoben sind. Beispielhaft gesprochen: Dass jemand in einem verrufenen Bezirk wohnt, wegen seines Alters oder seiner Erkrankung keinen Job findet und wegen Armut oder Verschuldung schief angesehen wird (eine dreifach ineinander verschränkte Diskriminierung), ist immer auch verknüpft damit, wie ungleich sich Rang und Einfluss in der sozialen Gruppe verteilen. Durch diese Ungleichheiten entstehen mehrdimensionale Ausgrenzungsprozesse und Selbststigmatisierungen. Die möglichen Auswirkungen der Pandemiemaßnahmen auf psychisch belastete Menschen sollten daher auch im Kontext von anderen Benachteiligungen und der intersektionalen Verschränkungen betrachtet werden. Bei zentralistisch geplanten globalen Maßnahmen, die von ultrareichen definitionsmächtigen Akteuren vorangetrieben werden, kann sich gerade die ungleiche Berücksichtigung von berechtigten Interessen bereits mehrfach benachteiligter Menschen (durch Alter, Geschlecht, Herkunft, Einkommen, Behinderung, Wohnort …) erheblich zuspitzen. Genau das – die Zunahme sozialer Ungleichheit und die verheerenden Folgen für bestimmte, bereits vor der Krise benachteiligte Bevölkerungsgruppen – sahen wir während der Pandemiemaßnahmen. Lockdownmaßnahmen haben für privilegierte Menschen in vielerlei Hinsicht weniger beeinträchtigende Auswirkungen als für marginalisierte Menschen.

Ein Aspekt, der hier nur gestreift werden kann, ist die Entstehung neuer gesellschaftlich wirksamer Differenzkategorien (geimpft vs. nicht geimpft, Menschen mit einer gentechnisch erzeugten mRNA-Injektion vs. Menschen, die dies ablehnen). Die Erhebung von Gesundheitsdaten, die Speicherung in Form von elektronischen Gesundheits- oder Impfpässen und deren algorithmische Auswertung durch Künstliche Intelligenz (KI) beeinflusst mehr oder weniger subtil das gesellschaftliche Leben. Die Art der Datensammlung, Aggregierung und Auswertung wird in Zukunft vermutlich einen zunehmenden Einfluss auf weltweit empfohlene Handlungsstrategien, Prioritäten und Maßnahmen und deren wissenschaftliche Analyse nehmen. Hierbei stellt sich insbesondere die Frage, welche Daten massenhaft erhoben und ausgewertet und somit leitend für Narrative und Maßnahmen werden: Sind dies leicht durch Tests messbare „objektive" Daten oder aber komplexere Daten mit Subjektbezug, die die psychosoziale Wirklichkeit aus Sicht der Menschen widerspiegeln? Welche Parameter massenhaft erhoben und auf welche Weise diese dann algorithmisch ausgewertet werden und somit das Fundament für Maßnahmen darstellen, sollte Gegenstand der politischen Einmischung werden;

und hierbei müssten auch benachteiligte Bevölkerungsgruppen ein Mitspracherecht haben, selbst wenn die Zusammenhänge komplex sind und nicht beliebig vereinfacht werden können. Es gilt, die sozialen Auswirkungen von Big Data und der Künstlichen Intelligenz in verständlicher Sprache zu kommunizieren und in Bildungsprozessen zu analysieren, damit Teilhabe nicht nur ein auf dem Papier verbrieftes Recht darstellt, sondern in digitalen Gesellschaften auch wirklich gelebt werden kann.

Weiterhin machen die Fortschritte im Bereich der Gentechnik, speziell auch die durch die Pandemiemaßnahmen vorangetriebenen mRNA-Impfstoffe eine neue Debatte um die Einflussnahme auf Körper- und Stammzellen durch mRNA notwendig. Ursprünglich war die mRNA-Forschung im letzten Jahrhundert auch unter der Idee einer Veränderung des menschlichen Erbgutes bzw. dessen Ablesung vorangetrieben worden (Dolgin 2021). Die jetzige massenhafte Anwendung in Form von Impfungen ist nur ein Seitenstrang gentechnologischer Entwicklungen. Sie wurde möglich, nachdem man bereits zuvor gentechnisch hergestellte Impfstoffe von den strengen Regulierungen gentechnisch modifizierter Organismen (GMO) ausgenommen hatte. Um die aktuellen gentechnologischen Entwicklungen zu verstehen, braucht es gewisse Kenntnisse zur modernen Gentechnik (CRISPR-Cas9) und zu den Entwicklungen der Nanotechnik (Transportpartikel für mRNA). Nötig wären ebenfalls Einblicke in die Möglichkeiten der Künstlichen Intelligenz, Virus- und Genomanalysen sowie weitere Gesundheitsdaten in großem Stil auszuwerten. Am Beispiel der mRNA-Impftechnologie soll im Kapitel 9 nachgezeichnet werden, wie jahrzehntelange Entwicklungen, an die sich große Zukunftshoffnungen binden, zu bestimmten Zeitpunkten plötzlich eine extrem hohe Aufmerksamkeit erhalten, sodass die Gefahr entsteht, dass Idealisierungen zu hohen Wirkerwartungen führen, die sich möglicherweise nicht alle bestätigen. Im Zuge von Idealisierungen entstehen emotional aufgeheizte Diskurse, die die mediale Debatte prägen und zu einseitiger Forschungsförderung führen können. Durch derartige Ressourcenfokussierung können wichtige medizinische Durchbrüche vorangetrieben werden, es können aber auch Fehlentwicklungen weniger schnell korrigiert werden und andere bedeutsame Themen wie beispielsweise die psychische Gesundheit in den Hintergrund treten.

Neue Verfahren, selbst Embryonen gentechnisch zu verändern oder – um ein Beispiel aus dem Bereich der psychischen Gesundheit zu wählen – über Hirnimplantate Depressionen zu unterdrücken oder Glücksgefühle hervorzurufen, führen uns das wachsende Potenzial der Fremd- und Selbstgestaltung des Menschen deutlich vor Augen, das derzeit beispielsweise in der Sozialen Arbeit noch viel zu wenig aufgegriffen wird. Die von dem Multimilliardär Elon Musk mit seiner Firma Neuralink vorangetriebenen Implantierungen von Elektroden durch Operationsroboter mit dem Fernziel der Behandlung neurologischer Erkrankungen haben inzwischen dazu geführt, dass ein gelähmtes Schaf laufen oder ein Affe mit seinen Gedanken Telepingpong spielen kann, wie zahlreiche auf YouTube in Szene gesetzte Videos zeigen. Es wird damit gerechnet, dass in spätestens 10 bis 15 Jahren auch Menschen (mit oder ohne neurologische Erkrankungen) derartige Interfaces eingesetzt werden können: Elektroden und Mikrochips im Gehirn, mit denen sich Nervenschäden überbrücken und Computer steuern lassen.

Gerade in der Coronakrise scheint sich eine Veränderung des gesellschaftlichen Diskurses zu technokratischen Eingriffsmöglichkeiten und zu den Gefahren der Gentechnik abzuzeichnen, welche einer tieferen Reflexion bedarf. Hierbei sollte es auch um die Frage gehen, wie und in welchem Interesse gesellschaftliche Diskurse beeinflusst werden. Genetische Daten werden derzeit in großem Stil erhoben und analysiert. Künstliche Intelligenz arbeitet nicht unabhängig und neutral, sondern wird mit genau den Daten gefüttert, die man sich entschließt zu erheben und zu sammeln. Weltweit ist ein enormer Wettkampf um Vorherrschaft bei den Daten und um die Patentierung von datenbasierten Gesundheitsanwendungen entbrannt. Hier winken milliardenschwere Profite im Zusammenhang mit neuartigen Gesundheitstechnologien, auch im Bereich der psychischen Gesundheit.

Datenauswertende Algorithmen werden auch zunehmend dazu genutzt, um Verhalten zu überwachen, Kontrollstrategien zu implementieren, Menschen in den (sozialen) Medien zu beeinflussen und dadurch Einstellungen und Handlungen zu manipulieren. Die erhobenen Daten sind also hoch politisch und haben zudem eine militärische Bedeutung. Letzteres wird in Kapitel 5 bei der Thematisierung der Health Security Strategien der WHO kurz angeschnitten. Während in den 1980er und 1990er Jahren des 20. Jahrhunderts der Fokus der Gesundheitsförderung der Weltgesundheitsorganisation stärker auf partizipatorischen Ansätzen im Lebensumfeld (Setting) der Menschen lag, bedeutet eine stärkere Gewichtung von Health Security eine Hinwendung zu Überwachungsstrategien durch militärische und zivile Expert*innen. Während der Coronakrise wurden ganz bestimmte Gesundheitsdaten (z. B. Testergebnisse und Impfstatus) massenhaft erhoben und digital bereitgestellt, der digital-technokratische Zugriff auf die Körper – bereits zuvor durch die Bereitschaft zur digitalen Selbstvermessung (mittels

Schrittzählern, Waagen mit Internetanschluss, Schlafsensoren etc.) vorangetrieben – und die Disziplinierung von möglicherweise ansteckenden Menschen haben eine neue Dimension erreicht. Möglicherweise Infizierte wurden zu Gefährdern, ein Krieg gegen ein Virus wurde ausgerufen und auslaufende Maßnahmen wurden in Gestalt des Begriffes „Lockerung" sprachlich in die Nähe der Lockerungsstufen in der forensischen Psychiatrie gerückt. Angst machte sich breit. Die Bereitschaft, sich gentechnisch modifizierte Viruspartikel ohne eine abgeschlossene Testphase 3 im Rahmen einer Notfallzulassung spritzen zu lassen, stieg selbst bei Menschen, die sich scheuen, Lebensmittel mit gentechnisch verändertem Mais zu konsumieren. Es ist zu einer erheblichen Veränderung angstbesetzter Themen gekommen, sodass im vorliegenden Buch der Frage nachgegangen werden soll, wie durch Datenerhebung und -auswertung und deren mediale Vermittlung Ängste in der Bevölkerung beeinflusst, abgeschwächt oder erzeugt werden können.

Auch wenn es sozialwissenschaftlich umstritten ist, politische Phänomene psychoanalytisch zu deuten, möchte ich doch in diesem Buch einige psychoanalytische Deutungen der derzeitigen Krise aufgreifen. Zwischen Kindheitserlebnissen und Machtmissbrauch bzw. der Bereitschaft, derartige Übergriffigkeiten später als Erwachsener hinzunehmen, bestehen nun einmal signifikante Bezüge. Für die Bewältigung der aktuellen und zukünftigen gesellschaftlichen Aufgaben spielt die Bereitstellung guter Entwicklungsbedingungen für alle Kinder eine herausragende Rolle. Weiterhin soll im vorliegenden Buch die Beziehung zur eigenen Sterblichkeit und zu den Grenzen von Kontrollmöglichkeiten ausführlich beleuchtet werden.

Forschungsförderung floss im Zuge der technologischen Entwicklungen der letzten 20 Jahre im Gesundheitswesen vornehmlich in bestimmte Bereiche wie Virologie, Gentechnik, Nanotechnik, Künstliche Intelligenz, Impfstoffentwicklung, personalisierte Arzneimittel, Testverfahren, Digitalisierung und digitale Sicherheit inklusive Informationsüberwachung. Andere Felder wie zum Beispiel gesunde Lebensweise, psychische Gesundheit und Gemeinschaftsaktionen im Gemeinwesen erhielten weniger Aufmerksamkeit. So wird es Zeit, nach Abklingen des Krisenmodus nachzudenken, zu diskutieren, verschiedene Sichtweisen zu berücksichtigen und gerade auch in sozialpsychiatrischen Kontexten beteiligungsorientiert die Folgen der Pandemiemaßnahmen aufzuarbeiten und mithilfe von Forschungs- und Interventionsförderung Abhilfe zu schaffen.

In der Sozialpsychiatrie wurde nach 1945 angesichts verheerender Erfahrungen (von institutioneller Gewalt bis hin zur systematischen Ermordung psychisch kranker Menschen in der NS-Zeit) die Beteiligung Betroffener durch unterschiedliche Konzepte engagiert vorangetrieben. Die Enthospitalisierung von Langzeitpatient*innen, verbunden mit dem Aufbau gemeindenaher psychiatrischer Versorgungsstrukturen und mit dem Wandel der Beziehung zwischen Fachkräften, Angehörigen und Menschen mit psychischen Erkrankungen, hat zu wichtigen Fortschritten geführt. Derzeit ist dafür das Recoverykonzept von großer Bedeutung. Hierbei geht es darum, dass Betroffene sich gegenseitig unterstützen, individuelle Genesungswege zu erkunden und – ob mit oder ohne psychiatrische Symptome – ein persönlich sinnvolles Leben zu führen. Dringend notwendig scheint, derartige Konzepte weiterzuentwickeln, damit sie auch zur notwendigen Aufarbeitung der durch die Coronamaßnahmen entstandenen Benachteiligungen und der Zuspitzungen seelischer Störungen während der Jahre 2020 und 2021 befähigen. Dem hat eine Bestandsaufnahme der psychischen Coronafolgen vorauszugehen.

So werde ich, ausgehend von einer Definition psychischer Gesundheit, die Beeinträchtigungen der seelischen Gesundheit in den Jahren 2020 und 2021 mithilfe vorhandener Studien analysieren und dabei auch auf gesamtgesellschaftliche Veränderungen eingehen. Einen besonderen Fokus der Analyse bilden hierbei im weiteren Verlauf Strategien der psychologischen Beeinflussung in Form von Nudging, was gern verharmlosend als zwangloses „Anstubsen" von Entscheidungen Anderer deklariert wird. Wenn Strategien der Beeinflussung von Bewertungen, Emotionen und Handlungsbereitschaften in (sozialen) Medien in großem Stil angewendet werden, kann es insbesondere bei vulnerablen Menschen zu einer mangelnden Fähigkeit kommen, die eigenen Gefühle und Handlungsdispositionen selbstbestimmt zu regulieren und einfühlsam und dialogisch mit den Gefühlen und Initiativen des Gegenübers umzugehen. In dem von mir vorgestellten Modell der psychischen Gesundheit (siehe Kap. 1) spielt aber gerade die Fähigkeit zur feinfühligen Beziehungsgestaltung eine tragende Rolle. Allerdings fehlen bislang detailliertere Forschungen zur Auswirkung von Nudging-Strategien auf introspektive und interaktive Fähigkeiten, welche nichts mit dem fokussierten Gegenstand des Nudgings zu tun haben. Die von mir im Kapitel 7 entwickelten Thesen bedürfen daher einer eingehenderen Diskussion und Weiterentwicklung, sie stellen meinen gegenwärtigen Analysestand als Sozialpsychiaterin dar; sie fußen einerseits auf Grundlagenliteratur und andererseits auf eigenen Beobachtungen der medialen Aufbereitung der Pandemiemaßnahmen.

Ich bin mir der Gefahr bewusst, dass einige meiner Argumentationslinien von politisch Rechten beifällig aufgegriffen werden könnten, möchte an dieser Stelle jedoch betonen, dass ich mich überhaupt nicht mit politischen Strömungen am rechten Rand identifizieren kann, rückwärtsgerichtete Lösungsansätze für unpassend halte und jegliche Form von Rassismus, Stigmatisierung und Ausgrenzung verabscheue. Die grausamen Verbrechen rechtsgerichteter totalitärer Regimes an psychisch Kranken bis hin zur systematischen Ermordung in Konzentrationslagern zählen zu den finstersten Kapiteln der Geschichte. Nicht nur als Bürgerin, erst recht als Sozialpsychiaterin wäre ich fehl am Platz, würde ich den Nationalsozialismus verharmlosen oder ähnlich menschenfeindliche ideologische Strömungen unterstützen. Allerdings halte ich das Framing für falsch, Argumentationsstränge, die kritisch gegenüber Coronamaßnahmen eingestellt sind, automatisch in die Nähe rechter Ideologien zu rücken, wie dies von meinungserzeugenden Plattformen (z. B. Psiram) betrieben wird und wie es sich in vielen digitalen und Printmedien widerspiegelt.

Weiterhin wird Kritik an Coronamaßnahmen oft in den Kontext einer von Russland beeinflussten antiwestlichen Propaganda gestellt, sodass im Herbst 2021 russische Nachrichtensender auf der Videoplattform YouTube gesperrt wurden. Entsprechenden Verdächtigungen sieht sich auch die gemeinsam mit einem nicht genannten Informatiker erstellte Analyse des derzeit vermutlich in Russland lebenden Journalisten Röper (2022) ausgesetzt. Selbsternannte „Faktenchecker“ (z. B. Psiram) bewerten seine Untersuchung als russlandaffine Verschwörungstheorie, für andere wiederum ist sie Investigativjournalismus. Thomas Röper hat mit Hilfe von (auch von Geheimdiensten genutzten) Softwareprogrammen weltweite Beziehungsnetze und Geldflüsse zwischen einflussreichen Expert*innen/Regierungsberater*innen und großen Stiftungen mit engen Verflechtungen zu Milliardären, Großkonzernen und Geheimdiensten analysiert. Jegliche Argumentation in dieser hoch emotionalisierten Krise kann politisch vereinnahmt und durch Propaganda zugespitzt werden. Auch aus diesem Grund erscheint mir eine ausführliche Auseinandersetzung mit psychologischen Beeinflussungsstrategien und den technologischen Möglichkeiten, diese mit Künstlicher Intelligenz zu verfeinern, unabdingbar. Hierbei sollte der Blick auch kurz auf die KI-Nation China gerichtet werden.

Immer besteht die Gefahr bei gesellschaftskritischen Analysen, von Machtinteressen vereinnahmt zu werden, davor bin auch ich nicht gefeit. Deshalb sehe ich dieses Buch eher als eine Anregung zur Diskussion als eine abschließende Einschätzung und plädiere dafür, dass sowohl Maßnahmenbefürworter*innen als auch Gegner*innen versuchen, die persönliche Position im aktuellen Geschehen zu bestimmen, die eigene emotionale Verfassung wahrzunehmen und mögliche Anreize oder Ausgrenzungsrisiken ihrer eigenen Position zu reflektieren. In Bezug auf die Pandemiemaßnahmen berücksichtigt die Argumentation die Situation bis Ende 2021/Anfang 2022.

1 Mehrdimensionale Auswirkungen der Pandemie(-maßnahmen) auf die psychische Gesundheit

Psychische Gesundheit

Zunächst möchte ich einen Versuch unternehmen, psychische Gesundheit zu fassen: Entsprechend der WHO-Gesundheitsdefinition (vgl. WHO o. J.) ist auch psychische Gesundheit nicht einfach durch die Abwesenheit psychischer Störungen zu definieren, sondern eher am seelischen und sozialen Wohlbefinden oder Wohlsein festzumachen, wobei hier wegen der Verflechtungen von körperlicher und psychischer Gesundheit auch immer Beziehungen zum körperlichen Wohlbefinden, zur Vitalität und zur vegetativen Balance (Schlaf-Wachregulation, Stressbewältigung) bestehen. Ich möchte an dieser Stelle jedoch insbesondere vier nicht körperliche Bereiche der psychischen Gesundheit beleuchten: (1) Den Beziehungsaspekt, (2) den gesellschaftlich-kulturellen Rahmen, (3) den Identitätsaspekt und (4) die sich selbst transzendierende Eingebundenheit in größere Zusammenhänge (Spiritualität). Die einzelnen Aspekte werden an dieser Stelle nur kurz umrissen und in den letzten Kapiteln teilweise weiter vertieft.

Abbildung 1: Bereiche der psychischen Gesundheit

(1) Der *Beziehungsaspekt* (der nicht ganz trennscharf vom Identitätsaspekt und dem gesellschaftlichen Rahmen abgrenzbar ist) umfasst zunächst einmal die liebevolle Ausrichtung auf wesentliche Andere[2], ein Urvertrauen und die Fähigkeit, zu verstehen, dass der*die Andere ein Mensch mit eigenen Intentionen ist, ein – um mit Tomasello (2006) zu sprechen – intentionaler Akteur. Tomasello (2006, S. 40) geht davon aus, dass das „Verstehen des Verhaltens anderer Personen als intentional und/oder

2 Hiermit sind enge Bezugspersonen und Menschen gemeint, zu denen eine Bindung besteht.

mental [...] äußerst wirkungsvolle Formen kulturellen Lernens und der Soziogenese" möglich mache. Hierbei spiele im Alter von neun bis zwölf Monaten das Entwicklungsphänomen, gemeinsame Aufmerksamkeit zu entwickeln und den Blick des Gegenübers zu verfolgen, eine zentrale Rolle. Dies setze voraus, dass ein Grundverständnis entwickelt wird, dass menschliche Handlungen intentional sind, dass also der*die andere eigene Absichten und Ziele verfolgt, die nicht unbedingt mit den eigenen identisch sind. Die gemeinsame Aufmerksamkeit und das Verfolgen der Blickrichtung des anderen ermögliche im Säuglingsalter erst eine gemeinsame Beschäftigung mit Inhalten und so die Entwicklung komplexerer sprachlicher Fähigkeiten. Feinfühlige Bezugspersonen nehmen wahr, worauf der Säugling seine Aufmerksamkeit richtet und spiegeln oder beantworten prompt und angemessen die Initiativen ihrer Kinder. Sie legen durch eine freundliche und feinfühlige Beziehungsgestaltung die Basis für die Entwicklung einer sicheren Bindung und eines Urvertrauens. Diese frühkindlichen Entwicklungen und Erfahrungen begründen dann die späteren Beziehungsgestaltungen und lassen – im Zusammenwirken mit weiteren individuellen und gesellschaftlichen Faktoren – Liebe, Freundschaft, Zugehörigkeit und gesellschaftliche Teilhabe entstehen.

(2) Ob tatsächlich Teilhabechancen – das heißt Möglichkeiten der selbstbestimmten Mitgestaltung der sozialen Verhältnisse – entstehen, hängt natürlich auch wesentlich vom *gesellschaftlichen Rahmen und den kulturellen Bedingungen* ab. Besteht Chancengleichheit oder werden Menschen im Zusammenwirken verschiedener Diskriminierungen (d. h. intersektional) ausgegrenzt, benachteiligt und stigmatisiert? Inwieweit gibt es überhaupt einen existenzsichernden, friedlichen Rahmen mit intakten Umweltbedingungen für die persönliche Ent-

faltung? Herrscht Krieg oder ein Klima der Angst? Jenseits der konkreten politischen Verhältnisse ist das zugrundeliegende kulturell geprägte Menschenbild für die psychische Gesundheit von herausragender Bedeutung: Verstehen wir den Menschen im Wesentlichen als arbeitendes oder konsumierendes Subjekt, das Gegenstände hervorbringen oder sich aneignen will und auch noch den eigenen Körper wie ein Objekt behandelt und manipuliert? Oder verstehen wir den Menschen eher als einen zusammen mit anderen Handelnden (Arendt 1955/2021, S. 956)? In meinem Verständnis ist der Mensch im Kern liebend auf ein Gegenüber bezogen und entwickelt sich nur in der lebendigen Austauschbeziehung mit wesentlichen Anderen. Hier liegt meiner Auffassung nach die größte Gefahr eines technokratischen Weltbildes für die psychische Gesundheit: In der Ressourcenbündelung und vorherrschenden Fokussierung auf (gewinnträchtig) technisch manipulierbare Gegenstände und seelenlose Körper vollzieht sich eine Abwendung von dem, was den Menschen im Kern ausmacht. Eine (von Eliten mit wirtschaftlichen Gewinnerwartungen vorangetriebene) manipulative Einflussnahme auf einen objektivierten Körper und der Glaube, dass ein biologisch beeinflusster Körper eine nicht nur notwendige, sondern sogar hinreichende Bedingung für körperliche und psychische Gesundheit sei, scheinen mir eine Verkürzung des Humanen zu sein. Aus dem Blick gerät, dass Menschen sich in liebevollen Beziehungen entwickeln müssen, wollen sie ihre Potenziale für Selbstbestimmung und gesellschaftliche Teilhabe entfalten – und gesund bleiben.

(3) Vor dem Hintergrund der biografischen Beziehungserfahrungen und der konkreten Sozialisationsbedingungen entsteht eine *Identität* und ein *Selbst- und Weltbezug*, der bei psychisch gesunden Menschen von Selbstliebe, Selbstwertge-

fühl und Selbstwirksamkeitserwartungen (im Gegensatz zu erlernter Hilflosigkeit) geprägt ist. Selbstwirksamkeitserwartung heißt: Sie bilden früh die glückliche Einstellung aus, dass sie ihr Dasein produktiv, kreativ und generativ in die eigene Hand nehmen können. Das eröffnet ihnen lebenslange Entwicklungsmöglichkeiten. Hierbei spielt auch Bildung eine wichtige Rolle. Häufig wird zwischen kognitivem (realitätsangepasstem) Verständnis von Welt und Selbst, flexiblen, regulierten emotionalen Reaktionen mit Glücksempfinden und Zufriedenheit und handelnder Bewältigung von Anforderungen unterschieden. Dies spielt auch in der psychiatrischen Diagnostik eine wichtige Rolle. Im Rahmen eines psychischen Befundes werden unter anderem formale (im Denkablauf kohärente) und inhaltliche Denkprozesse eingeschätzt, Gedächtnisleistungen geprüft, Motivation, mimisch gestische Ausdrucksfähigkeit und Antrieb beurteilt. Die emotionale Schwingungsfähigkeit im Untersuchungsgespräch wird dokumentiert und nach vorherrschenden Ängsten und emotionaler Befindlichkeit gefragt. Psychische Gesundheit ist nicht statisch, sondern zeigt sich insbesondere im Umgang mit Herausforderungen. Im Zusammenhang mit der Widerstandsfähigkeit gegenüber den Zumutungen des Lebens und ungünstigen Umwelteinflüssen gewinnt die Resilienz (psychische Widerstandfähigkeit gegenüber biologischen, psychologischen und psychosozialen Entwicklungskrisen) an Bedeutung: Wenn Menschen in schwierigen Lebensverhältnissen über „Bewältigungskapital" verfügen, können sie Ressourcen identifizieren und nutzen, um eigene Ziele zu erreichen (Rönnau-Böse/Fröhlich-Gildhoff 2015). Hierbei spielen die folgenden personalen Faktoren eine wichtige Rolle, welche sich allerdings im Kontext von familiären und anderen sozialen Faktoren entfalten:

- die Fähigkeit zur Selbst- und Fremdwahrnehmung
- Selbstregulationsfähigkeiten
- Selbstwirksamkeitserwartungen
- soziale Kompetenz
- aktive Bewältigungskompetenz
- Problemlösefähigkeit (hier bestehen auch Zusammenhänge mit der Intelligenz)

Unser Selbst- und Weltbezug ist für die Entstehung und Bewahrung von Gesundheit von zentraler Bedeutung: Sind wir durchdrungen von der Gewissheit, Zusammenhänge zu verstehen? Haben wir Vertrauen, das eigene Leben gestalten zu können? Sind wir der Überzeugung, dass das Leben einen Sinn hat? Diese drei Komponenten bestimmen eine geistig-seelische Allgemeinorientierung, die der israelische Soziologe Aaron Antonovsky „Kohärenzgefühl" nannte, als er in den 1970er Jahren sein Konzept der Salutogenese (Gesundheit schaffen) dem herrschenden Konzept der Pathogenese (Krankheiten bekämpfen) entgegensetzte. Das in Kindheit und Jugend sich bildende Kohärenzgefühl ist ein Wahrnehmungs- und Beurteilungsmuster, und von der Gestimmtheit dieses Gefühls hängt ab, ob und wie wir gesundheitliche Herausforderungen bewältigen. Antonovsky betonte die Bewältigungsebene mit ihrem Bedürfnis nach Stimmigkeit und Verstehbarkeit sowie persönlicher Sinnfindung, weil er sah: Sind wir mit inkohärenten, angsteinflößenden Situationen konfrontiert, ist die Grundeinstellung wichtig, mit der wir sowohl Einflussmöglichkeiten herausfinden als auch erkennen, dass wir nicht alles kontrollieren können. Es geht also auch um die Kompetenz, mit Unsicherheiten und Unvorhersehbarkeiten umzugehen. Das alles gehört zu unserer Konstitution von Identität.

(4) Die persönliche Sinnfindung (Sinngebung) geht oft einher mit einer *spirituellen Einbettung* in größere, das Individuum im aktuellen Gesellschaftssystem transzendierende Zusammenhänge. Hierbei möchte ich insbesondere auch auf die Beziehung zur eigenen Sterblichkeit aufmerksam machen, die bei der Thematisierung psychischer Gesundheit nicht selten vernachlässigt wird. Daher werde ich an späterer Stelle auch noch einmal die Auswirkungen der Pandemiemaßnahmen auf die Sterbekultur aufgreifen. Die Einsicht in die eigene Sterblichkeit und die prinzipielle Begrenzung menschlicher Macht- und Kontrollmöglichkeiten scheint derzeit durch technokratische Narrative verdunkelt zu werden, insbesondere durch die neuen Möglichkeiten der gentechnischen Einflussnahme wie zum Beispiel der Beeinflussung des Alterungsprozesses. Hier bedarf es einerseits einer Auseinandersetzung mit dem technisch Möglichen, aber andererseits auch eines Schutzes vor destruktiven Größenideen

Hypothesen zu den Wirkmechanismen der Auswirkungen der Pandemie(-maßnahmen)

Um die Auswirkungen der Pandemie und der gegen sie gerichteten Maßnahmen auf die psychische Gesundheit zu analysieren, soll im Kapitel 3 auf empirische Studien zur Veränderung der Häufigkeit psychischer Störungen in den Jahren 2020 und 2021 eingegangen werden. Zunächst möchte ich aber erste Hypothesen über mögliche Wirkmechanismen formulieren, welche auf ganz unterschiedlichen Ebenen liegen können.

Gesellschaftliche Veränderungen auf der Makro- und Mesoebene

- Zuspitzung von auf wachsender Ungleichheit beruhenden *Macht- und Einkommensverhältnissen* (siehe Kap. 6). Sozial gerechtere Gesellschaften sind gesündere Gesellschaften, wohingegen abnehmende Verteilungsgerechtigkeit, ungleiche Gesundheitschancen und schwindender sozialer Zusammenhalt erhebliche Auswirkungen auf die psychische und körperliche Gesundheit der Bevölkerung haben (WHO 2008).
- Verdrängung anderer bedeutsamer Themen durch *Fokussierung der Aufmerksamkeit auf wenige Themen* und auf technokratische Einflussnahmen mit der *Stabilisierung eines technokratisch geprägten Weltbildes* mit Einfluss auf das Wertesystem.
- Langfristige Veränderung des Bildungsniveaus durch *Bildungs- und Ausbildungsrückstände,* insbesondere bei ohnehin bildungsbenachteiligten Menschen. Mangelnde Ausbildung kommunikativer und selbstreflexiver Kompetenzen in psychosozialen Berufen, da Auszubildende und Studierende während signifikanter Zeitphasen (ein bis zwei Jahre) fast ausschließlich durch Onlinelehre lernten.
- Veränderte *Sozialisationsbedingungen* für Kinder und Jugendliche. Hierzu formuliert Bernhard (2021, S. 56): „Wo Social Distancing, digitalisierte Kommunikation, die Kontrolle des informellen Bewegungsraumes und die Maskierung des Alltags umfassend Platz greifen, werden völlig neue Voraussetzungen der Subjektwerdung und der gesellschaftlichen Bezie-

hungsverhältnisse geschaffen. Der veränderte Alltag und die *veränderte Physiognomie des Sozialen* stellen eine belastende Herausforderung an die Subjektwerdung von Kindern und Jugendlichen dar. Der schwerwiegendste Befund liegt in dem Umstand, dass die Sozialisation von Kindern und Jugendlichen seit Beginn der Krisenbewältigungsmaßnahmen mit autoritären und entmündigenden Mechanismen durchsetzt ist, welche auf der Schockstrategie beruhen."

- *Mangelnde politische Beteiligung* bestimmter Bevölkerungsgruppen, zum Beispiel von Jugendlichen oder Heimbewohner*innen beim Erlass und bei der Umsetzung von Maßnahmen. Hierdurch entstandener Mangel an Sensibilität bei Entscheidungsträger*innen für die Auswirkungen in unterschiedlichen Lebenswelten (z. B. Gemeinschaftsunterkünfte, in denen sich eine Quarantäne an die nächste reihte, Auswirkungen der Schulschließungen auf Alleinerziehende mit mehreren Kindern).
- *Veränderung des Hilfesystems*, insbesondere schlechtere Erreichbarkeit von Beratungs- und Unterstützungsdienstleistungen, Trennung kranker Menschen von ihren Angehörigen in Heimen und Kliniken. Priorisierung der Covid-19-Erkrankung, Digitalisierung persönlicher Dienstleistungen und in Krankenhäusern und Pflegeeinrichtungen entstandene Personalmängel (Quarantäne und Übernahme neuer Aufgaben). Psychisch kranke positiv auf Sars-Cov-2 getestete Patient*innen in Krankenhäusern wurden auf nicht psychiatrischen Corona-Stationen behan-

delt, Rehabilitationseinrichtungen wurden geschlossen oder nahmen deutlich weniger Patient*innen auf.

- Schließung von Sportstätten und verminderte Anreize für körperliche *Bewegung.*
- *Mangelnde Möglichkeiten von Gemeinschaftsaktionen* und Zusammenschlüssen gleichermaßen Betroffener, veränderte Selbstwirksamkeit, weniger Teilhabe und Austausch zwischen unterschiedlichen Menschen, digitale „Blasenbildung" mit Verfestigung von (Vor-) Urteilen.
- *Vertrauensverlust* in Wissenschaft, Medien, Politik und Heilkunde im Zuge von Spaltungsprozessen innerhalb der Gesellschaft.
- *Diffamierung* von Kritik an Corona-Bekämpfungsmaßnahmen. Dadurch entstehende Ängste, sich durch kritische Meinungen ins Abseits zu stellen, Veränderungen der Meinungsäußerungen, Zunahme von Stigmatisierungen.
- Mögliches *Erstarken* rechter Bewegungen mit Ausgrenzungen und langfristiger Zunahme von Übergriffen gegenüber Menschen mit Migrationshintergrund, bestimmten sexuellen Orientierungen oder Behinderungen.

Auswirkungen auf die Individuen und Familien

- *Ansteckungsangst, Angst vor Erkrankung, Angst, andere anzustecken,* Stressbelastung und Schlafmangel.

- Durch die Berichterstattung *in den Medien getriggerte Schuldgefühle*, insbesondere bei Menschen, die andere möglicherweise angesteckt haben.
- Reaktivierung *früherer traumatischer Erfahrungen* durch die mediale Bildsprache im Zusammenhang mit der Pandemie (Särge, bäuchlings liegende Intensivpatient*innen, vermummte Helfer*innen) oder durch die Isolierung bei Quarantänemaßnahmen.
- *Verluste*, nicht mögliche Verabschiedung von Verstorbenen und *veränderte Trauerprozesse bis hin zu einer Veränderung der Sterbekultur.*
- *Auswirkungen von Nichtpharmakologischen Interventionen* wie Hygienemaßnahmen (Gefahr der Zunahme von Zwangsstörungen), physische Distanzierung und Kontaktverbote (Einsamkeit), Maskentragen (Beeinträchtigung der non-verbalen Kommunikation) oder Lockdownmaßnahmen (drastische Reduktion sozialer Kontakte am Arbeitsplatz).
- *Spaltungen innerhalb der Gesellschaft und Risse in Familien* zwischen Maßnahmenkritiker*innen und Befürworter*innen, erhöhte Emotionalisierung von Auseinandersetzungen mit der Gefahr von (verbaler) Gewalt, Verrohung der Kommunikation nicht nur in sozialen Medien.
- Zunahme von Partnerschaftskonflikten bei beengten Wohnverhältnissen, Zunahme *häuslicher Gewalt*, Überforderung doppeltbelasteter Eltern im Zusammenhang mit Kita- und Schulschließungen, weniger feinfühlige Interaktionen zwischen Eltern und Kindern bei starker Stressbelastung mit langfristigen

Auswirkungen auf die psychische Gesundheit von Kindern (siehe Kap. 12).

- *Verschlechterung körperlicher Erkrankungen* durch weniger gesundheitsfördernde Lebensstile (Coronaspeck: Ernährung und Bewegung), Vernachlässigung von Vorsorgeuntersuchungen (Krebs) oder Arztbesuchen, mangelnde physiotherapeutische, ergotherapeutische oder logopädische Versorgung körperbehinderter Menschen während der Quarantänemaßnahmen. Erwähnenswert ist jedoch auch, dass bestimmte Erkrankungen und Todesursachen zurückgingen, beispielsweise Influenza, tödliche Folgen von Verkehrsunfällen oder multiresistenten Krankenhauskeimen.
- Zunahme von *Medienkonsum* und Computerspielsucht, Herbsetzung der Hemmschwellen beim Konsum von *Suchtmitteln* insbesondere bei bereits suchtgefährdeten Menschen.
- Psychische Folgen nach *durchgemachter Covid-19-Erkrankung*, Traumatisierung durch Erkrankung und Behandlungsmaßnahmen und Beeinträchtigung durch Long Covid.
- *Soziale Kompetenzdefizite und Verlust oder eingeschränkter Aufbau sozialer Routinen*, insbesondere bei Kindern oder bei kognitiv eingeschränkten Menschen, verstärkt noch durch eingeschränkte Möglichkeiten der Deutung mimischer Signale im Zusammenhang mit Alltagsmasken.
- Durch Verminderung sozialer Kontakte *ausbleibende Möglichkeiten des sozialen Austausches und der Selbstpräsentation* mit der möglichen Folge eines

unerfüllten und im Laufe der Zeit dann gesteigerten Bedürfnisses, von anderen gesehen und gehört zu werden. Diese entstandene Bedürftigkeit könnte möglicherweise dazu beitragen, dass sich Menschen vor anderen in „Szene setzen", was zwischen ihnen konfliktträchtige Reibung erzeugt.

- *Ausdünnung von Unterstützungsnetzwerken* und Verlust von Kontakten zum Hilfesystem.
- Auswirkungen von *Impfschäden* (Gesichtslähmungen, Thrombotische Ereignisse).
- Gefährdung der wirtschaftlichen Existenz, Arbeitslosigkeit und *Armut.*

Bevor ich im Einzelnen auf empirische Untersuchungen zu den Auswirkungen der Pandemie(-maßnahmen) auf Menschen mit psychischen Störungen eingehe, soll an dieser Stelle zunächst beleuchtet werden, wie sich mehrdimensionale Ausgrenzungs- und Ungleichheitsdimensionen potenzieren können. So kann eine alleinerziehende Mutter mit psychischer Erkrankung, die in beengten Wohnverhältnissen und in Armut lebt, in besonderer Weise durch die Auswirkungen bestimmter Maßnahmen aus der Bahn geworfen werden. Auch psychisch kranke, hochbetagte Heimbewohner waren besonders von negativen Auswirkungen kontaktbeschränkender Maßnahmen betroffen und zugleich eine besondere Risikogruppe für tödliche Folgen der Virusinfektion. Mit mehrdimensionalen sozialen Benachteiligungen und deren Folgen für die Identität der Betroffenen setzt sich die intersektionale Forschung mit interessanten methodischen Ansätzen auseinander.

2 Intersektionalität, Heterogenität von Lebenschancen und Selbstverortung von Wissenschaftler*innen

Intersektionalität versucht, die Dimensionen sozialer Ungleichheit theoretisch zu bestimmen. Dazu zählt sie Diskriminierungen und ungleiche Machtverteilungen nicht einfach auf, indem sie sie addiert. Vielmehr will sie zeigen, wie sich Formen der Unterdrückung oder Missachtung ineinander verschränken und wechselseitig befördern. Der Begriff „Intersektionalität" kommt von „intersection", dem amerikanischen Wort für Straßenkreuzung. Wie sich auf einer Kreuzung Fahrtrouten schneiden, so können sich in einer Gesellschaft Ungerechtigkeiten überlappen. Ursprünglich wurde diese Herangehensweise von Frauen schwarzer Hautfarbe, insbesondere von der Juristin Kimberlé Williams Crenshaw, bekannt gemacht: Frauen schwarzer Hautfarbe können sowohl in weiß dominierten feministischen Bewegungen als auch in anderen Kontexten gegenüber Männern von unterschiedlichen Benachteiligungen betroffen sein.

Hausotter und Ganz (2020, S. 32ff.) betonen, dass Differenzkategorien wie Geschlecht, „Rasse" und Klasse keine harmlosen Attribute menschlicher Vielfalt, sondern Effekte von Herrschaftsverhältnissen seien. Hegemoniale Wissenssysteme trügen dazu bei, dass Menschen bestimmte Eigenschaften zu- oder abgesprochen würden. Kapitalistische Ökonomien zielten auf eine „möglichst kostengünstige Verwertung der Ware Arbeitskraft" ab, indem sie den Zugang zum Erwerbsarbeitsmarkt differenzierten und die ungleiche Einbindung in die Reproduktionsarbeit[3] strukturierten. Mit der geschlechtsspezifischen sozialen Arbeitsteilung seien unterschiedliche Lebenschancen und -risiken verbunden. Besonders deutlich wird dies bei der unbezahlten Haus- und Pflegearbeit, die nach wie vor überwiegend von Frauen geleistet wird. Neben rassistischer Diskriminierung, die ich an dieser Stelle nicht weiter vertiefen kann, werden bei der intersektionalen Betrachtung auch körperbezogene Herrschaftsverhältnisse hervorgehoben. Hausotter und Ganz (2020, S. 36) schreiben:

> „Unsere gegenwärtige Gesellschaft ist – trotz vieler Erfolge der Behindertenbewegung – nach wie vor auf normalisierte Körper ausgerichtet. Menschen, die davon abweichen, werden stigmatisiert, entwürdigt und in ihrer Lebensgestaltung behindert. Für den Erwerbsarbeitsmarkt sind vor allem gesunde und leistungsfähige Menschen interessant, Menschen die alt sind, krank oder anderweitig eingeschränkt, werden auf diese Weise abgewertet."

Zugleich werde Druck aufgebaut, sich selbstverantwortlich um den Erhalt der eigenen körperlichen und geistigen Gesundheit und Leistungsfähigkeit zu kümmern.

3 Unter Reproduktionsarbeit versteht die Soziologie alle Tätigkeiten, die dem Erhalt der individuellen Arbeitskraft und dem Fortbestand der Bevölkerung dienen und die keine Lohnarbeit sind. Dazu zählen etwa das Führen des Haushalts, Landwirtschaft für eigene Bedürfnisse, das Gebären und Aufziehen der Kinder, häusliche Kranken- und Altenpflege, Reparaturen in der Wohnung usw.

Hier möchte ich noch ergänzen, dass Menschen mit psychischen Erkrankungen oder Suchtproblemen aufgrund bestehender Stigmatisierungen noch stärker als Menschen mit körperlichen Erkrankungen von diesen Abwertungen betroffen sind, zugleich aber die eigenen Möglichkeiten, zum Erhalt der psychischen Gesundheit beizutragen, gerade in den letzten zwei Jahren erheblich unterminiert wurden. Die Verantwortung für Gesundheit wird in gängigen neoliberalen Narrativen individualisiert, also möglichst dem Einzelnen aufgebürdet, während zugleich gesellschaftliche Bedingungen geschaffen werden, welche die individuelle Anstrengungen konterkarieren. Während einerseits verlangt wurde, im Rahmen des Infektionsschutzes umfangreiche Maßnahmen zum Erhalt der eigenen Gesundheit und zur solidarischen Eindämmung der Virusausbreitung zu ergreifen (Hygieneregeln, Masken, Abstand, Tests, Impfungen), wurden zugleich vielfältige Möglichkeiten der Gesundheitsförderung wie zum Beispiel Bewegungsangebote, Aufenthalte im Freien oder zumindest außerhalb der Wohnung, Verwandtenbesuche und psychische Stärkung durch gemeinschaftliche Aktivitäten unterbunden. Diese Einschränkungen trafen bereits zuvor benachteiligte Menschen wesentlich stärker als Privilegierte und konnten zu Dekompensationen beitragen, die bei einigen in Angstzuständen, Depressionen, Alkoholkonsumstörungen, schädlichem Medienkonsum, erheblicher Gewichtszunahme oder Suizidalität kulminierten. Wenn in der Folge dann Suchtkranke oder psychisch kranke Menschen, aber auch Menschen mit Adipositas weiter stigmatisiert und abgewertet werden und ihnen persönlich mangelnde Anstrengungsbereitschaft beim Überwinden ihrer misslichen Lage unterstellt wird, dann spitzt sich die Kaskade der Benachteiligung infolge der Pandemiemaßnahmen weiter zu.

Die Intersektionale Mehrebenenanalyse interessiert sich für die subjektiven Identitätskonstruktionen, die aus den durch Herrschaftsverhältnisse geprägten sozialen Situationen im Alltag der Personen entstehen. Eine Leitfrage hierbei ist: „Wie konstruieren die Menschen ihre Weltverhältnisse?" Der Forschungsprozess ist nach Möglichkeit partizipativ. Fragestellungen werden gemeinsam mit den Zielgruppen festgelegt, Interviews werden gemeinsam geführt und interpretiert, nach der Interviewanalyse werden Ergebnisse in Fokusgruppen diskutiert und an die Akteur*innen kommuniziert, diese Diskussion sind als Teil des Forschungsprozesses zu sehen.

Gerade auch im Zusammenhang mit der Analyse der Pandemiefolgen könnte ein partizipativer und schonungslos selbstreflexiver Ansatz vielversprechend sein. Die Situation ist jedoch bereits in national oder europäisch begrenzter Perspektive ausgesprochen komplex, denn auch Forscher*innen sind bei ihren Interviewauswertungen und Einschätzungen der gesellschaftlichen Dynamiken von den gängigen Narrativen und ihren eigenen Ängsten beeinflusst und in Rückkopplungsschleifen zwischen Wissenschaft, Politik, Medien und Zivilgesellschaft eingebunden. Der in aktuellen sozialwissenschaftlichen Diskursen viel zitierte, 2002 verstorbene Soziologe Bourdieu (1992/2015) plädierte für eine Respektlosigkeit gegenüber jeglicher Macht und versuchte deren verborgene Mechanismen zu enthüllen. Hierbei analysierte er die Entstehung und Weitergabe von kulturellem (z. B. Fähigkeiten, Titel) und sozialem Kapital (z. B. Netzwerke und Zugehörigkeiten) und deren Verflechtungen mit ökonomischem Kapital. Forscher und Intellektuelle sind keine freischwebenden Existenzen, auch ihnen eignet ein „Habitus", auch sie legen Lebensstile, Verhaltensmuster, Geschmäcker, Sprechweisen usw. an den Tag, mit denen sie sich an ihr soziales Umfeld anpassen. „Wer den Habitus einer Person kennt, der spürt oder weiß intuitiv, welches Verhalten dieser Person verwehrt ist“, schrieb Bourdieu. „Mit anderen Worten: Der Habitus ist ein System von Grenzen.“ (S. 33) In seinen Ausführungen analysiert er auch die Wechselwirkungen zwischen Presse und Wissenschaft und die Definitionsmacht, wer zu den autorisierten Wortführern gehört (ebd., S. 88). Interessanterweise schrieb Bourdieu (1992/2015, S. 107) bereits in den 1990er Jahren des 20. Jahrhunderts von symbolischen Schlägen, „die heute immer häufiger im Namen der Wissenschaft verübt werden: Meinungsumfragen, offizielle Statistiken, ‚Experten‘-Urteile usw.“

In der aktuellen Pandemiesituation kann es den wissenschaftlichen Blick trüben, wenn man Maßnahmenkritiker*innen als rechtslastig oder als Verschwörungstheoretiker*innen einsortiert, sodass bestimmte Positionen diffamiert werden und nicht mehr in einen akademischen Diskurs zu passen scheinen. Dann wird es in akademischen Gemeinschaften schwieriger, die gängigen Narrative kritisch zu analysieren.

Exemplarisch steht mir ein Video (Transcript 2020) vor Augen, das Michael Volkmer im Gespräch mit Anna Henkel (Lehrstuhl für Soziologie mit Schwerpunkt Techniksoziologie und nachhaltige Entwicklung an der Universität Passau) und Rudolf Stichweh (Dahrendorf-Professor für Theorie der modernen Gesellschaft und Direktor der Abteilung „Comparative Research on Democracies“ am Forum Internationale Wissenschaft der Universität Bonn) zeigt. Die Diskussion im Video macht deutlich, dass man mit ähnlichen (systemtheoretischen) Grundannahmen zu ganz unterschiedlichen Wahrnehmungen und Schlussfolgerungen kommen und vor diesem Hintergrund auch Akteure sehr unterschiedlich bewerten kann. Anna Henkel spricht zunächst von komplexen innergesellschaftlichen

Dynamiken bei plötzlichen naherückenden Gefahren – damals (2020) noch mit der Hoffnung auf einen wirksamen Impfstoff als Problemlöser. Sie skizziert, wie drastische Maßnahmen, die von Wissenschaftler*innen empfohlen werden, auf taube Ohren stoßen können, wie das Vertrauen in Funktionssysteme sinkt und welche negativen Rückkopplungseffekte es zwischen den verschiedenen Akteuren gibt. Die Frage entsteht, wie man Institutionen und die Integrität von Personen schützt. Rudolf Stichweh überlegt, von welcher Art ein gesellschaftliches Immunsystem sein müsse. Mit der Pandemie sei eine archaische Welt der Infektionsgefahren in eine wenig vorbereitete westliche Welt eingetreten, die vermeinte, Seuchen seien eine Sache der Vergangenheit oder beträfen nur andere Regionen der Welt. Was tun? Mitbestimmung verbrauche in einer sich rasch ausbreitenden Pandemie zu viel Zeit, sodass auf Demokratie, Gemeinschaft und Zuwendung wenig zu setzen sei. Auch Urbanität und Individualismus seien in einer pandemischen Krise eher problematisch. So kollidieren entscheidende Strukturprinzipien der westlichen Moderne mit der Pandemiebewältigung; das Gesellschaftssystem sei insgesamt wenig vorbereitet. Historisch seien eher Religion und Polizei für die Bewältigung derartiger Krisen herangezogen worden. Als Antwort auf wachsende Einsichten in mögliche Bedrohungen sei in der Public Health Entwicklung in den letzten gut 100 Jahren versucht worden, Strukturen zu etablieren und durchzusetzen, in denen sich die Bevölkerung dem Wissen der Naturwissenschaften und Medizin zu beugen hat. Die Pandemie habe so Eingriffsformen nahegelegt, die für liberale demokratische Sozialordnungen untypisch seien und Verwandtschaft zu autoritären Regierungsformen hätten. Es ginge darum, dass wir uns der Autorität des Wissens zu beugen haben, damit nicht Einzelne zu „Super-

Spreadern" würden. Die Geisteswissenschaften seien in dieser Pandemie weniger gefragt, da es nicht helfe, möglichst viele unterschiedliche Interpretationsperspektiven zu entwickeln. Es seien aber gerade auch in der derzeitigen Pandemie Proteste gegen die Dominanz herrschender Kontroll- und Wissensinstanzen entstanden. Hierbei sieht Stichweh jedoch die Gefahr, dass die Kritiker*innen einen „Pakt mit dem Teufel" (Transcript 2020, Minute 33) eingingen, wohlwissend, dass der Teufel lüge und sie sich selbst gefährdeten.

Eine solche Interpretation des Protestes als Pakt mit dem Teufel ist bemerkenswert und klingt nicht gerade nach einer ausgewogenen Analyse gesellschaftskritischer Protestbewegungen. Hierin zeigt sich meiner Auffassung nach die Neigung, Maßnahmenkritiker*innen zu schnell in die Nähe von Extremisten (und Verschwörungstheoretiker*innen) zu rücken und zu diskreditieren. Kann man mit einem solchen Blick unvoreingenommen gesellschaftliche Entwicklungen analysieren, in die man selber angstvoll involviert ist? Und wie kann man umgekehrt der Gefahr entgehen, sich die Empörung gegen Freiheitseinschränkungen vorschnell zu eigen zu machen? Bei diesen Positionierungen spielen gesellschaftliche Diskurse eine wichtige Rolle, wie Menschen mit Risikosituationen umgehen. Geht es stärker darum, sich von Kindheit an bestimmten Risiken auszusetzen, um Bewältigungskompetenzen in konkret erfahrbaren Situationen zu erlernen, oder wollen wir eine umfassende Sicherheitsvorsorge, um uns vor möglichst vielen abstrakten, statistisch mit einer bestimmten Wahrscheinlichkeit möglichen Risiken ohne eigene Erfahrung zu schützen? Welche Risiken sind hierbei tolerabel? Gibt es höhere Gewalten, komplexe, noch nicht vollständig verstandene Einbindungen in größere Zusammenhänge oder gar göttliche Fügungen, die letztlich die existenziellen Fragen um Leben und Tod beeinflussen? Welchen Stellenwert haben demgegenüber die durch wissenschaftliche Erkenntnisse kontrollierbaren Risiken? Wie genau findet die Abwägung zwischen Absicherung/Kontrolle und Erlangung von Lebenskompetenz/Lebensweisheit statt?

Um auf die Pandemie zurückzukommen: Wie viel Kontrolle kann durch weltweit verfügte Pandemiemaßnahmen und Impfungen tatsächlich bei Atemwegsinfekten erreicht werden und bei welchen Erkrankungen ist es auf lange Sicht erfolgversprechender, das Immunsystem früh zu stärken, indem man es zulässt, dass Kinder für sie weniger gefährliche Erkrankungen durchmachen? Was ist psychisch gesünder: Möglichst vielen Risiken aus dem Weg zu gehen und sich hierbei in virtuelle Räume zurückzuziehen oder darauf zu vertrauen, bestimmte Herausforderungen bewältigen zu können und tatsächliche Erfahrungen in und mit der Natur und im Zusammensein mit anderen zu machen? Wer entscheidet über zumutbare Risiken und die Abwägung von negativen Begleiteffekten von Schutzmaßnahmen, wenn die Mehrheit der Wissenschaftler*innen zu einer Einschätzung kommt, die von anderen Wissenschaftler*innen infrage gestellt wird?[4] Die Geschichte der Philoso-

4 Ein Beispiel für solchen innerwissenschaftlichen Dissens wäre die „Great Barrington Declaration“ von 2020. Die Verfasser des Dokuments sprachen sich dafür aus, Risikogruppen gezielt zu schützen, jungen Menschen und Personen mit geringem Sterberisiko aber zu erlauben, ihr normales Leben zu führen und sich anzustecken. Die Pandemie werde über die sich bald einstellende Herdenimmunität eingedämmt, und die vielfältigen Kollateralschäden, welche Lockdowns mit sich bringen, könnten vermieden werden. Das Konzept stieß auf harschen Widerspruch, der sich nicht auf sachliche Argumente beschränkte, sondern es auch auf eine Diskreditierung der Verfasser als „falsche Experten“ und „Wissenschaftsleugner“ anlegte.

phie voll von erkenntnistheoretischen Modellen, die besagen, dass die „Wahrheit“ schwer auszumachen ist, da individuelle Perspektiven, Standpunkte, begrenzte Horizonte, selektive Wahrnehmungen und Deutungsmuster zu unterschiedlichen Wirklichkeiten führen. Wenn nun Rudolf Stichweh argumentiert, dass geisteswissenschaftliche Analysen zur Pandemiebewältigung nicht beitragen könnten, da man sich auf ein wissenschaftlich begründetes, einheitliches Public-Health-Vorgehen beziehen müsse, dann wird ausgeblendet, dass die wissenschaftliche Fundierung des Vorgehens durchaus nicht so eindeutig ist, wie oft propagiert wird. Auch medizinische Erkenntnisse verfestigen sich nicht unabhängig von herrschenden Narrativen und wirtschaftlichen Machtverhältnissen. Wie verlaufen die Aushandlungsprozesse zwischen Medizin, Natur- und Geisteswissenschaften? Und welche Folgen müssen Menschen tragen, die durch das Eingehen von Risiken sich selbst oder andere gefährden? Ist es legitim, dass Nichtgeimpfte regelmäßige Tests durchführen und diese selbst zahlen müssen, dass ihnen die Lohnfortzahlung bei Covid-19-Erkrankung gestrichen wird, dass ihnen Berufsverbot, der Ausschluss aus Sportstadien, kulturellen Veranstaltungen oder gar völlige soziale Isolation droht?

Wie frei sind Wissenschaftler*innen bei ihren Analysen?
Der Frage muss ich mich auch immer wieder selbst stellen, während ich ein doch recht maßnahmenkritisches Buch schreibe. Ich versuche an dieser Stelle eine eigene Standortbestimmung: Speist sich meine Analyse aus einer Rebellion gegenüber Autoritäten oder fußt sie auf wissenschaftlicher Einsicht? Ich bin seit über 28 Jahren als Professorin im Hochschulbereich tätig und begeisterte Hochschullehrerin

und Wissenschaftlerin. Zunächst möchte ich anmerken, dass meine seit April 2020 recht coronamaßnahmenkritische Haltung auch in einer Skepsis wurzelt, die bereits während meines Medizinstudiums in den Jahren 1977 bis 1983 ihren Anfang nahm. Damals war ich einerseits enttäuscht, wie stark das Medizinstudium vom Auswendiglernen geprägt war, und andererseits entwickelte ich eine kritische Haltung gegenüber den Einflüssen der Pharmaindustrie auf die Heilkunde, eine Haltung, die sich während meiner psychiatrischen Fachärztinnenausbildung noch einmal verstärkte, als ich sah, in welchen hohen Dosen jungen psychiatrischen Akutpatient*innen Psychopharmaka verabreicht wurden und wie wenig finanziell untersetzt alternative Behandlungsangebote wie Soteria[5] vorangetrieben wurden. Während meiner klinischen Praktika und während meiner knapp 10-jährigen ärztlichen Tätigkeit in zwei Krankenhäusern fragte ich mich oft, ob es wirklich hilfreich sei, junge Ärzt*innen derart unter Zeitdruck und Schlafmangelstress zu setzen. In einem klinischen Praktikum in den USA (Rutgers New Jersey Medical School) beobachtete ich, wie der mich anleitende Assistenzarzt sein Tagespensum nur im Dauerlauf bewältigen konnte und die Kommunikation zwischen den medizinischen Berufsgruppen von Abkürzungen und kurzen standardisierten schriftlichen Informationen

5 Soteria ist Altgriechisch und heißt so viel wie Rettung, Wohl, Heil, Bewahrung. Zum Namen für eine alternative Behandlungsform wurde „Soteria" in der psychiatriekritischen Bewegung der 1960er und 1970er Jahre. Das Konzept setzt darauf, Neuroleptika nur zurückhaltend einzusetzen und die Patienten besser durch Anteilnahme, durch aktives Dabeisein („beeing with") zu therapieren, was sich insbesondere in der Unterbringung niederschlägt: familiäre, atmosphärisch ansprechende „weiche" Wohnformen statt der üblichen Anstaltszimmer, Betreuung durch individuelle Begleitpersonen, Alltagsbewältigung in Wohngemeinschaften.

geprägt war. Bei meiner ersten klinischen Tätigkeit musste ich (ohne Freizeitausgleich) acht nächtliche Bereitschaftsdienste vor Ort in der Klinik pro Monat abdecken, in denen ich jede Nacht mehrmals geweckt wurde und etwa ein Mal pro Nacht aufstehen musste. Es gab einmal pro Monat Wochenenddienste, die freitags mit einem normalen Tagesdienst begannen, sich dann bis Montagmorgen ohne Unterbrechung als Bereitschaftsdienst vor Ort in der Klinik mit unterbrochenen Nächten fortsetzten und Montag mit einem normalen Tagesdienst abschlossen. Also 80 Stunden kontinuierlicher Aufenthalt in der Klinik mit drei unterbrochenen Nächten. Abgesehen von einer erheblichen eigenen Gesundheitsgefährdung fragte ich mich, warum man gerade Berufsanfänger*innen nach einem von Auswendiglernen geprägten Studium derart unter physischen Stress setzt und was das mit der Fähigkeit macht, Patient*innen achtsam zu diagnostizieren, Behandlungsansätze kritisch abzuwägen und eine professionelle Haltung zu entwickeln, wie sie Patient*innen zu Recht von ihren Ärzt*innen erwarten dürfen. Auch an Universitätskliniken mit der Anforderung, Patientenversorgung, Forschung und Lehre unter einen Hut zu bekommen, waren damals die Arbeitsbedingungen so, dass zwar sehr viel geleistet wurde, jedoch die Zeiten für kritische, interdisziplinäre Reflexion knapp bemessen waren. „Unter Zeitdruck werden Menschen genötigt, weniger auf ihren eigenen Rhythmus zu achten und sich mehr äußeren Erfordernissen – sogenannten Sachzwängen oder drängenden Bedürfnissen anderer – anzupassen“ (Jost 2000, S. 12).

Im weiteren Verlauf meiner klinischen Tätigkeit wurde mir eine Tendenz deutlich, ausführliche Anamnesen und Befunderhebungen mehr und mehr durch Checklisten mit algorithmischen Behandlungspfaden zu ersetzen und nur noch Ansätze zu verfolgen, die in großen randomisierten Kontrollstudien in klinischen Settings in Universitätskliniken verifiziert worden sind. So wichtig diese evidenzbasierten Ansätze auch sind, so entsteht dadurch auch die Gefahr, die durch intensive Beschäftigung mit den Besonderheiten einzelner Patient*innen geschärfte medizinische Intuition zu schwächen und Einflüsse aus dem häuslichen Milieu und der Lebenswelt der Patient*innen zu vernachlässigen, denn die randomisierten Studien werden unter standardisierten Bedingungen unter Zuhilfenahme von Symptomchecklisten durchgeführt und von mächtigen Akteur*innen finanziert. Ärztliche Erfahrung und Intuition werden durch ein autoritär strukturiertes Studium mit viel Auswendiglernen, durch Zeitdruck, wenig Hausbesuche und den Vormarsch von Symptomchecklisten geschwächt. So machen meiner Meinung nach derartige Studien- und Arbeitsbedingungen, gepaart mit hohen finanziellen Anreizen in Führungspositionen, die Medizin anfällig für eingleisige, von finanzstarken Akteur*innen vorangetriebene Entwicklungen. Dies wird meiner Meinung nach in besonderer Weise in der Covid-19-Pandemie deutlich. Erkenntnisse von Ärzten wie Shankara Chetty aus Südafrika, der seine Patient*innen ambulant engmaschig begleitete und sah, dass Covid-Patient*innen mit schwerem Verlauf genau am achten Tag nach Symptombeginn eine plötzliche Verschlechterung erleiden und dann ein sofortiger Behandlungsbeginn mit Cortikosteroiden und Antihistaminika klinisch erhebliche Erfolge zeigte, werden zwar auf YouTube verbreitet, finden aber in der wissenschaftlichen Community nur schwer vergleichbare Studien- und Forschungsförderungen wie teure antivirale Arzneimittel. Nach meinem Wechsel an eine damalige Fachhochschule wurde mir deutlich, welche intellektuellen Potenziale die Arbeit mit weniger Zeitdruck und mehr Zeit für interdisziplinären Austausch mit Gesellschaftswissenschaftler*innen sowie ohne Nachtdienste freisetzen kann. Neben dem Forschungsthema „Kinder psychisch kranker Eltern“, das in die Folgekapitel noch einfließen wird, beschäftigte ich mich ausgiebig mit Zeitforschung und zwischenmenschlichen Abstimmungen, was letztlich auch zu einer Ausbildung als marte meo Supervisorin führte. Auch diese Forschungsstränge fließen in meine derzeitigen maßnahmenkritischen Überlegungen mit ein. Persönlich war ich in den Jahren 2020 und 2021 nur begrenzt von den Maßnahmen betroffen: Ich musste zwei Urlaube absagen und meine Lehre auf Onlineformate umstellen, was mir, da ich selbst Projekte zur Onlinelehre geleitet hatte, nicht wirklich schwerfiel, abgesehen von einer physischen Belastung der Augen. Jedoch fehlte mir die akademische Austauschkultur vor Ort und mir taten die Studierenden leid, die so wenig Chancen hatten, sich selbst im Austausch mit anderen persönlich vom Hergebrachten zu emanzipieren. Finanziell hatte ich als privilegierte Beamtin und Professorin keinerlei Einbußen und privat konnte ich aufgrund meiner Wohnverhältnisse auch in Lockdownzeiten Außenaktivitäten wahrnehmen. Obwohl ich selbst zur Risikogruppe gehörte und bereits schwere Erkrankungen durchmachen musste, hatte ich vergleichsweise wenig Angst vor eigener Erkrankung und entschloss mich, mein Immunsystem auf verschiedene, zum Teil etwas ungewöhnliche Weise zu stärken, sodass ich eine eigene Covid-19-Erkrankung recht gut überstand. Auch in meiner Familie traten keine schweren Covid-19-Verläufe auf, allerdings musste ich im Freundeskreis zwei schwere Verläufe, glücklicherweise ohne intensivmedizinische Behandlung, und einen möglicherweise auch mit einer COVID-19-Infektion in Zusammenhang stehenden Todesfall beobachten. Zugleich konnte ich auch schwerwiegende Auswirkungen von Lockdownmaßnahmen auf ältere Verwandte miterleben. Als tiefenpsychologisch ausgerichtete Psychotherapeutin bin ich es gewohnt, meine biografischen Erfahrungen in Beziehung zu eigenen Positionen zu setzen und habe dies als sehr hilfreich erlebt. Ich bin mir beim Schreiben dieses Buches keines Interessenkonfliktes bewusst und habe durch eine relativ offene maßnahmenkritische Kommunikation bislang (Stand Anfang 2022) persönlich „nur" berufliche Nachteile bei Publikationsversuchen maßnahmekritischer Analysen erfahren müssen, allerdings bin ich mit 62 Jahren nicht mehr davon abhängig, für Zukunftsprojekte größere Drittmittelsummen einzuwerben. So viel zur selbstreflexiven eigenen Standortbestimmung, die auch meine Leser*innen dazu ermuntern könnte, eine eigene persönliche und berufliche Standortbestimmung vorzunehmen.

Auch Roth (2020, S. 87) weist auf Mängel bei der Offenlegung der eigenen Methoden der Entscheidungsfindung in den Diskursen hin: „Konkret wäre es im Rückblick auf die Krise nicht nur wissenschaftlich wichtig, im Detail zu wissen, auf Grundlage welcher Datenlagen, Simulationen und Modelle sowie welcher Gewichtungen welche Entscheidungen getroffen wurden." Der Wirtschaftswissenschaftler und Soziologe Roth konstatiert eine Theoriearmut und eine mangelnde Einsicht in die eigene Kontingenz und warnt vor der Ausschaltung abweichender Stimmen als Verschwörungstheorie. Um die Pandemie und ihre Folgen wissenschaftlich aufarbeiten zu können, bedarf es also einer großen Offenheit, wobei hier selbst die Möglichkeit in Betracht gezogen werden könnte, dass es sich bei der Krise um den womöglich kostspieligsten Fehlalarm in der Geschichte gehandelt haben könnte. Ein solches Eingeständnis werden die Verantwortlichen freilich lange scheuen. Denn im wissenschaftlichen Diskurs ist zwar eine maximale Skepsis und Offenheit mit rigorosem Hinterfragen aller Annahmen hilfreich. Jedoch kann dies in einer aktuellen Krise zu einer erheblichen Verunsicherung beitragen und zu stark emotionalisierten, womöglich krawallartigen Auseinandersetzungen führen, die dann nicht nur in den sozialen Medien widerhallen. Hier die richtige Balance zu finden zwischen kritischem Hinterfragen, das Skepsis nährt, und dem Vermitteln von Glaubwürdigkeit und Sicherheit ist kein leichtes Unterfangen.

Die neuen Medien tragen in zunehmendem Maße zur Verfestigung oder Dekonstruktion der symbolischen Repräsentationen sozialer Strukturen bei. Einerseits ermöglicht die digitale Kommunikation einen nicht-hierarchischen, gleichberechtigten Austausch. In den sozialen Medien konnten neue Formen der Aushandlung entstehen, bei denen körperliche Besonderheiten, psychische Vorerkrankungen, Alter, Hautfarbe oder auch Geschlecht nicht ohne Weiteres erkennbar sind und darum die wechselseitige Anerkennung der Beteiligten nicht beeinflussen. Andererseits werden soziale Medien für gezielte interessengeleitete Kampagnen genutzt. Hierbei werden bestehende Kategorisierungen teilweise relativiert und andere – wie zum Beispiel geimpft vs. nicht geimpft – neu erzeugt und mit entsprechenden Rahmungen (Frames) versehen, die in die Selbst- und Identitätskonstruktionen eingreifen (z. B.: Verhalte ich mich solidarisch oder egoistisch? Welcher Gruppierung fühle ich mich zugehörig?). Daher soll im Kapitel 7 der Einfluss von Nudging-Strategien auf Gesundheit und Identität am Beispiel der Coronapandemie noch näher beleuchtet werden. In der

Nudging-Forschung beschäftigen sich Wissenschaftler*innen eingehend damit, wie man durch gezielte Informationskampagnen auf bestehende Einstellungen und Handlungsbereitschaften Einfluss nehmen kann. In der sozialwissenschaftlichen und psychiatrischen Forschung wird bislang noch recht wenig thematisiert, wie sich weltweit ähnliche Informationsstrategien, radikale Gegenpositionen, algorithmisch erzeugte Filterblasen und durch Künstliche Intelligenz entstandene neue Differenzkategorien auf Identitätskonstruktionen auswirken. Dies wird man jedoch in Zukunft nicht mehr vernachlässigen können. Der Medienwissenschaftler Pörksen (2020, S. 200 f.) zitiert den Netzpublizisten Sascha Lobo:

> „Was wir über die Welt wissen, wissen wir aus einem kleinen Bildschirm, der uns sozial, redaktionell und algorithmisch aufbereitete Informationen präsentiert, dabei Sensationalisiertes, Zugespitztes, Radikales tendenziell bevorzugt, was durch die Echokammern der Netzöffentlichkeit selbstverstärkend wirkt."

Hiervon sind auch Wissenschaftler*innen beeinflusst, sodass, wie Pörksen (2020) ausführt, die Theorie-Produktion in Zeiten des Virus mitunter wie eine Art Rorschachtest funktioniere, der eigene Ängste, Wünsche und Sehnsüchte offenlege. Zugleich benötigen wir neue theoretische Ansätze:

Kurzfristig und im Krisenmodus wird oft der Ruf nach sicherheitgebenden Führungspersönlichkeiten laut, langfristig wird psychische Gesundheit jedoch durch selbstwirksame Teilhabe möglichst aller Menschen mit ihren je eigenen Perspektiven gestärkt. Hierauf werde ich bei den Ausführungen zu Recovery noch einmal ausführlicher zurückkommen (vgl. Kap 12).

Die meisten bislang publizierten Forschungsergebnisse zu den psychischen Auswirkungen der Coronapandemie und der gegen sie gerichteten Maßnahmen hinterfragen die Kategorisierungen nicht, die sich vornehmlich durch Einigungsprozesse zwischen Expert*innen etabliert haben, und stützen sich auf psychiatrische Diagnosen oder in Fragebogenform erhobene Befindlichkeitsbeeinträchtigungen. Die Forschung zu den Pandemiefolgen ist rasch entstanden, stützt sich häufig auf etablierte Instrumente und ist selten partizipativ angelegt. So können Vergleiche zur Situation vor der Pandemie angestellt werden, etwa Vergleiche, ob und wie sich Symptome und Leidensdruck der Befragten seit damals verändert haben. Jedoch bleiben die genaueren gesellschaftlichen Einflüsse weitgehend im Dunkeln: Wo und in welcher Form hat sich die derzeitige Umbruchsituation auf die Psyche ausgewirkt? Trotz ihrer methodischen Einschränkungen sollen an dieser Stelle zunächst einige empirische Erhebungen dargestellt werden, um im Nachgang theoretische Ansätze weiter zu vertiefen, die über intuitive Erklärungsansätze hinausgehen. So wichtig rasch entstandene Studien auch sind, um sich einen Überblick zu verschaffen, so steht es noch aus, dass zielgenauere, partizipative, quantitative und qualitative Erhebungen zu einer interdisziplinären, unter Beteiligung von Maßnahmengegner*innen und Befürworter*innen konzipierten Theoriebildung führen. Ein interessanter Forschungsansatz ist beispielsweise das Logbuch der Veränderung (HNE 2021), das an der Hochschule für nachhaltige Entwicklung in Eberswalde gestartet ist und inzwischen an anderen Orten Folgeprojekte nach sich zieht und bundesweit Daten erhebt. In diesem lernenden Forschungsprojekt sind Menschen eingeladen, ihre Beobachtungen zu gesellschaftlichen Veränderungen, Umbruch und Wandel in einem „Logbuch" regelmäßig zu notieren.

3 Empirische Studien: Psychische Auswirkungen der Pandemie

Analysiert man die Veränderungen bei den Häufigkeiten und Schweregraden psychischer Störungen, so wird in den durchgeführten Studien häufig unterschieden zwischen den

- unmittelbaren Auswirkungen während der ersten Welle,
- Veränderungen nach dem ersten Rückgang der Sars-Cov-2-Inzidenzzahlen und der Lockerungen von Pandemiemaßnahmen im Sommer 2020,
- Auswirkungen nach erneuten Inzidenzanstiegen und Lockdownmaßnahmen,
- gesundheitlichen Auswirkungen von wirtschaftlichen Veränderungen (Rückgang des Bruttosozialproduktes, persönliche existenzielle wirtschaftliche Verluste, Arbeitslosigkeit, Armut).

Während der *ersten Welle* wurden auch in Deutschland sehr zeitnah Befragungen durchgeführt. Eine ausführliche Mannheimer Befragung von je tausend Männern und Frauen im Alter zwischen 18 und 65 Jahren in der 17. Kalenderwoche 2020 (mit gut 700 auswertbaren Rückläufen Ende April/Anfang Mai 2020) hatte den Charme, dass sich die Daten mit einer Vorerhebung von 2018 vergleichen ließen. Im Ergebnis ließen sich global keine deutlichen Veränderungen bei den Inzidenzen psychischer Störungen während der ersten Welle erheben, wohl aber gab es Einflüsse individueller Risiko- und Resilienzfaktoren. Menschen, die während der ersten Welle subjektiv stärkere Belastungen schilderten, zeigten in den Befragungsergebnissen ein schlechteres Befinden (Kuehner et al. 2020).

Schützwohl und Mergel (2020) kamen bei der Analyse von Teilhabebeeinträchtigungen während der ersten Pandemiewochen zu dem Ergebnis, dass chronisch psychisch kranke Menschen bereits vor der Pandemie in ihren Teilhabemöglichkeiten erheblich beeinträchtigt waren und sich durch die Kontaktbeschränkungen und Lockdownmaßnahmen an dieser Situation nur wenig geändert hat.

Die Suizidrate ist bereits in den letzten Jahren rückläufig gewesen und hat sich 2020 in Deutschland auch nicht – wie von einigen Maßnahmenkritiker*innen befürchtet – erhöht, sondern einen bisherigen Tiefstand erreicht, wie die (vorläufigen) Daten des Statistischen Bundesamtes zeigen: Die Zahl der Suizide in Deutschland lag im Jahr 2020 nach der vorläufigen und noch nicht vollständigen Auswertung bei 8.565. Sie lag damit bislang leicht unter der Zahl von 2019 (9.041 Suizide) (Destatis 2021b). Auch international ergab ein Vergleich der Suizidstatistiken der ersten Monate der Pandemie (01.04. bis 31.07.2020) mit den vorangegangenen Monaten in 21 (größeren) Ländern keinen signifikanten Anstieg der Suizidraten, bei jedoch suboptimaler Datenqualität mancher Rohdaten (Pirkis et al. 2021). Allerdings ist von früheren Krisen bekannt, dass Suizidraten erst verzögert ansteigen, sodass man hier die weitere Entwicklung verfolgen sollte.

Die Auslastung psychiatrischer Abteilungen/psychiatrischer Fachkliniken ist nach den Statistiken des Psychiatriebarometers des Deutschen Krankenhausinstituts in der ersten

Hochphase der Pandemie (März bis Juni 2020) deutlich gesunken: Von 97,3 auf 74,3 Prozent in der stationär psychiatrischen Behandlung (Erwachsene) und von 93,1 auf 58,9 Prozent im Vergleich zum Vorjahr in der Psychosomatik – die Rückgänge der teilstationären Versorgung betrugen sogar 50 bis 60 Prozent. Dies wird mit dem Rückgang elektiver (nicht dringend sofort erforderlicher) Behandlungen und mit der Angst von Patient*innen vor Infektionen im Krankenhaus erklärt. Zugenommen haben die Notfallbehandlungen mit akutem und aufwendigen Behandlungsbedarf und Behandlungen von Menschen mit bestimmten Diagnosen (Schizophrenie, Neurotische, Belastungs- und somatoforme Störungen, Depressionen und psychische und Verhaltensstörungen durch Alkohol). Eine große Mehrheit (81 %) der Einrichtungen gab an, dass bei ihnen Patient*innen in Quarantäne mussten. Im Durchschnitt musste jede Klinik seit Beginn der Pandemie 25 Patientinnen und Patienten isolieren (Median 10; der Unterschied zwischen Durchschnitt und Median zeigt, dass manche Einrichtungen besonders stark betroffen waren) (Deutsches Krankenhausinstitut 2021). Die Erfahrungen der Patient*innen mit den Behandlungen während der Quarantäne oder Rückmeldungen von Patientenbeauftragten oder dem Beschwerdemanagement haben in diesem Bericht erstaunlich wenig Aufmerksamkeit gefunden. Besondere Aufmerksamkeit erfuhren neben Daten, die sich aus der Basisdokumentation direkt ableiten ließen (Diagnosen, Belegungszahlen), Coronatests/Ergebnisse, Schutzkonzepte, Personaleinsatz, Behandlungsorganisation und die wirtschaftliche Situation.

Auch das medizinische Personal war in der ersten Welle bereits deutlich psychisch belastet. Eine noch nicht abgeschlossene (Stand Herbst 2021) prospektive Onlinebefragung von Beschäftigten im Gesundheitswesen ergab folgendes Zwischenergebnis (Zeitraum 20.04.2020 bis 05.07.2020):

Tabelle 1: Depressionen und Ängste beim Gesundheitspersonal während der ersten Welle modifiziert nach Gießelmann 2021

	Ärzt*innen	Pflegekräfte	Medizinisch Technische Assistent*innen
Relevante depressive Symptome	17,4 %	21,6 %	23,0 %
Generalisierte Angstsymptome	17,8 %	19,0 %	20,1 %
Schwere Depressionen (Screening auf Major Depression)	1,48 %	1,7 %	1,86 %

Allerdings war der Anteil schwerer Depressionen beim Gesundheitspersonal niedriger als in der Allgemeinbevölkerung, wo beim Screening auf Major Depression während der ersten Welle ein Anstieg von 0,94 auf 2,11 Prozent auffiel (Gießelmann 2021).

Riedel-Heller und Richter (2020) fassen einige internationale Studien bei Pandemiebeginn zusammen und kommen zu dem Fazit, dass die Dynamik der psychischen Reaktionen mit Ängstlichkeit, Depressivität und Belastungserleben im Verlauf der ersten Welle ziemlich unmittelbar die infektionsepidemiologische Dynamik widerspiegelte und somit beim Rückgang der Fallzahlen auch deutlich rückläufig war. Diese unmittelbaren Reaktionen könne man jedoch nicht als psychische Störungen im engeren Sinne bezeichnen. Obgleich alte Menschen die schwersten Covid-Verläufe haben, sind die psychischen Reaktionen besonders bei Jugendlichen und jungen Erwachsenen ausgeprägter. (Hierbei muss man meiner Auffassung nach jedoch beachten, dass hochaltrige Menschen in Pflegeheimen in derartige Studien oft gar nicht einbezogen werden bzw. aufgrund demenzieller Erkrankungen viele Fragebögen gar nicht ausfüllen können.) Da die Zusammenhänge zwischen Wirtschaftskrisen und häufigerem Auftreten psychischer Störungen lange bekannt seien, sei in Zukunft von einer rezessionsbedingten Zunahme psychischer Störungen auszugehen. Die psychische Gesundheit müsse daher ein zentrales Element im Pandemiemanagement sein.

Die Wirklichkeit im psychiatrischen Hilfesystem wird in den Jahren 2020 und 2021 dieser Forderung jedoch kaum gerecht. Einen Eindruck davon vermittelt exemplarisch ein von mir geführtes Interview mit einer langjährigen Mitarbeiterin eines Sozialpsychiatrischen Dienstes (innerhalb eines Gesundheitsamtes eines Landkreises). Die hier in Zusammenfassung und anonymisiert wiedergegebenen Angaben erheben zwar keinen Anspruch auf Repräsentativitä, benennen jedoch gut Aspekte, auf die man bei der Pandemiebewältigung genauer achten sollte.

Interviewzusammenfassung

Die Angaben zu den Mitarbeiter*innen des Sozialpsychiatrischen Dienstes, der hier exemplarisch beleuchtet wird, beziehen sich auf die Ärzt*innen und Sozialarbeiter*innen, nicht auf Sekretariatskräfte und andere mit dem Dienst assoziierte Mitarbeiter*innen. Von diesen Fachkräften waren während der Pandemiezeit 25 Prozent langfristig ausgefallen (Krankheit, Mutterschutz, Erziehungsurlaub), die Stellen wurden jedoch während des gesamten Zeitraumes nicht nachbesetzt. Während der ersten Welle (Ende März bis Juli 2020) wurden weitere 25 Prozent der Mitarbeiter*innen sofort und vollständig für drei bis vier Monate von ihren ursprünglichen Aufgaben abgezogen, die anderen 50 Prozent hielten eine Notbetreuung der psychiatrischen Klient*innen aufrecht, wurden jedoch hierbei auch schätzungsweise zu einem Drittel ihrer Arbeitszeit zur Pandemiebekämpfung abgezogen. Während der zweiten und dritten Welle (November 2020 bis Juni 2021) wurden schätzungsweise für fünf Monate 75 Prozent der Mitarbeiter*innen für Pandemieeindämmungsmaßnahmen (u. a. Kontaktverfolgung, telefonische Beratung zu Pandemiefragen) abgezogen. Die eigentlichen Aufgaben des sozialpsychiatrischen Dienstes konnten angesichts der Eindämmungsmaßnahmen und des Personalabzuges nur rudimentär wahrgenommen werden: Von November 2020 bis Februar 2021 fanden keinerlei Hausbesuche statt, auch „Zwangseinweisungen“ nach dem Psychiatrischen Krankengesetz (PSYCH KG) wurden telefonisch in Gang gesetzt, sodass die Polizei die Betroffenen in eine geschlossene psychiatrische Klinik brachte, wo sie psychiatrisch untersucht wurden. Eine häusliche Nachbetreuung dieser zwangseingewiesenen Patient*innen entfiel. Gruppenangebote für psychisch kranke/suchtkranke Menschen und ihre Angehörigen entfielen zwischen Ende März und August 2020 sowie zwischen November 2020 und Juni 2021. Im Sommer 2021 fanden einige Treffen draußen statt. Einzelberatungen fanden in diesen Zeiten nur ganz vereinzelt face to face draußen statt, erst ab Mai 2021 gab es wieder Konsultationen im Sozialpsychiatrischen Dienst. Es gab viele telefonische Beratungen, zum Teil vom Homeoffice der Mitarbeiter*innen aus. Interprofessionelle Absprachen und Netzwerktreffen fanden online statt. Die interviewte Sozialarbeiterin schätzt die Auswirkungen dieser Situation folgendermaßen ein: Einige ihrer

Klient*innen dekompensierten und mussten in stationäre Behandlung eingewiesen werden, insbesondere psychisch kranke Mütter waren überfordert und konnten basale Tagesstrukturen nicht mehr aufrechterhalten. Bereits nach der ersten Welle hätten einige Eltern geäußert: „Nochmal halte ich das nicht durch!" Einige Eltern hätten dann in der zweiten Welle ihre Kinder freiwillig in stationäre Jugendhilfemaßnahmen gegeben. Auffällig sei der Anstieg völlig „vermüllter" Wohnungen gewesen. Ältere, demenzkranke Klient*innen seien völlig vereinsamt. Sie frage sich manchmal, was schlimmer sei, an Corona oder an Einsamkeit zu sterben. Auf die Frage hin, was ihrer Meinung nach nun nötig sei, antwortete die Fachkraft: Man brauche jetzt deutlich mehr Präventionsangebote zur Förderung der seelischen Gesundheit, beispielsweise an Schulen, um die pandemiebedingten Belastungen der Kinder aufzufangen und Kindern aus belasteten Elternhäusern eine Möglichkeit zu geben, ihre Gefühle zum Ausdruck zu bringen und sie von Schuldgefühlen zu entlasten, gegebenenfalls an weitere Hilfen zu vermitteln. Angesichts der immer noch bestehenden Personalengpässe und angesichts der vielen aufzuarbeitenden Problemlagen sei dies aber zeitlich jedoch nur mit besonderem Engagement zu verwirklichen. Auch erwachsene Menschen mit psychischen Störungen hätten nun sehr viel Redebedarf und bräuchten Unterstützung beim Etablieren gesunder Tagesstrukturen. Angesichts zum Teil desolater Wohnungen seien aufsuchende Hilfen und gezielte Hilfen zur Unterstützung in besonderen Notlagen wie zum Beispiel zur Vermeidung von Obdachlosigkeit (§ 67 SGB XII) unabdingbar. Gruppenangebote böten die Chance, dass sich Betroffene untereinander stärken. Insgesamt sei ein wertschätzender Ansatz sehr aussichtsreich, der vorhandene Lösungsansätze aufgreift und stärkt; manche Menschen mit psychischen Erkrankungen hätten in der Pandemiezeit Außergewöhnliches geleistet. Auch die Vernetzung der Fachkräfte untereinander und die Weiterbildung dürfe jetzt auf keinen Fall zu kurz kommen, denn auch die Helfer*innen benötigten Zuspruch, fachlichen Austausch und Supervision.

Die Mehrheit aller Todesfälle in der ersten Covid-19-Welle ist in Deutschland unter Bewohner*innen stationärer Pflegeeinrichtungen und Klient*innen ambulanter Pflegedienste aufgetreten (Eggert 2021). Da viele Untersuchungen mithilfe von Fragebögen durchgeführt wurden und diese von vielen Pflegeheimbewohner*innen wegen körperlicher oder geistiger Beeinträchtigungen gar nicht ausgefüllt werden konnten, wurden die psychischen Befindlichkeiten und Störungen dieser Klient*innen in wissenschaftlichen Erhebungen ausgespart oder wie bei Eggert (2021) indirekt über Pflegende erfasst. Hinzu kommt, dass auch Angehörige und Pflegende sehr unter Stress standen: Im ohnehin schon personell knapp besetzten Pflegesektor ist die Arbeitsbelastung weiter angestiegen und in der Befragung von Eggert (2021) gaben 65 Prozent der Pflegekräfte (n = 950) an, die psychische Belastung sei beim Pflegepersonal stark angestiegen. Auch Stimmung und Lebensfreude der Pflegebedürftigen haben sich den Aussagen der Pflegenden zufolge verschlechtert, dies wurde bei den Pflegebedürftigen ohne Demenz von den Pflegekräften noch häufiger wahrgenommen (74 %) als bei den Menschen mit Demenz (53 %). Hierbei wurde auch deutlich, wie sich der Rückgang der Angehörigenbesuche auf die kognitiven Fähigkeiten und das Befinden der Pflegebedürftigen ausgewirkt hat. Auch internationale Studien kommen zu ähnlichen Ergebnissen: Borges-Machado (2020) konnte anhand von ausführlichen Telefoninterviews mit standardisierten Instrumenten bei Pflegekräften sowohl einen deutlichen Zuwachs der eigenen Belastungen als auch bei den Pflegebedürftigen eine Zunahme der kognitiven Beeinträchtigungen und eine Abnahme der Selbstständigkeit bei den Aktivitäten des täglichen Lebens feststellen.

Fallbeispiel

Nachdem in der ersten Welle eine Patientin aus einem Krankenhaus zurückverlegt worden war, brachen in einem größeren Pflegeheim im April 2020 Sars-Cov-2-Infektionen aus. Einen Tag vor den Osterfeiertagen wurde bei Frau D. mithilfe der bei allen Heimbewohner*innen durchgeführten PCR-Tests eine Infektion festgestellt. Sie wurde umgehend in einen „Infektionstrakt" verlegt und erhielt ein Zimmer ohne Fernsehanschluss und Telefon, sodass sie völlig von der Außenwelt abgeschnitten war. Sie konnte nur wenige persönliche Gegenstände mitnehmen. Die Informationen zum Geschehen konnte sie – obgleich sie nicht oder allenfalls leicht dement war – nur lückenhaft verarbeiten. Sie wurde von nun an von ihr fremden Pflegekräften in Schutzausrüstung versorgt und konnte längere Zeit keinerlei Besuch erhalten. Sie litt unter erheblichen Angst- und Panikzuständen. Die Infektion selbst verlief recht blande: Sie schilderte eine starke Müdigkeit und leichte Erkältungssymptome. Sie erhielt keinerlei Informationen, wie viele Mitbewohner*innen schwer von einer Infektion betroffen waren oder verstarben. Nachdem die Angehörigen ihr ein Mobiltelefon beschafft hatten, rief sie hilferufend an und berichtete, sie sei im Heim geschlagen worden. Bei Nachforschungen der Pflegedienstleitung wurde dies von den Pflegekräften bestritten. Nach knapp drei Wochen wurde sie wieder auf eine reguläre Abteilung verlegt. In der Folge traten bis Frühjahr 2021 in ihrem Pflegeheim immer wieder Infektionsfälle auf, sodass ein Jahr lang mit Unterbrechungen immer wieder Besuchsverbote in einzelnen Abteilungen oder im ganzen Heim verhängt wurden und Gruppenangebote für Bewohner*innen abgesagt wurden. Streckenweise verschlechterten sich die kognitiven Fähigkeiten von Frau D. so sehr, dass sie für mittelgradig bis schwer dement gehalten wurde, was vermutlich auch mit einer zunehmenden Herzschwäche zusammenhing, die erst mit einer gewissen Verzögerung stationär behandelt wurde. Sie hatte immer wieder schwere Angstzustände, Depressionen und Todeswünsche. Im Jahr 2021 konnte sie sich wieder deutlich erholen, hat derzeit (Ende 2021) kaum noch Angstzustände und interessiert sich für die Geschehnisse in ihrem Freundes- und Familienkreis, sie liest Zeitung und jede Woche ein Buch, nimmt an Gruppenaktivitäten teil und verlässt (angesichts bestehender erheblicher körperlicher Einschränkungen in selbstorganisierter Begleitung) stundenweise das Heim.

Menschen mit *Demenz* waren in besonderer Weise von der Pandemie und den gegen diese gerichteten Eindämmungsverordnungen betroffen. Sie hatten aufgrund ihres Alters und möglicher Vorerkrankungen ein besonderes Risiko, schwer zu erkranken, lebten zugleich in Institutionen, die besonders zu Beginn kaum mit Schutzausrüstung ausgestattet waren und konnten aufgrund ihrer Erkrankung die Maßnahmen schwer verstehen. Da sie in der Regel wenig digitale Medien nutzten, konnten sie sich schlecht selbst informieren; und Aufklärungen und Handreichungen in leichter Sprache wurden in vielen Pflegeeinrichtungen nur recht zögerlich an Bewohner*innen verteilt. Eine Unterbrechung alltäglicher Routinen, ausbleibende Besuche von Angehörigen und freiwilligen Helfer*innen sowie Einschränkungen der Fortbewegung trafen Menschen mit Demenz besonders hart. Behandlungs-/Betreuungsangebote wie Tagesgruppen, Gruppenangebote in Einrichtungen, begleitete Ausgänge, Ergo- und Physiotherapie fielen während der Lockdownmaßnahmen aus, und die Menschen mit Demenz konnten je nach Schweregrad den Sinn von Masken und Abstandsregelungen schwer erfassen. Behandlungen wegen anderer Erkrankungen blieben zum Teil aus, körperliche Erkrankungen konnten weniger zuverlässig diagnostiziert werden und bei einer Zunahme von Unruhe und Bewegungsdrang sowie Schlafstörungen wurden nicht selten Psychopharmaka verordnet, deren Wirksamkeit und Nebenwirkungen angesichts verminderter Arztbesuche weniger überwacht wurden (Simonetti et al. 2020). In einer Übersichtsarbeit konnten Simonetti et al. bereits Ende 2020 die Häufigkeit von Apathie oder Agitation sowie von Angststörungen bei Menschen mit Demenz aufzeigen, welche insbesondere durch längere isolierende Maßnahmen verstärkt wurden. Bei diesen Störungen wurden dann mit mäßigem Erfolg und deutlichen Nebenwirkungsrisiken psychopharmakologische Maßnahmen eingesetzt. Simonetti et al. (2020) fordern in ihrem Fazit, dass deutlich mehr und passgenauere psychosoziale Unterstützungsmaßnahmen notwendig seien. Von Pflegekräften wird im ambulanten Bereich beobachtet, dass sich manche Menschen mit Demenz während der Pandemiemaßnahmen völlig in die Häuslichkeit zurückgezogen haben und nun bei einigen eine große Unsicherheit besteht, das Haus zu verlassen. Routinen sind verloren gegangen und Infektionsängste bestehen fort. Hier braucht es besondere Ansätze, Routinen wieder angstfrei aufzubauen.

Auch eine Covid-Erkrankung ist bei Menschen mit Demenz nicht immer leicht zu diagnostizieren und schon gar nicht leicht zu behandeln: Kennedy et al. (2020) untersuchten Krankenhausaufnahmen von insgesamt 817 über 65 Jahre alten, an Covid-19 erkrankten Patient*innen (sie waren im Durchschnitt knapp 78 Jahre alt). Sie fanden in ihrer Untersuchung heraus, dass 28 Prozent bei Vorstellung in der Notaufnahme ein Delirium aufwiesen. Von diesen Patient*innen hatten 37 Prozent keine typischen Covid-19-Symptome. Gerade beim plötzlichen Auftreten eines Deliriums besteht bei Menschen mit Demenz die Gefahr, dass die Krankheitszeichen als Verschlechterung der Demenz fehlgedeutet werden.

Eine europaweite Onlinebefragung (n = 40.064) aus 21 Ländern ergab, dass in der ersten Welle der Pandemie im Mittel weniger *Alkohol* getrunken wurde, allerdings konsumierten diejenigen, die bereits vor der Pandemie einen riskanten Konsum aufwiesen, mehr als zuvor. Frauen in Europa haben ihren Konsum weniger reduziert als Männer und in Deutschland wurde sogar ein leichter Anstieg des Konsums unter Frauen beobachtet. Zwar hatten die Untersucher*innen die Belastung durch Mehrarbeit in Familie und Haushalt, welche nach wie vor hauptsächlich durch Frauen getragen wird, nicht explizit erfasst, aber in einer US-amerikanischen Studie sei gezeigt worden, dass der Alkoholkonsum während der Sars-Cov-2-Pandemie stärker bei Personen mit zumindest einem im Haushalt lebenden Kind angestiegen ist (vgl. Manthey et al. 2020). Hier zeigt sich einmal mehr die Bedeutung des intersektionalen Ansatzes: Menschen, die von mehreren Benachteiligungen zugleich betroffen sind, sollten ganz besonders in den Blick genommen werden. Zudem birgt missbräuchlicher Alkoholkonsum bei Frauen im gebärfähigen Alter noch weitere Risiken: Die Schädigungen durch Alkohol im Mutterleib und die daraus resultierenden lebenslangen Folgen für das Ungeborene (Fetales Alkoholsyndrom FAS und Fetale Alkoholspektrumstörungen FASD) werden in vielen Arbeitsfeldern immer noch unzureichend adressiert, sowohl bezüglich der Prävention als auch bei der Bereitstellung angemessener Hilfen für Betroffene (vgl. Jost/Wirth 2017). Zugleich treffen Alkoholprobleme der Eltern in vielfältiger Weise die im Haushalt lebenden Kinder.

Abbildung 2: Teddy

Im *Kinder- und Jugendbereich* meldeten die deutschen Jugendämter laut Destatis (2021) einen Höchststand von 60.600 Kindeswohlgefährdungen für 2020, das ist ein Zuwachs von neun Prozent gegenüber dem Vorjahr. Bereits 2018 und 2019 war die Zahl der gemeldeten Kindeswohlgefährdungen um jeweils ca. zehn Prozent angestiegen. Im Jahr 2020 kann die Dunkelziffer deutlich höher gelegen haben, da wegen Schulschließungen Gefährdungen unentdeckt geblieben sein können. Seithe (2021) arbeitet heraus, dass bereits im Frühjahr 2020 bei einer Onlinebefragung deutscher Jugendämter eingeräumt werden musste, dass die Bearbeitung und die Hilfen bei Kinderschutzfällen nicht in bisherigem bedarfsgerechten Umfang erfolgt sein könnten. Fachverbände wiesen Seithe zufolge bereits 2020 auf nachlassende Fachlichkeit in der Jugendhilfe und Ausbleiben präventiver Arbeit hin. Fachkräfte der Jugendhilfe wurden ebenso, wie dies in Sozialpsychiatrischen Diensten der Fall war, zu fachfremden Aufgaben herangezogen.

Die COPSY-Studie (COrona und PSYche), durchgeführt von Forscher*innen des Universitätsklinikums Hamburg-Eppendorf (UKE) ist international eine der wenigen Längsschnittstudien, die die Folgen und Auswirkungen der Covid-19-Pandemie auf die psychische Gesundheit von Kindern und Jugendlichen untersucht. Bereits im Mai/Juni 2020 wurde eine erste bundesweite Online-Befragung durchgeführt, in der mehr als 1.000 11- bis 17-jährige Kinder und Jugendliche und 1.500 Eltern von 7- bis 17-Jährigen befragt wurden. Von Mitte Dezember 2020 bis Mitte Januar 2021 wurden die Kinder, Jugendlichen und Eltern erneut befragt. Fast jedes dritte Kind litt unter psychischen Auffälligkeiten. Im Vergleich zur ersten Befragung haben Ängste und Sorgen der Kinder sowie depressive Symptome und psychosomatische Beschwerden, wie beispielsweise Kopf- und Bauchschmerzen, deutlich zugenommen.

Die Lebensqualität von etwa 70 Prozent der befragten Kinder und Jugendlichen hat sich im Verlauf der Covid-19-Pandemie verschlechtert. Die Pandemie hat dieser Studie zufolge auch einen negativen Einfluss auf das Gesundheitsverhalten der Kinder und Jugendlichen: Zehnmal mehr Kinder als vor der Pandemie und doppelt so viele Kinder wie bei der ersten Befragung machen überhaupt keinen Sport mehr; zugleich ernähren sie sich ungesünder und verbringen – wie auch die Studie von Paschke et al. (2021) zeigte – mehr Zeit vor digitalen Endgeräten. Die Ergebnisse der COPSY Studie zeigen, dass Kinder und Jugendliche aus sozial schwächeren Verhältnissen oder mit Migrationshintergrund häufiger von einer beeinträchtigten Lebensqualität als Kinder aus sozial besser gestellten Verhältnissen berichten. Die Daten der zweiten Befragung im Winter 2021 sind dabei noch deutlicher als die in der ersten Befragungsrunde. Die Belastungen betreffen nicht nur die Kinder und Jugendlichen, sondern auch ihre Eltern (vgl. BVPG 2021). Die Interviewstudie von Beckmann et al. mit Schüler*innen der Schuljahrgangsstufen 3, 6, 8 und 10 (zit. n. Osterloh 2021) ergab ebenfalls eine Belastungssteigerung vom ersten zum zweiten Lockdown: Die Schulschließungen im ersten Halbjahr 2021 schufen eine große Stresssituation, denn durch die Belastungskumulierung standen Eltern und Geschwister immer weniger als Ressource zur Verfügung.

Schulschließungen – dazu Ausfall externer Freizeitangebote kultureller, sportlicher oder sozialer Art während der Lockdownphasen – daraus resultierend höhere Ansprüche an die Betreuung zu Hause: So entstehen Teufelskreise der Stressbelastungen zwischen Eltern und Kindern, die sich bis zur Kindeswohlgefährdung aufschaukeln können.

Der DAK Kinder- und Jugendreport mit Daten seit 2016 zeigte bereits vor der Pandemie die erheblichen Einflüsse von sozioökonomischen Benachteiligungen auf die Gesundheit von Kindern und Jugendlichen, die sich vermutlich durch die Pandemiemaßnahmen verschärft haben. Im Report 2020 (Storm 2021, S. 69 ff.) wurde deutlich, dass sich das Krankheitsspektrum und das Behandlungssystem im Frühjahr 2020 erheblich veränderte: Insgesamt gingen die Krankenhausbehandlungen von Kindern und Jugendlichen erheblich zurück und aus Furcht vor Ansteckung wurden viele notwendige Untersuchungen nicht oder erst sehr spät durch die Eltern und Sorgeberechtigten veranlasst. Dies hatte zur Folge, dass vermehrt schwere und komplizierte Verläufe bei chronischen Erkrankungen wie zum Beispiel Diabetes mellitus oder auch bösartige Neuerkrankungen auftraten. Auch Besuche in pädiatrischen Praxen zu Vorsorge- oder Impfterminen der Kinder sowie Zahnarztbesuche wurden abgesagt oder verschoben. Erfreulicherweise erheblich zurück ging während der Lockdownmaßnahmen der Versorgungsbedarf durch andere Infektionskrankheiten und durch Verletzungen. Allerdings stiegen psychische Beschwerden wie Angst und Depressionen an, bei gleichzeitigem Rückgang von Behandlungsmöglichkeiten (Storm 2021, S. 76 ff., S. 91). Während des zweiten Lockdowns war ein deutlicher Anstieg der psychiatrischen Notfallbehandlungen von Kindern und Jugendlichen zu verzeichnen, bei gleichzeitig länger werdenden Wartelisten auf Regelbehandlungen (Osterloh 2021, S. B 1442 f.).

Die Nutzungsumfänge von digitalen Spielen und sozialen Medien stiegen während der Lockdownmaßnahmen sowohl bei Kindern und Jugendlichen als auch bei ihren Eltern deutlich an. Besonders hohe Steigerungsraten wiesen Kinder und Jugendliche mit riskanter bzw. pathologischer Mediennutzung auf (Storm 2021, S. 103). Auch Paschke et al. (2021) kamen zu ähnlichen Ergebnissen: Die Nutzung von Computer-/Handyspielen und Sozialen Medien nahm bei 10- bis 17-Jährigen während der Lockdownzeiten deutlich zu, wie ein Vergleich einer repräsentativen deutschen Stichprobe zwischen September 2019 und April 2020 zeigte.

Reichert und Berner (2021) heben in einer Übersichtsarbeit hervor, dass sich Familien mit behinderten Kindern während der Pandemiemaßnahmen alleingelassen fühlten. Von 1.767 Befragten gaben 46 Prozent eine Überforderung an, bei 55 Prozent hatten familiäre Konflikte zugenommen. Auch die Kinder seien zu 41 Prozent schlecht zurechtgekommen und 66 Prozent hätten unter Kita und Schulschließungen gelitten. Belastungen seien zudem durch den Wegfall von Therapieangeboten entstanden.

Während der Pandemie hatte Homeoffice Hochkonjunktur. Es war schnell deutlich, dass Eltern, die gleichzeitig ihre Kinder zu Hause betreuen mussten, hierdurch einer besonderen Stressbelastung ausgesetzt waren. Allerdings konnte der Stress bei fortgesetzter Präsenzarbeit am Arbeitsort – die Eltern mussten an einen Arbeitsplatz außer Haus, die Kinder aber waren daheim – noch größer sein. Zu gesundheitsförderlichen Aspekten des Homeoffice finden sich in arbeitswissenschaftlichen Publikationen in diesem Zusammenhang recht schlichte Ratschläge, wie zum Beispiel: „Neben der flexiblen und eigenverantwortlichen Arbeitszeitgestaltung ist auch die Einhaltung und Gestaltung von Regenerationseinheiten in Form von Ruhepausen und -zeiten für eine gesundheitsfördernde Arbeitsgestaltung im Homeoffice entscheidend". Oder: „Zur Reduzierung potenzieller Rollenkonflikte kann eine klare räumliche und zeitliche Abgrenzung der Arbeit gegenüber dem Privatleben angestrebt werden" (Mojtahedzadeh et al. 2021, S. 69, 73). Fokussiert werden überdies ergonomische Arbeitsplatzgestaltung, Führungskultur und Arbeitsprozessgestaltung. Im Vordergrund steht jedoch die individuelle Bewältigung. Auch hier wird die Tendenz deutlich, *gesellschaftlich bedingte Belastungen* entweder durch technokratische Interventionen (Arbeitsplatzgestaltung) oder durch individuelle Selbstmanagementtechniken, Psychoedukation und Entspannungsübungen anzugehen. Zusätzlich wird noch eine gute Führungskultur gefordert, jedoch weniger, um die Verhältnisse machtpolitisch zu hinterfragen, sondern eher, um Belastungen individuell bewältigen zu helfen. Worin sollte denn eine gute Führungskultur mit Thematisierung gesundheitsförderlicher Arbeitsbedingungen bestehen, wenn die im Homeoffice arbeitenden Eltern immer wieder unterbrochen werden und die aus gesundheitlichen Gründen einzuhaltenden Pausen komplett durch die herausfordernde Kinderbetreuung okkupiert werden?

Reichert und Berner (2021) thematisieren darüber hinaus die langfristige Zunahme von Bildungsungleichheit: Ginge ein Drittel eines Schuljahres verloren, resultiere daraus ein um drei bis vier Prozent verringertes Erwerbseinkommen. Eine Auswertung des nationalen Bildungspanels habe gezeigt, dass die mit Schulerfolg assoziierte Lernmotivation und Freude an der Schule bei Alleinerziehenden und bildungsferneren Elternhäusern deutlich niedriger ausgeprägt sei. Diese Faktoren seien jedoch – neben den häuslichen Lernbedingungen – während der Pandemiemaßnahmen noch bedeutsamer für den Lernerfolg gewesen, sodass zunehmend Bildungsungleichheiten drohten. Im Zusammenhang mit Schulschließungen hätten sich insgesamt die Zeiten, die mit schulischen Aktivitäten verbracht worden seien, halbiert, während zugleich andere Mediennutzungszeiten (Fernsehen, Computerspiele, Handynutzung) zugenommen hätten und Freizeitangebote weggebrochen seien. Kinderärzt*innen seien an die Grenzen der Belastbarkeit gekommen und hätten dem psychosozialen Kindeswohl nicht die nötige Aufmerksamkeit widmen können.

Insbesondere in ländlichen Regionen, wo die Erreichbarkeit von Kinder- und Jugendpsychotherapeutischen und -psychiatrischen Angeboten ohnehin begrenzt ist, kommt es inzwischen zu langen Wartezeiten in der therapeutischen Versorgung psychischer Störungen.

4 Gesunde Lebensweise und Immunsystem mit sozialpsychiatrischem Fokus

Schon die COPSY-Studie zeigte, dass sich Kinder und Jugendliche während der Lockdownzeiten deutlich weniger bewegten und ungesünder ernährten. Der Fokus gesundheitspolitischer Aufmerksamkeit lag 2020 und 2021 bei Kindern und Jugendlichen erstaunlich wenig auf einer Stärkung des Immunsystems durch Ernährung, Bewegung und angemessene Sonnenexposition, sondern in erster Linie auf Hygieneregeln und Impfungen, obgleich ja gerade für Kinder das Risiko-Nutzen-Verhältnis der Impfungen auch von Expert*innen sehr kritisch bewertet wird (Schlenger 2021).

Ich möchte hier nicht bezweifeln, dass Impfprogramme mit gut getesteten, wirksamen und nebenwirkungsarmen Impfstoffen insbesondere bei älteren Erwachsenen und hochbetagten Menschen einen wichtigen Beitrag zur Prävention von Atemwegsinfektionen leisten können, jedoch müsste man diesen Beitrag ins Verhältnis setzen

- zur Verfügbarmachung von sauberem Trinkwasser, einer grundlegenden Nahrungsversorgung und der Reduktion von Umweltgiften in ärmeren Ländern und
- zur Prävention von Über- und Fehlernährung gepaart mit Bewegungsarmut in den reicheren Ländern sowie
- zu weiteren Präventions-Initiativen zur Stärkung des Immunsystems.

Diese Thematik wird im Kapitel 5 zur strategischen Ausrichtung der WHO noch einmal aufgegriffen. Jegliche Fokussierung bestimmter Präventions- und Behandlungsmaßnahmen hat Opportunitätskosten. Wenn weltweit erhebliche Ressourcen in die Prävention einer Gesundheitsgefahr fließen, müsste man die hierdurch gewonnenen gesunden Lebensjahre bzw. die Vermeidung vorzeitiger Todesfälle ins Verhältnis setzen zum Anteil dieser Gesundheitsgefahr am gesamten Krankheits- und Sterbegeschehen. Ganz allgemein gilt: Die Bedeutung von Ernährung und Bewegung für die Erhöhung von Lebensqualität und Lebenserwartung, aber auch für die Stärkung des Immunsystems ist in der Pandemiezeit viel zu wenig in den Blick genommen worden. Ihre Beachtung steht in keinem Verhältnis zu der erheblichen Aufmerksamkeit, die auf Impfungen gerichtet wurde. Erst jetzt scheint sie nach und nach mehr Beachtung zu finden. Adipositas und Diabetes mellitus – oft mit Fehlernährung und Bewegungsmangel verbunden – tragen nicht nur allgemein zu gesundheitlichen Risiken bei, sondern stellen erhebliche Risikofaktoren auch für schwere Covid-19-Verläufe dar.

Gerade im Zusammenhang mit Lockdownmaßnahmen, dem Aussetzen sportlicher Gruppenangebote und der Schließung von Fitnessstudios ist es insbesondere bei vielen Menschen mit geringeren Kompetenzen im Bereich des Selbstmanagements zu erheblichen Bewegungsdefiziten und dem Risiko einer Zunahme von Übergewicht/Adipositas gekommen. Die genauen Prävalenzzahlen zur Entwicklung der Adipositas in den Jahren 2020/2021 stehen jedoch noch aus. Besonders in der Arbeit mit benachteiligten Menschen braucht es besondere Bewegungsangebote zur Kompensation der Pandemiemaßnahmen und eine speziell auf bestimmte Zielgruppen zugeschnittene Öffentlichkeitsarbeit. Hierauf werde ich in den Buchkapiteln zu den Lösungsansätzen (siehe Kap. 12) noch einmal ausführlich zurückkommen.

Speziell möchte ich an dieser Stelle noch die besonderen Herausforderungen für Menschen mit psychischen Störungen thematisieren, die mit Psychopharmaka behandelt werden: Die *atypischen Neuroleptika*, die bei der Behandlung schizophrener Störungen Mittel der ersten Wahl darstellen, tragen in erheblichem Umfang zu *Adipositas* bei. So braucht es angesichts der Pandemie für chronisch psychisch kranke Menschen besondere gesundheitsfördernde Programme, die eine ausgewogene Ernährung fördern und freudvolle, gemeinsame Bewegungsangebote unterstützen. Auch die Abwägungen bezüglich der medikamentösen Therapie bei Menschen mit Psychosen müssten unter Umständen vor dem Hintergrund neuer Gefährdungslagen schwerer Covid-19-Erkrankungen nachjustiert werden. Psychoedukationsmanuale wären diesbezüglich zu aktualisieren und in stationäre/teilstationäre Behandlungen zu integrieren. Zugleich sollten ambulante Angebote vor Ort partizipativ und diversitätssensibel weiterentwickelt werden. Hier könnten Genesungsbegleiter*innen (siehe Kap. 12) einen wichtigen Beitrag leisten. Auch für Menschen mit Depressionen könnte die antidepressive Wirkung von Sport und Bewegung im Vergleich zur medikamentösen Behandlung depressiver Störungen noch mehr in den Fokus der Aufmerksamkeit rücken.

Weiterhin erhöhen zahlreiche Psychopharmaka die Lichtempfindlichkeit, sodass sich viele chronisch kranke Menschen besonders vor Sonnenexposition hüten müssen, um keinen Sonnenbrand zu erleiden. Sonne strikt zu meiden, kann aber keine Empfehlung sein, denn es gibt in unseren Breiten eine deutliche Tendenz zum Vitamin-D-Mangel. Vitamin D wird nur zum Teil mit der Nahrung aufgenommen und zu großen

Teilen unter dem Einfluss von Sonnenlicht (in Deutschland zwischen April und September) in der Haut synthetisiert. Auch hier spielt die Adipositas eine Rolle: Wer viele Fettzellen besitzt, speichert dort mehr Vitamin D, das dann im Kreislaufsystem weniger zur Verfügung steht (Worm 2009).

Ausreichende Vitamin-D-Spiegel scheinen vor schweren Covid-19-Krankheitsverläufen zu schützen. Jude et al. (2021) untersuchten in einer Studie über 80.000 Proband*innen und stellten fest, dass das Risiko, einen schweren Covid-19-Verlauf mit Krankenhausaufnahme zu erleiden, bei Menschen mit Vitamin-D-Mangel (25 OH D < 50 nmol/l) um das 2,3 bis 2,4-fache erhöht war. Vitamin D scheint eine bedeutsame Rolle bei der unspezifischen, angeborenen Immunabwehr zu spielen, sodass – insbesondere bei älteren adipösen Menschen, die sich im Sommer wenig der Sonne aussetzen – die Bestimmung des Vitamin-D-Spiegels und die Vorbeugung eines Vitamin-D-Mangels von großer Bedeutung ist. Hier wäre auch die gezielte Beratung von chronisch psychisch kranken Menschen, die durch Neuroleptika an Gewicht zugenommen haben oder die aufgrund von Psychopharmakagaben besonders sonnenempfindlich geworden sind, angezeigt.

Weiterhin wird die bereits häufig beschriebene Bedeutung von *Zink* zur Stärkung der Immunabwehr auch im Zusammenhang mit Covid-19 deutlich: Jothimani et al. (2020) untersuchten 47 Covid-19-Patient*innen bei Krankenhausaufnahme und stellten im Vergleich zur gesunden Kontrollgruppe signifikant niedrigere Zinkspiegel fest. Mehr als die Hälfte (57,4 %) wiesen einen manifesten Zinkmangel auf. Die Patient*innen mit Zinkmangel hatten schwerere und längere Krankheitsverläufe und eine erhöhte Sterblichkeit. Zink ist ein ausgesprochen preisgünstiges Spurenelement, das in seiner immunstärkenden Bedeutung in der Bevölkerung relativ unbekannt ist.

Moriyama et al. (2020) hinterfragen, warum Viruserkrankungen so auffällig saisonal auftreten, und weisen darauf hin, dass man zur Prävention von Grippe- und Covid-19-Erkrankungen auch Faktoren in Betracht ziehen sollte, die die Schleimhäute gesund erhalten. Hierbei kommt der Luftfeuchtigkeit eine wichtige Rolle zu. Wenn sich Menschen in der kalten Jahreszeit viel in Innenräumen aufhalten, kommt zum Bewegungs- und Sonnenlichtmangel noch hinzu, dass durch die trockene Innenraumluft die Schleimhäute austrocknen können und so deren bedeutsame Abwehrfunktion geschwächt wird. Auch dies ist ein bedeutsamer präventiver Aspekt für chronisch (psychisch) kranke Menschen, die sich möglicherweise mehr als andere in Innenräumen aufhalten und als Nebenwirkung mancher Psychopharmaka zusätzlich unter trockenen Schleimhäuten leiden können. Einerseits bietet eine Anhebung der Innenraumluftfeuchtigkeit hier Abhilfe, zum anderen unterstreicht dies noch einmal, mit wie vielen gesundheitsfördernden Interventionen man jenseits von Impfungen die Abwehrkräfte stärken und schwere Krankheitsverläufe weniger wahrscheinlich machen kann. Geht man diese Interventionen zudem beteiligungsorientiert an und unterstützt die Selbstwirksamkeitserwartungen der Klient*innen, so kann man technokratischen Lösungen und Angstnarrativen zahlreiche gesundheitsförderliche Interventionen zur Seite stellen oder entgegensetzen, die die psychische Gesundheit nicht schwächen, sondern stärken.

Nur am Rande möchte ich hier deutlich ausgefallenere Ansätze wie den des Extremsportlers Wim Hof erwähnen, der durch mentale Übungen, Atemtechniken und Kälteexposition einen erstaunlichen Einfluss auf seine physische und psychische

Gesundheit und Widerstandskräfte erlangt und sich diesbezüglich auch wissenschaftlichen Untersuchungen unterzogen hat (Hof 2021; Muzik et al. 2018).

Reboundeffekte

Das humane Respiratorische Syncytialvirus (RSV) verursacht weltweit jährlich mehr als 30 Millionen Atemwegsinfekte; rund ein Zehntel der Infizierten muss stationär behandelt werden. Im Winter 2020/2021 blieb die übliche RSV-Welle aus, ganz offenbar im Zuge der Eindämmungsmaßnahmen gegen Corona. Dafür kam es im Herbst und Winter darauf, was sich seit Mitte 2021 abzeichnete, weltweit zu einem Rebound – die novembertypischen Infektions-Spitzenwerte lagen nach Angaben des Respiratory Viruses Network um das Zweieinhalb- bis Dreifache höher als in den Vorjahren (CVN 2022). RSV-Atemwegsinfekte sind für Kinder, insbesondere für Frühgeborene, nicht ungefährlich, dieses Virus ist weltweit für 50.000 Todesfälle bei Kindern im Alter unter fünf Jahren verantwortlich. In Israel traten diese Infektionen 2021 viel früher im Jahr als sonst üblich und insgesamt in größerer Zahl auf, insbesondere haben im März 2021 geborene Kinder, deren Mütter im Winter keine schützenden Antikörper aufbauen konnten, eine hohe Hospitalisierungsrate. Moderna hält schon einen passenden mRNA-Impfstoff bereit. Auch deutsche Kinderärzt*innen beobachteten im Sommer 2021 eine ungewöhnliche Häufung von Erkältungskrankheiten. In China wurde ein deutlicher Anstieg von Parainfluenzainfektionen bei hospitalisierten Kindern berichtet (Lenzen-Schulte 2021). Im Herbst 2021 begann zudem eine Kampagne, die Influenza nach der Coronapandemie ernster als bisher zu nehmen, wiederum gepaart mit Werbekampagnen, die Durchimpfung der Bevölkerung gegen Influenza zu steigern.

Es wird deutlich, dass eine Bedrohungslage und die gegen sie gerichteten Maßnahmen neben den kurzfristigen Effekten langfristige, noch wenig absehbare Folgen mit sich bringen kann und dass möglicherweise eine zunehmende Abhängigkeit von Impfungen entsteht, deren langfristiges Kosten-Nutzenverhältnis insbesondere bei neu entwickelten Impfstoffen (siehe Kap. 9) noch unzureichend erforscht ist. In der Aktualisierung vom November 2021 der Informationen, welche die Europäische Arzneimittelagentur (European Medicines Agency, EMA) zum Vakzin Comirnaty (vgl. EMA 2021a, S. 3 und 5) herausgegeben hat, wird beispielsweise konstatiert, dass derzeit nicht bekannt ist, wie lange der Schutz anhält und ob asymptomatische Fälle verhindert werden können. Weiterhin ist dort zu lesen, dass die Datenlage zur Anwendung in der Schwangerschaft begrenzt ist und dass auch zu bestimmten Vorerkrankungen wie der Schwächung des Immunsystems noch Daten erhoben werden (müssen). So sind die Risiken für einige bereits körperlich und oder auch psychisch belastete Zielgruppen (z. B. Menschen, die langfristig Psychopharmaka nehmen) meiner Einschätzung nach in mancherlei Hinsicht noch unklar, d. h. für Zielgruppen, die ja in den Studien, die zur Notfallzulassung der Impfstoffe führten, unterberücksichtigt waren. In relativ kurzen Abständen wiederholte Impfungen und kontroverse, zum Teil emotional geführte Diskussionen um eine Impfpflicht bestimmter Bevölkerungsgruppen können bei psychisch belasteten Menschen erhebliche Ängste triggern. Andererseits führt die Ankündigung einer Pflicht bei Menschen, die an die Schutzfunktion einer allgemeinen, gesetzlich verankerten Impfpflicht glauben, zu einem erhöhten Sicherheitsgefühl in einer stark ängstigenden Gesamtlage. Ausmaß und Ausrichtung der Angst werden hierbei stark von der Medienberichterstattung und Prozessen in Sozialen Medien beeinflusst, weshalb eine rein empirische Befragung der Menschen zwar den Status quo erheben kann, aber in der komplexen Ursachendynamik durch theoretische Fundierungen und qualitative Studien ergänzt werden müsste. Um einen kleinen Beitrag zur theoretischen Analyse zu leisten und zur Hypothesengenerierung beizutragen, habe ich mich im Kapitel 7 ausführlicher, jedoch keineswegs abschließend mit der Nudging-Thematik befasst.

Bevor die Auswirkungen der Pandemie(-maßnahmen) auf die psychische Gesundheit weiter analysiert werden, um daraus Handlungsempfehlungen abzuleiten, möchte ich auf gesellschaftliche Rahmenbedingungen eingehen, die im Zuge der Pandemiemaßnahmen wie unter einem Brennglas sichtbar geworden sind. Hierbei geht es

- um die strategische Ausrichtung der Weltgesundheitsorganisation WHO und der Gesundheitsdienste, insbesondere um den Stellenwert partizipativer versus expertengeleiter Vorgehensweisen und um das Gleichgewicht zwischen biologischen und psychosozialen Ansätzen,
- um Allmachtsphantasien und Machtverflechtungen finanziell ungeheuer gut ausgestatteter Akteure im Zusammenwirken mit öffentlichen Institutionen (public private partnership),
- um Strategien psychologischer Einflussnahme und
- um die enormen Möglichkeiten, die sich mit neuen gentechnischen und digitalen Technologien verbin-

den mit ihren Bezügen zur psychischen Gesundheit und zu Teilhabechancen.

Als Psychiaterin und Psychotherapeutin streue ich tiefenpsychologisch geprägte Erklärungsansätze ein, die sich mit gesellschaftswissenschaftlichen Analysen verbinden lassen.

5 Die Veränderung der strategischen Ausrichtung in der WHO

Um die weltweiten Entwicklungen vollständig zu verstehen, soll ein Blick auf die Entwicklung der strategischen Ausrichtung der WHO seit den 1980er Jahren gerichtet werden. Gerade für Menschen mit psychischen Erkrankungen oder langfristigen Körper- und Sinnesbehinderungen ist es von großer Bedeutung, dass ihre Sicht der Dinge, die nicht ohne Weiteres von allen verstanden werden wird, Eingang findet in Strategien der Gesundheitsförderung. Dies kann nur geschehen, wenn die Menschen selber vor Ort aktiv werden und sich beteiligen, wenn sie gehört und ermutigt werden, Worte für ihre Anliegen zu finden. Da Zusammenkünfte während der Pandemie erheblich eingeschränkt waren und sind (Stand Ende 2021), braucht es nunmehr erhebliche Anstrengungen, Selbsthilfebewegungen und partizipatorische Formate wiederzubeleben. In der Ottawa Charta (vgl. WHO Europa o. J.), die 1986 auf der ersten internationalen Konferenz zur Gesundheitsförderung verabschiedet wurde, wird von einer neuen Gesundheitsbewegung, die maßgeblich von den Menschen und ihren Zielen und Hoffnungen in ihrer jeweiligen Lebenswelt ausgeht, gesprochen. Konkret heißt es:

> „Gesundheitsförderung zielt auf einen Prozess, allen Menschen ein höheres Maß an Selbstbestimmung über ihre Gesundheit zu ermöglichen und sie damit zur Stärkung ihrer Gesundheit zu befähigen. Um ein umfassendes körperliches, seelisches und soziales Wohlbefinden

> zu erlangen, ist es notwendig, dass sowohl einzelne als auch Gruppen ihre Bedürfnisse befriedigen, ihre Wünsche und Hoffnungen wahrnehmen und verwirklichen sowie ihre Umwelt meistern bzw. verändern können. In diesem Sinne ist die Gesundheit als ein wesentlicher Bestandteil des alltäglichen Lebens zu verstehen und nicht als vorrangiges Lebensziel. Gesundheit steht für ein positives Konzept, das in gleicher Weise die Bedeutung sozialer und individueller Ressourcen für die Gesundheit betont wie die körperlichen Fähigkeiten. Die Verantwortung für Gesundheitsförderung liegt deshalb nicht nur bei dem Gesundheitssektor sondern bei allen Politikbereichen und zielt über die Entwicklung gesünderer Lebensweisen hinaus auf die Förderung von umfassendem Wohlbefinden hin" (WHO Europa o. J., S. 1).

In den 1990er Jahren wurde in der WHO insbesondere der Settingansatz weiterentwickelt.

> „Ein Setting ist ein Sozialzusammenhang, in dem Menschen sich in ihrem Alltag aufhalten und der Einfluss auf ihre Gesundheit hat. Dieser soziale Zusammenhang ist relativ dauerhaft und seinen Mitgliedern auch subjektiv bewusst. Er drückt sich aus durch formale Organisation (z. B. Betrieb, Schule, Kita), regionale Situation (z. B. Kommune, Stadtteil, Quartier), gleiche Lebenslage (z. B. Rentner/Rentnerinnen), gemeinsame Werte bzw. Präferenzen (z. B. Religion, sexuelle Orientierung) bzw. durch eine Kombination dieser Merkmale" (Hartung/Rosenbrock 2015).

Einen Settingansatz zu verfolgen heißt also, die Einflüsse der jeweiligen Sozialzusämmenhänge, in denen Menschen stehen, als für ihre Gesundheit bedeutsam zu beachten und sie zu gestalten. Hierbei stehen die Partizipation der Menschen und die gezielte Organisationsentwicklung im Vordergrund.

Zugleich begann jedoch eine *gegenläufige Entwicklung mit stark zentralisierten Maßnahmen*: Die mit der Globalisierung verbundenen Gesundheitsrisiken, die Bevölkerungsentwicklung und Mobilität, der Klimawandel und die disruptiven Umweltveränderungen sowie die Entwicklung neuer Waffensysteme führten zu einer verstärkten Aufmerksamkeit für die weltweit fragile Gesundheitssicherheit, und insbesondere die Gefahr von Epidemien natürlichen und nicht natürlichen Ursprungs wurde verstärkt Thema. Die im Zusammenhang mit biologischen Gefahren entwickelten „Health Security"-Konzepte nahmen einen immer größeren Raum ein.

Seit 1998 beschäftigten sich zahlreiche Resolutionen der WHO mit Fragen der Gesundheitssicherheit. Diese Resolutionen waren maßgeblich von Ereignissen wie der Reaktorkatastrophe von Tschernobyl im Jahre 1986, den Nervengas-Anschlägen in Japan in den 1990er Jahren, den Terroranschlägen vom 11. September 2001, den Sars-Infektionen 2002/2003 und der Hitzewelle in Europa 2003 beeinflusst. Die 2005 veränderten „International Health Regulations" schufen ein bindendes Vertragswerk, das die Mitgliedsstaaten der WHO zur Implementierung von Überwachungssystemen für übertragbare Krankheiten und zur koordinierten Zusammenarbeit verpflichtete (WHO Europa 2007). Mehr und mehr Aufmerksamkeit wurde auf die Gefahren biologischer Waffen und auf natürliche Epidemien sowie auf die Entwicklung von Impfstrategien gelegt. Viruserkrankungen wie Polio oder Masern sollten durch weltweite Impfstrategien ausgerottet werden. Neue Influenzaviren und akute virale Atemwegserkrankungen wurden darüber hinaus besonders fokussiert. Die WHO hat hierbei insbesondere folgende Aufgaben:

- Akute Gesundheitsgefahren zu erkennen und die Lage einzuschätzen;
- die Mitgliedsstaaten bei der Erhebung von Infektionsdaten und beim Ergreifen von Maßnahmen zu unterstützen, hierbei das Gesundheitssystem und das Personal auf Epidemien vorzubereiten und intersektionale Netzwerke aufzubauen;
- eine „Public Health Emergency of International Concern" auszurufen und für die Mitgliedsstaaten bindende Maßnahmen in Gang zu setzen.

Implizit in den Sicherheitsmaßnahmen mitgedacht, aber weniger ausführlich explizit thematisiert, stellen die „Gain of Function"-Forschung und die Entwicklung von biologischen Waffen ein zunehmendes Gefährdungsrisiko dar. Biologische Waffenentwicklung ist zwar weltweit geächtet, diese Ächtung wird jedoch nicht effektiv überwacht, und es gibt viele Schnittstellen zwischen ziviler und militärischer Virusforschung (Double Use Laboratorien). Bei der „Gain of Function"-Forschung werden Viren gezielt verändert, um Krankheitssymptome bei Menschen oder Tieren hervorzurufen und diese dann im Labor zu analysieren. Dieser Forschungsstrang war auch im Zusammenhang mit Coronaviren in den Jahren vor der aktuellen Pandemie in unterschiedlichen Regionen der Welt, insbesondere in Wuhan – in Kooperation mit US-amerikanischen und europäischen Forscher*innen – sehr aktiv verfolgt worden.

Einige dieser Forschungen waren zuvor in den USA als zu gefährlich eingestuft worden, trotzdem wurde die diesbezügliche Kooperationen zwischen den Virusforschern aus den USA und China durch amerikanische Forschungsförderung unterstützt. Ein Artikel der New York Post vom Oktober 2021 geht diesen zunächst abgestrittenen Kooperationen nach (Crane 2021).

Die Health Security Strategien der WHO und ihrer Mitgliedsstaaten folgen nicht nur zivilen, sondern in großem Umfang auch militärischen Logiken, die das Verhältnis zwischen einer partizipativen Gesundheitsförderung von unten und zentralisierten, den Einflüssen von Geheimdiensten unterliegenden Maßnahmen zugunsten der letzteren verschieben. Die Logik militärischer Zielstellungen verträgt sich wenig mit Bevölkerungsbeteiligung und Lebensweltorientierung.

Eine weitere strategische Neuausrichtung der WHO betrifft die Public-Private-Partnership (öffentlich-private Partnerschaft), bei der große privatwirtschaftliche Organisationen und Stiftungen erheblich zur Finanzierung der WHO beitragen und zugleich Einfluss auf die Zielsetzungen ausüben. Große Sponsoren sind die Bill & Melinda Gates Foundation und die öffentlich-private Impfallianz GAVI (früher: Globale Allianz für Impfstoffe und Immunisierung), die sich insbesondere für nachhaltig finanzierte Impf- und Präventionsprogramme in den Entwicklungsländern einsetzt. Entscheidungen werden in der GAVI-Allianz vom 28 Mitglieder starken Board (vgl. GAVI o. J.) unter dem derzeitigen Vorsitz von José Manuel Barroso getroffen, in dem wiederum die Bill & Melinda Gates Foundation neben Unicef, der WHO und der Weltbank einen dauerhaften Sitz innehält. Auch Vertreter*innen der Pharmaindustrie (z. B. von Glaxo Smith Kline) sitzen im Board der GAVI Allianz.

Diese öffentlich privaten Partnerschaften unter Einbezug der Pharmaindustrie haben in der WHO dazu geführt, dass Impfprogramme bei den WHO-Ausgaben einen besonders großen Stellenwert bekamen: Bei den Einnahmen der WHO sind immer noch jährlich gut 500 Millionen US Dollar zweckgebundene Zuwendungen für Polioprogramme.

Die Polioimpfprogramme gelten als großer Erfolg: Noch 1988 erkrankten rund 350.000 Kinder pro Jahr an Polio, davon 200.000 in Indien. Im Jahr 2014 gab es weltweit noch 359 Polio-Fälle. 1985 gingen die WHO, die Hilfsorganisation Rotary, die US-amerikanischen Centers for Disease Control und Unicef eine Partnerschaft ein, mit dem Ziel, Polio weltweit auszurotten. In dieses Programm flossen über neun Milliarden Dollar der Geberländer (Merten 2016). Allerdings gab es auch einige kritische Stimmen, die von Verunreinigungen oder nicht nachverfolgten Nebenwirkungen berichteten.

2020 flossen innerhalb der WHO bei ca. 3,5 Milliarden US-Dollar Gesamtausgaben über 900 Millionen US-Dollar in die Covid-19-Bekämpfung (WHO 2021, S. 7 ff.). Deutlich wird, dass die Politik der WHO Schlagseite hat. In Anbetracht der vielfältigen Gesundheitsprobleme unserer Welt, beginnend mit verunreinigtem Trinkwasser und Nahrungsmittelknappheit in den ärmsten Ländern, dem weltweiten Einfluss von Umweltgiften und (Ultra-)Feinstaubbelastungen und den Folgen landwirtschaftlicher Massentierhaltung (z. B. Antibiotikaresistenzen) sowie Über- und Fehlernährung in den reicheren Ländern legen die Maßnahmen der WHO einen doch recht einseitigen Fokus auf den Infektionsschutz durch Impfungen.

Bereits 2016 ergaben beispielsweise Studien, dass durch Feinstaub jährlich drei Millionen Todesfälle entstehen:

> „Die größte Krankheitslast entfällt auf die WHO-Regionen westlicher Pazifik und Südostasien mit 1,1 Millionen und 799.000 Todesfällen. In Afrika südlich der Sahara sterben jährlich 211.000 Menschen an den Folgen der Feinstaubbelastung, in der östlichen Mittelmeer-Region sind es 194.000, in ärmeren Regionen Europas 190.000, in Lateinamerika 93.000“ (Deutsches Ärzteblatt 2016).

In Reaktion darauf gab es zwar mehrfach Verschärfungen von Grenzwerten, aber die weltweite Aufmerksamkeit war und ist erheblich geringer als die Aufmerksamkeit auf die weltweit vergleichbare Anzahl der Todesfälle im Zusammenhang mit Covid-19: In eineinhalb Jahren (bis September 2021) wurden 4,7 Millionen Todesfälle an oder mit Covid-19 bzw. mit einem positiven PCR-Test verzeichnet. Betonen möchte ich jedoch, dass die WHO jüngst neue Globale Luftgüteleitlinien (Air Quality Guidelines) erlassen hat, die Europa unter Zugzwang setzen, denn die europäischen Grenzwerte liegen bei den Feinstaubbelastungen der Größe PM 2,5 und PM 10 nun erheblich höher als die Werte der internationalen Leitlinien, wobei sie auch vor den Verschärfungen bereits über den empfohlenen Grenzwerten gelegen hatten. Medial wird dieser Sachverhalt jedoch derzeit wenig fokussiert. Feinstaub entsteht insbesondere in den vier Bereichen

- Landwirtschaft: Schweinemast
- Kohlekraftwerke, Müllverbrennungsanlagen
- Straßenverkehr (Abgase und Reifenabrieb)
- Private Kamine

und erhöht das Risiko für Herz-/Kreislauferkrankungen erheblich.

Um bei der kritischen Analyse von Aktivitäten der WHO nicht missverstanden zu werden: Zweifellos hat sich die Weltgesundheitsorganisation Verdienste auch mit ihren Aktionen zur Adipositas- und Diabetesbekämpfung, zur globalen Verringerung des schädlichen Alkoholkonsums (2012–2020) und zur Förderung psychischer Gesundheit erworben. Ihre Strategien zur Eindämmung der Ausbreitung von HIV-Infektionen und die viele Jahre nach der Entdeckung der schädlichen Wirkungen endlich durchgesetzten Anti-Nikotinkampagnen zeitigten Erfolge. Weiterhin lenkt die WHO den Fokus auf Frauen- und Kindergesundheit, Ausbeutungsverhältnisse und auf die Rechte von Menschen mit Behinderungen und thematisiert darüber hinaus Umweltbelastungen und die Entwicklung von Antibiotikaresistenzen. Nichtsdestotrotz fällt auf, dass die besondere Fokussierung der Aufmerksamkeit auf bestimmte Gesundheitsgefahren mit nachfolgenden Geldflüssen in ausgewählte Bereiche nicht von einer umfassenden wissenschaftlich begründeten Priorisierung der gesundheitlichen Auswirkungen aller bekannten Einflussfaktoren, sondern maßgeblich von den Interessen großer Geldgeber der WHO abhängt.

Des Weiteren könnten durchaus in der WHO die kritische Betrachtung des weltweiten Wasserverbrauchs (virtuelles Wasser) oder die kritische Analyse von Aktivitäten wie AGRA (Alliance für Green Revolution in Africa, siehe Kap. 6) verstärkt werden, was aber zu Konflikten mit Geldgeber*innen wie der Bill & Melinda Gates Foundation führen könnte, die die AGRA Initiative in großem Umfang fördert. Initiativen wie AGRA spielen den globalen Konzernen in die Hände, tragen aber deutlich weniger als versprochen zu Nahrungsmittelsicherheit und Gesundheit bei.

6 Machtkonzentration und Verflechtung

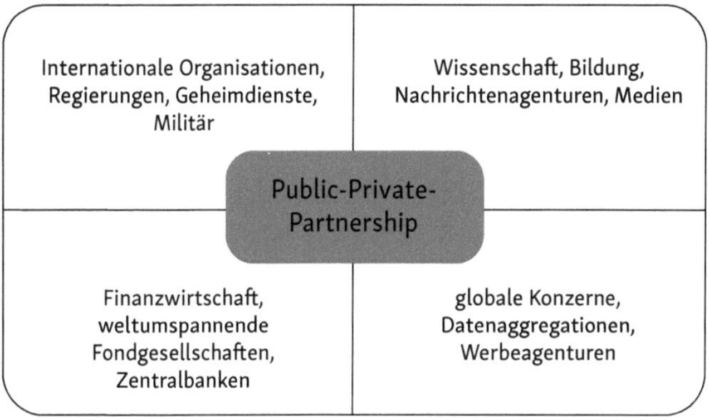

Abbildung 3: Machtverflechtungen

Global agierende Konzerne und Stiftungen bilden heute eine ökonomisch-politische Superstruktur aus weltumspannenden Machtverflechtungen, die an dieser Stelle nur knapp angeschnitten werden können. Diese Machtkonzentrationen geht mit der zunehmenden Konzentration finanzieller Ressourcen einher und schafft Möglichkeiten einer globalen Beeinflussung von Einstellungen und Handlungsbereitschaften (siehe Kap. 7). Auch davon muss die Rede sein, sprechen wir über die Notwendigkeit gesunder und sicherer Lebensbedingungen sowie sozialer Chancengleichheit für die psychische Gesundheit. Die vielschichtigen Wechselwirkungen zwischen individuellen und gesellschaftlichen Faktoren im Zusammenhang mit sozialer Ungleichheit und Diskriminierungsgefahren werden in den Gesundheitswissenschaften häufig thematisiert. Die WHO stellte in der Comission of Social Determinants of Health (CSDH) unter anderem die Forderung auf, die ungleiche Verteilung von Macht, Geld und Ressourcen auf globaler, nationaler und lokaler Ebene anzugehen. (vgl. Jost 2013, S. 16–23). Diese 2005 bis 2008 entwickelten Forderungen sind jedoch insbesondere auf globaler Ebene nicht umgesetzt worden.

Eine Konzentration von Macht, Geld und Einfluss in wenigen weltumspannenden Konzernen kann dazu beitragen, dass die Menschen sich vor Ort weniger selbstwirksam in der Gestaltung ihrer Lebensverhältnisse erleben. Wie das in Kapitel 1 entfaltete Modell der psychischen Gesundheit skizziert hat, fußt psychische Gesundheit auf einem Gefühl der eigenen Wirkmächtigkeit und auf gelingenden Aushandlungsprozessen und feinfühligen Beziehungen. Je stärker wirtschaftliche Interessen die Aufmerksamkeit auf global ähnliche Konsumgüter, genormte Dienstleistungen und massenhaft und global verbreitete Medieninhalte lenken, desto eher entsteht die Gefahr von Selbstvergessenheit und Selbstentfremdung: dass trotz der durch erhöhte Produktivität gewonnenen Zeit viele Menschen diese nicht einsetzen können, um sich in ihrer Eigenart zum Ausdruck zu bringen und die Initiativen der anderen im unmittelbaren Umfeld feinfühlig zu begleiten. Der außengeleitete Mensch, wie ihn die Soziologie seit David Riesmans klassischen Studien über den modernen Sozialcharakter beschreibt, jagt eher gehetzt den in der Werbung angepriesenen Konsumgütern und Erlebnismöglichkeiten nach oder schenkt – wie derzeit in der Pandemie – wenigen medial aufbereiteten Themen eine ungeheuer große Aufmerksamkeit. Gesund ist das nicht. Gesundheit braucht die Fähigkeit, die vielfältigen Vernetzungen mit massenmedial präsentierten Sichtweisen konstruktiv zu integrieren und sich dabei nicht selber in der eigensten Art und Weise, in der Welt zu sein, aus den Augen zu verlieren (vgl. Jost 2000, S. 49). Die Fähigkeit, angesichts globaler Einflussnahmen den eigenen kulturellen und persönlichen Standort auszuloten, wird besser entwickelt, wenn von früher Kindheit an eine feinfühlige Antwort auf die eigenen Initiativen erfolgt und die Menschen die Gelegenheit haben, den überbordenden Inputs durch Massenware eine eigenständige integrative Erfahrungswelt und Wirkmächtigkeit entgegen zu setzen. Hierauf werde ich im Kapitel 12 noch zurückkommen.

Analysiert man die weltweiten Besitzverhältnisse, so stößt man auf wenige große *Fondsgesellschaften* mit unglaublicher Konzentration finanzieller Ressourcen und Beteiligungen an fast allen globalen Konzernen: Vanguard und Blackrock, um die beiden größten zu nennen. *Vanguard* ist eine Investitionsgesellschaft mit Hauptsitz in Pennsylvania, USA, mit 17.300 Beschäftigten weltweit (u. a. auch in Peking), die Fondsvolumina von 7,2 Billionen Dollar (Stand Januar 2021) für 30 Millionen Investor*innen weltweit managt (Vanguard 2021). *Blackrock* ist nicht nur – wie Vanguard – als Treuhänder seiner Kund*innen Großaktionär bei fast allen wichtigen Großkonzernen weltweit, sondern unterhält auch die Risikomanagement Division Aladdin (Asset, Liability, and Debt and Derivative Investment Network) die nicht nur von Blackrock selbst, sondern auch von zahlreichen anderen Finanzdienstleistern – insgesamt fast 10 Prozent der weltweiten Geldanlagen – genutzt wird.

> „BlackRock operates a data and analytics ‚factory‘ with 600+ professionals focused on creating and quality controlling data and analyses for clients“ (BlackRock 2021).

Man kann sich leicht ausmalen, welche globalen Machtkonzentrationen hiermit verbunden sind.

Wirft man nun einen Blick auf die weltweiten Machtkonzentrationen bei Medien, Werbe- und Nachrichtenagenturen, so wird deutlich, dass auch durch diese wirtschaftlichen Konzentrationen eine unglaubliche Hoheit über Informationen und deren Einsatz entsteht. Zugleich würde eine genauere Analyse der Besitzverhältnisse wieder zu den großen weltumspannenden Fondsgesellschaften und zu wenigen superreichen Familien führen (was das Thema meines Buches übersteigt). Unter den größten *Medienkonzernen* finden sich bekannte und weniger bekannte US amerikanische Firmen wie AT&T, Alphabet, Comcast, Walt Disney oder Facebook sowie aufrückend der chinesische Konzern Tencent mit jährlichen Umsätzen im hohen zweistelligen bis sogar dreistelligen Milliardenbereich. Der größte deutsche Medienkonzern Bertelsmann ist nicht mehr unter den weltweiten Top 10 vertreten, nimmt jedoch in Europa eine wichtige Rolle ein. In Deutschland wird die Medienlandschaft maßgeblich von den öffentlich-rechtlichen Rundfunkanstalten ARD und ZDF sowie Privatsendern wie RTL (Bertelsmann), Pro 7 oder Sat 1 bestimmt. Dazu kommen große Pressehäuser und Verlagsgruppen wie Axel Springer, Madsack, Holtzbrinck, Burda, Funke Mediengruppe, Gruner+Jahr, Südwestdeutsche Medienholding und andere. Eine Analyse der Besitzstrukturen des Bertelsmann Konzerns und der Machtstrukturen in der Bertelsmann Stiftung führt zu der politisch bestens vernetzten Bertelsmann-Mohn-Familie. Im Juni 2021 übergab die 80-jährige Liz Mohn die Verantwortung für das Clan-Imperium an ihren Sohn Christoph.

Die weniger bekannten größten *Werbeagenturen* K. K. Dentsu (Japan, Umsatz 18,5 Milliarden Euro), WPP plc (GB, Umsatz

13,8 Milliarden Euro), Omnicom (USA Umsatz 12,1, Milliarden Euro) und Publicis Group S. A. (Frankreich Umsatz 9,6 Milliarden Euro) haben ebenfalls enorme finanzielle Ressourcen, die öffentliche Meinung weltweit durch Werbestrategien zu beeinflussen (Tenoftheday 2021).

Die größten *Nachrichtenagenturen* haben demgegenüber ein bescheideneres Budget, beliefern jedoch weltweit digitale und Printmedien mit „objektiven" Informationen, hier möchte ich Associated Press (AP, USA), Agence France Presse (AFP, Frankreich) und Thomson-Reuters (ehemals GB, jetzt USA) sowie die Deutsche Presseagentur DPA (die eng mit AP zusammenarbeitet) nennen. Ich möchte an dieser Stelle nur kurz anschneiden, dass sowohl die mächtigsten Finanzakteure als auch Regierungen, Militärs und Geheimdienste bei einer Konzentration der Medien- und Werbeunternehmen und der Nachrichtenagenturen auf wenige Großakteure ein leichtes Spiel haben, Berichterstattungen in ihrem Sinne zu beeinflussen. Bereits 2009 warnte der CEO der Associated Press Tom Curley davor, dass das US-Militär eine immer größere Propaganda-Maschinerie aufbaue und Nachrichtenagenturen kontrolliere (AP Archiv 2015). Interessant ist auch der in Deutschland u. a. vom Journalisten Reitschuster (Samson 2022) namhaft gemachte Interessenkonflikt von James C. Smith, bis zu seiner Pensionierung 2020 Vorstandsvorsitzender (CEO) von Thomson-Reuters. Der ehemalige Nachrichtenchef pflegte zugleich enge Verbindungen zum Pharmakonzern Pfizer, wo er noch immer im Aufsichtsrat sitzt (Board-Member), und er war und ist Mitglied im Weltwirtschaftsforum (WEF). Er verstärkte während seiner Amtszeit die „faktencheckende" Zusammenarbeit mit Facebook und Instagram. 2021 wurden ähnliche Kooperationen auch mit Twitter vereinbart.

Erwähnenswert wären an dieser Stelle noch das *Project Syndicate*, das sich angesichts des Rückgangs der Einnahmen aus den Printmedien finanzkräftige Stiftungen ins Boot geholt hat, um weltweit Debatten mit globaler Bedeutung in 64 Sprachen in 156 Ländern medial voranzutreiben: Unterstützt wird das Projekt von den Open Society Foundations (Gründer und Chair George Soros), der Bill & Melinda Gates Foundation, der MasterCard Foundation, der European Climate Foundation, dem European Journalism Centre, der Children's Investment Fund Foundation, der Mohammed bin Rashid Al Maktoum Knowledge Foundation (Vereinigte Arabische Emirate/Dubai), der Heinrich Böll Stiftung, der Friedrich-Ebert-Stiftung, GAM, der Google Digital News Initiative, McKinsey Global Institute, von Nature Conservancy und dem Sustainable Development Solutions Network (vgl. project-syndicate 2021). Über das European Journalism Centre sind noch weitere große Medienkonzerne wie Facebook mit im Boot.

Berücksichtigen sollte man darüber hinaus die Abhängigkeit der von Einnahmerückgängen betroffenen Printmedien und Fernsehsender von den Werbeeinnahmen der Pharmaindustrie und der indirekten öffentlichen Förderung, die durch die Platzierung von coronabezogener Werbung entstand. Derartige Einnahmequellen können bei zu maßnahmekritischer Berichterstattung rasch versiegen.

Zugleich ist die *Wissenschaft* in hohem Maße von privaten Financiers abhängig. Kreiß (2020, S. 37) kommt zu der Einschätzung, dass die Forschung in Deutschland zu fast 69 Prozent im Wirtschaftssektor stattfindet. Die Forschungsanteile des Hochschulsektors sind wesentlich geringer: Sie umfassen knapp 18 Prozent. Außerdem werden sie längst nicht mehr allein von der öffentlichen Hand finanziert, was einst als Garant ihrer wissenschaftlichen Freiheit galt, sondern müssen Drittmittel von privater Seite einwerben. Diese Drittmittelanteile haben sich seit den 1980er Jahren auf deutlich über 40 Prozent mehr als verdoppelt. Kreiß (2020) weist in seinem Buch „Gekaufte Wissenschaft" auf Strategien hin, die eingesetzt werden, um wissenschaftliche Ergebnisse für politische oder wirtschaftliche Zwecke zu missbrauchen: Man rekrutiert besonders vielversprechende, der eigenen Agenda zugeneigte Wissenschaftler, fördert diese großzügig bei gleichzeitiger Verschleierung der direkten Abhängigkeiten, hebt bestimmte Forschungsergebnisse gezielt hervor und schwächt andere ab, indem man mit weiteren Studien vom springenden Punkt ablenkt und „Nebenfährten" sowie sogenannte „Confounder" (Verwirrfaktoren) einführt. Unerwünschte politische Maßnahmen verzögert man dann dadurch, dass man behauptet, die Wissenschaft sei sich nicht einig und es brauche noch weitere Analysen.

Im Grenzbereich zwischen wissenschaftlicher Information und „Multichannel-Kampagnenplanung" bewegt sich im Gesundheitssektor die DocCheck AG, die als Holding sowohl antwerpes („die führende Agentur für kreative Healthcarekommunikation" – das heißt eine Werbeagentur u. a. für große Pharmaunternehmen) als auch DocCheck (die größte europäische Community für Fachkräfte im Gesundheitswesen) umfasst. DocCheck Insights (2021) unterstützt Pharmafirmen, Krankenkassen, Institute und Universitäten bei quantitativen und qualitativen Studienansätzen und erreicht „maximale Nähe zu allen Healthcare-Zielgruppen".

Cui bono – wem nutzt es? Wem nutzt die weltweite Aufmerksamkeitsfokussierung auf die Gefahren durch ein Virus, wer profitiert von der strukturellen Machtkonzentration und Verflechtung im Bereich Public-Private-Partnership, wer hat etwas davon, wenn alle ihr Heil in stark technokratisch und bürokratisch geprägten Lösungsansätzen suchen? Machtkonzentrationstendenzen stehen prinzipiell dem Pluralismus und den Teilhabechancen einer demokratischen Gemeinschaft entgegen. Und sie liegen schwerlich im Interesse von Individuen, die sich als selbstwirksam erleben sollten, weil dies bedeutsam ist für ihre psychische Gesundheit ist. Die Frage stellt sich: Kämen nicht aus Sicht der Bevölkerung andere Lösungsszenarien zu besseren Handlungsansätzen als die technokratische Konzentration auf

- weltweit milliardenfach durchgeführte Tests Gesunder,
- Impfungen, die gegegenüber anderen Formen der Prävention und gegenüber ambulanter Behandlung nebst psychoosziale Begleitung Erkrankter doch nur einen Teil zur Problemlösung beitragen,
- bürokratisch durchgeführte Lockdownmaßnahmen?

Im Rahmen der gegen die Coronapandemie gerichteten Maßnahmen ist es zu einer erheblichen Einkommensumverteilung gekommen: Wie die Weltbank berichtet, hat die Zahl der Menschen, die von extremer Armut (weniger als 1,90 Dollar pro Tag zum Leben) durch die Pandemiemaßnahmen betroffen sind, um geschätzte 150 Millionen im Laufe der Jahre 2020 und 2021 (vgl. World Bank 2020) zugenommen. Zugleich wuchs das Vermögen der reichsten Milliardäre der Welt stetig.

Die Pandemiemaßnahmen haben so indirekt durch Zunahme von Armut und prekären Lebensverhältnissen weltweit einen erheblichen Einfluss auf die psychische Gesundheit der Bevölkerung genommen. Durch die Folgen der Pandemie und der Lockdownmaßnahmen ist es zu einer erheblichen

Zunahme von Nahrungsmittelknappheit gekommen. Die Welthungerhilfe (2020) gelangte unter anderem basierend auf einer Umfrage der Alliance2015 und Prognosen der UN zu der Einschätzung, dass infolge von Corona und den damit verbundenen Lockdownmaßnahmen bis zu 132 Millionen Menschen zusätzlich an Hunger leiden werden. Hierbei muss man jedoch aufpassen, dass nicht andere Fehlentwicklungen verschleiert werden: Möglicherweise hat die maßgeblich von der Bill & Melinda Gates Stiftung finanzierte Alliance for Green Revolution in Africa Initiative (AGRA) nicht wie versprochen zur Stärkung der Nachhaltigkeit und Klimawandelresilienz von afrikanischen Kleinbäuerinnen und -bauern geführt, sondern diese im Gegenteil geschwächt (Wise 2019). Denn die kleinbäuerliche Bewirtschaftung, die im Einklang mit den natürlichen Rahmenbedingungen vor Ort stand, hängt jetzt am Tropf von globalen Saatgut- und Unkrautvernichtungsmittelproduzenten – so etwa weil sich Bauern auf ertragssteigernde Saaten eingelassen haben, auf denen Patente liegen. Die Folge ist: Sie dürfen nicht mehr wie früher einen Teil ihrer Ernte für die nächste Aussaat verwenden, sondern müssen die Samen für den Anbau immer wieder neu kaufen. Andernfalls verstießen sie gegen Patentrechte …

Hobsbawn (1995) hob bereits Ende des letzten Jahrtausends hervor, wie sehr die Komplexität und Geschwindigkeit technologischer Entwicklungen, die potenziell auch in zerstörerischer Form von kleinen Gruppen genutzt werden könnten, verbunden mit Bevölkerungswachstum, globaler Ungleichheit und ökologischen Gefährdungen zu einer Überforderung bestehender politischer Ordnungen geführt hat: Nationalstaaten waren mit einer Weltwirtschaft konfrontiert, die sie nicht kontrollieren konnten, mussten sich mit ökonomischen

Stagnationen auseinandersetzen und waren in der Durchsetzung der öffentlichen Ordnung geschwächt, zugleich schien die Autorität öffentlicher Institutionen notwendiger denn je, um die sozialen und umweltzerstörerischen Auswüchse des Kapitalismus zu begrenzen. Er stellt am Ende seines Buches zum 20. Jahrhundert „The Ages of Extremes“ (S. 578) die Frage: „What would be the nature and scope of the decision-making authorities – supranational, national, subnational and global, alone or in combination? What would be their relation to the people, about whom these decisions are made?“ Betrachtet man die weltweiten Machtverflechtungen, so könnte man meinen, dass multinationale Konzerne in die Bresche gesprungen seien, die das Machtvakuum der Nationalstaaten hinterlassen hat. Zugleich richten sich Hoffnungen auf supranationale und globale Kontrollinstanzen, ohne dass diese in ausreichendem Umfang demokratisch legitimiert sind. Rückwärts gerichtete rechte politische Strömungen suggerieren, zur Stärkung der Nationalstaaten zurückkehren zu können. Andere politische Strömungen setzen große Hoffnungen in weltweite Netzwerke und laufen dabei Gefahr, sich von Organisationen wie dem WEF (World Economic Forum) vereinnahmen zu lassen, und wählen Young Global Leader des Wirtschaftsforums an ihre Spitze. Ist es eine optimistische Illusion zu glauben, dass Gesellschaften, die genügend viele psychisch gesunde, gut gebildete Menschen hervorbringen, durch gemeinschaftliches Engagement in globalen Netzwerken die aktuellen Herausforderungen meistern und mithilfe der technischen Möglichkeiten gerechte und nachhaltige Lösungen in ihren Regionen entwickeln können?

7 Die gezielte Einflussnahme auf Wahrnehmung, Bewertung und Verhalten

Nudging

Strategien psychologischer Einflussnahme haben derzeit Hochkonjunktur. Vergessen scheinen die noch während des Zweiten Weltkriegs verfassten warnenden Worte von Horkheimer und Adorno (1994, S. 272) zur damaligen Zuspitzung der Formen der Einflussnahme:

> „Propaganda macht aus der Sprache ein Instrument, einen Hebel, eine Maschine. […] Propaganda manipuliert die Menschen; wo sie Freiheit schreit, widerspricht sie sich selbst. Verlogenheit ist unabtrennbar von ihr. Die Gemeinschaft der Lüge ist es, in der Führer und Geführte sich durch Propaganda zusammenfinden, auch wenn die Inhalte als solche richtig sind. Noch die Wahrheit wird ihr ein bloßes Mittel, zum Zweck Anhänger zu finden, sie fälscht sie schon, indem sie sie in den Mund nimmt. […] Propaganda ist menschenfeindlich. Sie setzt voraus, daß der Grundsatz, Politik solle gemeinsamer Einsicht entspringen, bloß eine façon de parler sei".

Der Begriff *Nudging* (englisch: u. a. stoßen, drängen, schubsen) war bis vor Kurzem recht unbekannt. Mit diesem Begriff verbindet man eine mehr oder weniger subtile Beeinflussung, die nicht auf Strafen oder Verbote, sondern auf Anreize, Propaganda oder Bilder setzt und hierbei gezielt psychologische Erkenntnisse anwendet. Der Begriff stammt aus der Verhaltensökonomie. Der US-amerikanische Ökonomieprofessor Richard Thaler hat für seine auch in dem Bestseller „Nudge – wie man kluge Entscheidungen anstößt“ bekannt gewordenen Konzepte 2017 den Nobelpreis für Wirtschaftswissenschaften erhalten (vgl. Thaler/Sunstein 2010). Manchmal wird zur Erläuterung von Nudging das harmlos komische Beispiel des Urinals angeführt: Da Männer nicht selten auf den Rand des Beckens urinieren, kam jemand auf die Idee, den hinteren Bereich des Urinals mit einer Fliege zu bedrucken, um einen Anreiz zu schaffen, dass die Männer beim Wasserlassen auf die Fliege zielen. So konnte die Verschmutzung des vorderen Beckenrandes verringert werden.

Neben dem Begriff Nudging wird manchmal auch der Begriff „Sludge“ benutzt. Hiermit sind Beeinflussungstechniken gemeint, die unerwünschtes Verhalten erschweren. Zum Beispiel ist es bei vielen Abonnements zwar einfach, beizutreten, aber sehr umständlich, das Abonnement wieder zu kündigen.

In diesem Kapitel soll zunächst untersucht werden, wie medial vermittelte psychologische Strategien während der Coronakrise eingesetzt wurden und werden, um demokratische Gesellschaften im Hinblick auf Überzeugungen, Einstellungen, emotionale Bewertungen und Handlungsroutinen zu beeinflussen, im weiteren Verlauf geht es dann die Techniken der Beeinflussung im Detail.

Inwieweit eine gezielte Einflussnahme auf Emotionen wie Angst oder Schuldgefühle ethisch vertretbar ist und welche Auswirkungen diese Strategien auf die psychische Gesundheit haben, wird erstaunlich wenig diskutiert und könnte in Zukunft durch konkretere Forschungen erkundet werden. In demokratischen Gesellschaften müsste doch eigentlich eine ausführliche Debatte zu diesem Thema geführt werden: Wie weit darf die Regierung psychologische Manipulationsstrategien einsetzen, ohne dabei die Demokratie paternalistisch zu unterwandern? Braucht sie eigene psychologische Beeinflussungsstrategien als Gegengewicht zu den Einflussnahmen privater Akteure oder totalitärer Regimes? Welche Rolle nehmen öffentlich rechtliche Sendeanstalten hier gegenüber privaten Sendern und sozialen Medien ein? Welche unerwünschten Begleitwirkungen haben psychologische Beeinflussungsstrategien, wenn sie Angst, Scham- und Schuldgefühle erzeugen, auf die psychische Gesundheit der Bevölkerung? Sollte man stärker zwischen psychologischen Manipulationsstrategien mit größeren negativen Begleitfolgen – wie Induktion von Angst – und grenzwertigen Beeinflussungsstrategien anderer Art unterscheiden – zum Beispiel dem unterschiedlichen Aufbereiten von Statistiken und Daten, je nachdem, ob sie die eigene Agenda unterstützen? (Derartige Beispiele werde ich im Kapitel 9 genauer erläutern).

Man kann sich darüber einig sein, dass es konstruktive Kommunikationsstrategien braucht und dass dazu eine klare, wissenschaftsbasierte Risikokommunikation in verständlicher Sprache mit lebensweltlich leicht umsetzbaren konkreten Handlungsempfehlungen gehört. Aber was bedeutet wissenschaftsbasiert, wenn es begründete Zweifel an der medial verbreiteten Mehrheitsmeinung gibt? So wurde beispielsweise die vom renommierten Forscher Ioannidis errechnete Infektionssterblichkeit von 0.23 % bei COVID 19 (d. i. eine ähnliche Größenordnung wie bei einer schweren Grippewelle) zunächst von der Mehrheit der medial als maßgeblich dargestellten Wissenschaftler*innen in Frage gestellt (vgl. Ioannidis 2021, S. 26).

Diese tonangebenden Stimmen hatten in der Öffentlichkeit weit höhere Werte lanciert. Anfängliche Medienberichte, wonach die Infektionssterblichkeit mit 3.1 % einzuschätzen sei, mussten dann auf gut 1 % korrigiert werden – und das war immer noch mehr als viermal so hoch wie von Ionnidis errechnet (Focus Gesundheit 2020). Später allerdings postete die WHO die Publikation von Ioannidis als Referenzquelle. Wissenschaft lebt vom Zweifel, während man im Krisenmanagement zunächst Eindeutigkeit braucht. Wie lange sollte ein Krisenmodus aufrechterhalten werden und wann wird der Krisenmodus selbst zur Gefahr?

Die Techniken der psychischen Beeinflussung demokratischer Gesellschaften sind mindestens 100 Jahre alt. Bereits Edward Bernays, ein Neffe Sigmund Freuds, beschrieb 1928 in seinem Buch „Propaganda: Die Kunst der Public Relations" zahlreiche Strategien der gezielten und intelligenten Manipulation von Gewohnheiten und Einstellungen der Massen in demokratischen Gesellschaften, die auch heute noch angewendet werden (vgl. Bernays 1928/2021). Er vertrat die Auffassung, dass eine gute PR-Strategie niemals versuche, die Öffentlichkeit mit falschen Behauptungen und übertriebenen Versprechungen zu überlisten, zugleich aber schrieb er, dass die Eliten sich der Lenkung „unserer Meinungen, unseres Geschmacks, unserer Gedanken" dauerhaft und systematisch bedienen müssten. Wenn viele Menschen möglichst reibungslos in einer Gesellschaft zusammenleben sollen, seien Steuerungsprozesse dieser Art unumgänglich. Hierbei entstünden allerdings verdeckte Machtverhältnisse. Die öffentliche Meinung sei von einer relativ kleinen Gruppe Menschen abhängig, die die mentalen Abläufe und gesellschaftlichen Dynamiken von Massen verstünden. Der jüdische Autor Bernays, selber Marketingfachmann und als

„Father of Spin“ der Schöpfer der PR-Branche, musste später erfahren, dass das NS-Regime sich die Techniken der Manipulation der öffentlichen Meinung insbesondere auch mithilfe des neuen Mediums Radio zu Nutze machte („Ganz Deutschland hört den Führer mit dem Volksempfänger“). Auch musste sich Bernays, der für British American Tobacco gearbeitet hatte, später von der Tabakindustrie distanzieren, nachdem er die Wahrheit über die Schädlichkeit des Tabakkonsums erkannte, einer Industrie, die die frühen Warnungen vor der Schädlichkeit des Rauchens durch Propaganda unterdrückt hatte.

Im Gesundheitsbereich verbinden sich Aufklärung und Angsterzeugung schon lange – nicht erst, seit Zigarettenschachteln Aufdrucke wie „Rauchen ist tödlich“ tragen müssen. Als in den 1980er Jahren die AIDS-Erkrankung aufkam, wurde die mediale Massenbeeinflussung, auch mithilfe von Angst erzeugenden Bildern, bereits weltweit eingesetzt, um „Safer Sex“ zu propagieren. Die 1986 verabschiedete Ottawa Charta der WHO (vgl. WHO Europa o. J.) setzte der einseitig paternalistischen Beeinflussung der Menschen jedoch damals wichtige Strategien entgegen, indem sie für die Gesundheitsförderung einen partizipativen Ansatz empfahl, der persönliche Kompetenzen stärkt, gesundheitsbezogene Gemeinschaftsaktionen unterstützt und die Gesundheitsdienste neu zu orientieren empfahl, um mit Betroffenengruppen in der Lebenswelt zusammenzuarbeiten. Die Settingansätze in den Lebensumfeldern der Betroffenen wurden in den 1990er Jahren noch einmal verstärkt und trugen maßgeblich zur Eindämmung der AIDS-Erkrankung bei.

In einer von sozialen Medien stark mitbeeinflussten Öffentlichkeit sind die Strategien medialer Massenbeeinflussung durch Angst inzwischen erheblich weiterentwickelt worden. In der westlichen Welt wurden sie nach dem medial sehr intensiv aufbereiteten Terroranschlag 9/11 weiter intensiviert. Im Zusammenhang mit dem „War on Terror“ kam es so zu einer erheblichen Akzeptanzerhöhung gegenüber Überwachungs- und Sicherheitstechnologien, was wiederum in weltweiten Biosecuritystrategien utilisiert werden konnte.

Unter den Regierungen von George W. Bush und Barack Obama wurde das sogenannte „Nudging“ in den USA und den verbündeten NATO Staaten erheblich vorangetrieben. Die Idee dahinter ist, das Verhalten der regierten Bevölkerung subtiler zu dirigieren, als es Gebote, Verbote, Steuern oder Subventionen tun. Also greift man stattdessen zu psychologischen Instrumenten. In Deutschland sind diese Strategien weniger bekannt, jedoch baut die Bundesregierung seit 2015 das Politiklabor „Wirksam regieren“ aus (Die Bundesregierung o. J.) – unter anderem mit mehreren Publikationen zur Masernimpfung. Dass dabei auch Nudging im Spiel ist, ist nicht unmittelbar erkennbar, denn vordergründig geht es um Bürgerbeteiligung. Schaut man sich jedoch die aktuellen Nudging-Diskurse der Nudgestockkonferenz (s. u.) genauer an, dann wird deutlich, wie gut „Wirksam regieren“ in moderne Nudging-Strategien passt. Hier wie dort wird zunächst untersucht, an welche Einstellungen der Zielgruppe(n) die Botschaften andocken können und wie sich dann auf bestimmte Bevölkerungssegmente zugeschnittene Anreize/Werbebotschaften gezielt platzieren lassen.

Das ursprünglich britische Behavioural Insights Team (o. J.) – auch Nudge Unit genannt – wuchs in den letzten Jahren von einer kleinen, sieben Personen starken Einheit in der Britischen Regierung zu einem weltumspannenden Unternehmen, das systematische Untersuchungen und zahlreiche Trainings insbesondere für Bedienstete des öffentlichen Sektors durchführt. Durch die heutigen Analysemöglichkeiten großer

Datenmengen und den Einsatz von Künstlicher Intelligenz (KI oder auch AI Artificial Intelligence) lassen sich mediale Nudging-Strategien erheblich verfeinern und personalisieren. Interessant ist es in diesem Zusammenhang auch, die Beiträge der jährlich stattfindenden Nugdestockkonferenz (vgl. Nudgestock o. J.), einer der größten Zusammenkünfte von Verhaltenswissenschaftlern, zu recherchieren bzw. die von diesen Konferenzen verfügbaren YouTube-Vortragsvideos anzusehen. Nudging findet nicht nur zwischen Regierungen und Bevölkerungen statt, sondern es geht auch um „Nudge the Nudgers", das heißt darum, wie man die politischen Entscheidungsträger systematisch beeinflussen kann, die „richtigen" Themen für das Nudging der Bevölkerung auszuwählen. Zunächst findet ein Agenda Setting statt, das bedeutet, dass die Fokussierung auf bestimmte Themen systematisch (mithilfe der Medien) vorbereitet wird. Im Detail werden dann weitere Strategien angewendet. Im Umgang mit Politiker*innen spielt es beispielsweise eine wichtige Rolle, wie übersichtlich oder unübersichtlich, einfach oder kompliziert man Forschungsergebnisse und Statistiken präsentiert oder wissenschaftliche Informationen aufbereitet, denn auch viele gebildete Menschen sind nicht gut darin, statistisches Material zu interpretieren.

Ein wichtiger Grundlagenwissenschaftler für moderne Nudging-Strategien ist der Nobelpreisträger Daniel Kahnemann. In seinem international auf Bestsellerlisten stehenden Buch „Schnelles Denken, langsames Denken (Thinking, fast and slow)" (2011) erklärt er allgemeinverständlich typische Illusionen der Wahrheit und Entscheidungsirrtümer. Beispielsweise hebt er typische Mechanismen von Selbstüberschätzung bei optimistisch tatkräftigen Unternehmern hervor: „Bei der Vorhersage der Zukunft konzentrieren wir uns auf die kausale Rolle von Fähigkeiten und vernachlässigen die Rolle des Zufalls. Daher sind wir anfällig für die Illusion der Kontrolle" (Kahnemann 2011, S. 320). Führungspersönlichkeiten neigen zur Selbstüberschätzung. Hierbei ist der „subjektive Grad des Überzeugtseins von der Kohärenz der Geschichte bestimmt […], die man konstruiert hat, nicht von der Güte und Menge von Informationen, die sie stützen" (Kahnemann 2011, S. 326). Weiterhin trägt in Gruppen die Unterdrückung von Zweifeln zur Selbstüberschätzung bei, insbesondere, wenn nur Befürworter der Entscheidung ein Mitspracherecht haben. Was für ein Einfallstor für eine Nudge-the-Nudgers-Strategie!

In der Coronakrise gewinnen psychologische Techniken zur Beeinflussung der öffentlichen Meinung und zur Modellierung von Verhaltensweisen und Gewohnheiten noch einmal an Gewicht. Bereits im Herbst 2019 wurde im Rahmen einer strategischen Pandemieplanung unter dem Titel „Event 201" (vgl. Center for Health Security o. J.; Schreyer 2020) das fiktive Szenario entwickelt, wie sich ein Sars-Virus weltweit verbreitet und Millionen von Toten fordert. Das recht konkrete Planspiel – übrigens, wie Schreyer (2020) aufzeigt, mitnichten das erste seiner Art – thematisiert die Bedeutung der Medien und deren Einfluss auf das Gesundheitsverhalten der Bevölkerung. Hierbei spielen zum einen Techniken der stringenten Verbreitung von Kernbotschaften, die durch Bilder noch an Prägnanz gewinnen, bei gleichzeitiger Verhinderung und Unterdrückung von sogenannten „Fake-News" eine wichtige Rolle, zum anderen aber auch die Gewinnung von medial aktiven (prominenten) Unterstützern und – ohne dass dies ausdrücklich hervorgehoben wurde – die Programmierung von sogenannten Bots.

Um das ganze Ausmaß internationaler Beeinflussungsstrategien deutlich zu machen, denen man sich als einzelne Nation kaum entziehen kann, sei die chinesische *50-Cent-Armee* erwähnt (Dodsworth 2021). Schon 2004 begann die Regierung in Peking, Internetkommentatoren zu beschäftigen, damit sie in den Sozialen Medien regimekonforme Propaganda betreiben. Schätzungen zufolge zählt diese „Armee" mittlerweile zwei Millionen Köpfe, überwiegend Schüler und Studenten, die die jährlich rund 450 Millionen Posts fabrizieren. Ob sie dafür tatsächlich mit „50 Cent pro Post" oder aber anderweitig honoriert werden oder ob sie mit diesen Leistungen unbezahlte Parteipflichten erfüllen, mag dahinstehen. Dieser neue Modus öffentlicher Meinungslenkung fand zunächst in der Auseinandersetzung mit Hongkong Anwendung, erwies sich aber auch in der Coronakrise als gut einsetzbar. So wurde beispielsweise das Narrativ, Quelle des Sars-Cov-2-Virus sei der Wetmarket in Wuhan, gezielt durch Aktivitäten in den Sozialen Medien verstärkt. Es scheint inzwischen einen erheblichen Konkurrenzkampf zwischen politischen und wirtschaftlichen Machtzentren um die Deutungshoheit und die Vorherrschaft bestimmter Narrative mithilfe von psychologisch geplanter, medial mit weiter Verbreitung platzierter Botschaften zu geben. Die 50-Cent-Armee wird vermutlich bald durch weiterentwickelte Bots ersetzbar sein, denn die chinesische KI-Firma Toutiao hat schon vor einigen Jahren damit begonnen (Lee 2018, S. 109), Algorithmen, die Fake News erkennen, systematisch mit Algorithmen zu trainieren, die Fake News produzieren, um so mithilfe Künstlicher Intelligenz beide Techniken rasch weiterzuentwickeln. Wenn technisch erzeugte Nachrichten von menschlichen kaum noch zu unterscheiden sind, dann unterminiert dies das Vertrauen in dialogische Austauschprozesse, eröffnet ungeheure Möglichkeiten, Debatten zu lenken und zu emotionalisieren und greift so direkt in das Wesen der menschlichen Kommunikation ein. Ich sehe hierin eine enorme Herausforderung für eine in Zukunft noch zu vertiefende psychiatrische Analyse von Kommunikationskulturen.

Dodsworth (2021) hat den strategischen Einsatz psychologischer Erkenntnisse in der britischen Regierung in der Coronakrise genauer untersucht und verweist hierbei unter anderem auf das Beraterteam SAGE der britischen Regierung mit der Unterabteilung *SPI-B (Scientific Pandemic Influenza Group on Behaviors)*, ferner auf die 77th UK army's Brigade, die sich auf nichttödliche psychologische Kriegsführung spezialisiert und übrigens eng mit Twitter zusammenarbeitet, und auf die Government Communications Headquarters (GCHQ), die sich unter anderem mit dem Cyberwar gegen Anti-Impf-Propaganda befassen.

Auch die Wissenschaftsförderrichtlinie des deutschen Bundesministeriums für Bildung und Forschung „Erkennen und Bekämpfen von digitalen Desinformationskampagnen" aus dem Jahre 2020 verdient in diesem Zusammenhang Beachtung: Hierin heißt es:

> „Durch irreführende Informationen im Internet stehen demokratische Systeme vor großen Herausforderungen. Die Verbreitung von Falschinformationen schwächt die faktenbasierte Berichterstattung seriöser Medien und erschwert es politischen Akteuren, Behörden, Medien und Bürgerinnen und Bürgern, sich ein verlässliches Bild zu machen. Der Umgang mit Desinformationen ist mit besonderen Herausforderungen verbunden. Über Messengerdienste, soziale Netzwerke und Videoplattformen, Blogs oder dubiose Nachrichten-Websites werden Falschinformationen und Verschwörungstheorien

> verbreitet. Durch die einfachen Weiterleitungsmöglichkeiten können diese Falschinformationen schnell eine Vielzahl von Menschen erreichen. Die Eindämmung erweist sich als schwierig, weil einerseits nicht immer ausreichend Kapazitäten zum Prüfen fragwürdiger Inhalte existieren, aber auch weil die Professionalität der Desinformationen zugenommen hat. Die Professionalität spiegelt sich einerseits in den Inhalten, aber auch in dem verwendeten Bild- und Videomaterial wider. Werkzeuge für die Manipulation von Bild- und Videoinhalten sind einfach zugänglich geworden, sodass Spezialwissen oft nicht mehr notwendig ist. Ein aktuelles Beispiel für die Problematik sind die im Rahmen der Ausbreitung des Coronavirus verbreiteten Desinformationen." (BMBF 2020)

Im Zusammenhang mit der Coronapandemie und speziell mit Impf- und Anti-Impfkampagnen ist eine extrem unübersichtliche Gemengelage entstanden: Im Mainstream wird unterstellt, dass russische und chinesische Akteure gezielt die westlichen Impfstoffe schlechtmachten und Impfnebenwirkungen übertrieben oder dass Skeptiker esoterisch wissenschaftsfeindlich seien oder sich persönlich profilieren wollten, um dann auch andere Anliegen (wie nationalistische Gesinnungen) voranzutreiben. Auf der anderen Seite wird von Skeptikern befürchtet, dass Impfnebenwirkungen nicht ausreichend aktiv erhoben oder sogar gezielt vertuscht würden, um milliardenschwere Geschäftsmodelle (siehe Kap. 9) nicht zu gefährden, und dass über die Impfstrategien die Bevölkerung dazu gebracht würde, sich bald auch weiteren (genetischen) Manipulationen zu unterziehen. Wenn die in den neuen Impfstoffen enthaltene mRNA mit weiteren Enzymen (wie z. B. mit der im AIDS-Virus vorkommenden reversen Transkriptase oder auch mit körpereigenen Polymerasen) zusammentrifft oder kombiniert wird, so könnten mithilfe von mRNA sehr wohl genetische Veränderungen an der körpereigenen DNA erfolgen (vgl. Bernard 2021). Zumindest stellt die massenhafte Bereitschaft, sich mit wenig erprobten gentechnisch hergestellten mRNA-Impfstoffen immunisieren zu lassen und diese Gesundheitsinformationen in digitalen Impfpässen zu speichern und bei vielen Gelegenheiten zu zeigen, ein Novum dar.

Neben der Löschung und Diffamierung von kritischen Stimmen (wie z. B. im Rahmen von Cyberwar gegen Anti-Impf-Propaganda, vgl. Dodsworth 2021) kommen bei der medialen Einflussnahme auch gezielt lancierte Berichte zum Einsatz, die auf maßnahmenkritische Untersuchungsergebnisse mit Gegenstimmen antworten und so eine Unsicherheit erzeugen, welcher Studie geglaubt werden kann. Diese Technik hatte bereits Kreiß (2020) beschrieben. Aus dieser Verunsicherung der Bevölkerung heraus lässt sich dann auf eine enge Gruppierung ausgewählter Expert*innen verweisen, die die Interpretationshoheit bei strittigen wissenschaftlichen Expertisen haben.

Allerdings ist bei Experten- und Wissenschaftskritik immer auch Vorsicht geboten. Wie Hobsbawn (1995) herausarbeitet, hat die zunehmend für Laien undurchschaubare Komplexität der den Alltag bestimmenden Forschungsergebnisse in der Bevölkerung Ohnmachtserfahrungen erzeugt. Die praktischen und moralischen Konsequenzen neuer Technologien lassen sich immer schwieriger vorhersagen. Katastrophale Folgen liegen im Bereich des Möglichen, was spätestens seit der Atombombenentwicklung deutlich geworden ist. Autoritäten werden geschwächt und Einzelne werden mit ihrer Ohnmacht konfrontiert. Mathematische Gleichungen und Algorithmen kommen zu Vorhersagen, die sich nicht mehr in der konkreten Erfahrung fundieren lassen. So gibt es einerseits Tendenzen, die Gefahren, die in neuen Technologien liegen, zu verharmlosen. Andererseits nährt die Ohnmacht eine populistische Wissenschaftsfeindlichkeit, mithilfe derer sich autoritäre und totalitäre Regimes stärken, wie dies bereits in der Mitte des 20. Jahrhunderts durch die Nationalsozialisten und die Stalinisten in fataler Weise geschehen ist. Da in Deutschland die Nationalsozialisten gezielt Verschwörungstheorien verbreitet und führende jüdische Wissenschaftler diskreditiert, verfolgt und ermordet haben, liegt es nicht so ganz fern, Kritiker*innen der angeblich auf wissenschaftlichen Erkenntnissen beruhenden Coronamaßnahmen als Verschwörungstheoretiker*innen und Rechtsradikale zu brandmarken. Dies kann in der echten Besorgnis gründen, rechtsradikale Tendenzen seien in Deutschland wieder auf dem Vormarsch, kann jedoch auch als eingängiges Narrativ verwendet werden, um die aktuelle Vereinnahmung von Wissenschaft zu verschleiern und Kritiker*innen zu diffamieren.

Die sich rasant entwickelnden psychologischen Manipulationstechniken können von mächtigen Akteuren für ihre Zwecke vereinnahmt werden, das bedeutet jedoch nicht, dass die Kritiker*innen dieser Vereinnahmung frei davon sind, eigene Agenden zu verfolgen. Neben der gezielten Vereinnahmung von Wissenschaft und der nachfolgenden medialen Inszenierung von Forschungsergebnissen bestimmter linientreuer – Pardon: agendaunterstützender Wissenschaftler*innen werden in der Coronakrise zahlreiche *psychologisch ausgefeilte Massenkommunikationstechniken* angewendet. Hierbei sei erwähnt, dass mediale Beeinflussung nicht per se zu kritisieren ist, *denn eine* *gute Risikokommunikation kann die Bevölkerung sehr effektiv schützen* (vgl. Haug et al. 2020). Zugleich bergen jedoch bestimmte Formen dieser Risikokommunikation erhebliche Risiken. Dazu im Folgenden mehr.

Psychologische Techniken der Beeinflussung im Detail

Die nachfolgenden Passagen beruhen, soweit nicht anders vermerkt, auf eigenen beobachtenden Analysen der Berichterstattung in den Medien.

Die Rolle der Medien

Besonders auffällig ist die enorme Einschränkung des Blickwinkels und die Fokussierung weniger Themen in den Medien: Seit März 2020 wird beinahe täglich in den Nachrichten und auf den Titelseiten der Tageszeitungen von Corona berichtet: Die *Aufmerksamkeitsfokussierung* ist eine wichtige Technik, die besonders in der Hypnose angewendet wird. Während alle anderen Reize in einer Trance ausgeblendet werden und sich die Konzentration bei gleichzeitiger Entspannung nur auf einen Aspekt richtet, werden die Grenzen der alltäglichen Logik umgangen. In analoger Weise können durch massenmedial inszenierte Aufmerksamkeitsfokussierungen ganzer Gesellschaften die medial präsentierten Bilder eine besondere Suggestivkraft entwickeln, sodass durch gezielt präsentierte Bilder die Sprache des Unbewussten bedient werden kann. Die ständige Untermalung der Corona-Botschaften durch Bilder von Intensivstationen suggeriert einerseits immer wieder die tödliche Gefahr und verankert zugleich die Intensivmedizin als wichtigsten Rettungsanker nach Infektion.

Erwägenswert in diesem Zusammenhang wäre auch, ob die medialen Nutzungsgewohnheiten bei vielen Menschen dazu geführt haben, dass ihre Konzentrationsfähigkeit rückläufig ist, da sie sich ständig von hereinkommenden Botschaften auf dem Smartphone oder im E-Mail-Account unterbrechen lassen und gewohnt sind, zwischen unterschiedlichen Themen hin und her zu switchen. So haben mediale Strategien der Aufmerksamkeitsfokussierung möglicherweise ein besonders leichtes Spiel bei Menschen, die sich weniger gut selbstbestimmt in Themen vertiefen können.

Zugleich werden *Worst Case Szenarien* lanciert, die sich nachträglich als unberechtigt entpuppen. Entgegen allen Dramatisierungen waren die deutschen Intensivbetten im Pandemie-Jahr 2020, über alle zwölf Monate gerechnet, zu nur zu ca. 3,4–5,2 % (je nach Berechnung) von Corona-Infizierten belegt und die Krankenhausbetten insgesamt zu weniger als 2 %:

> „Die mittlere Verweildauer der Behandlungsfälle mit COVID-19 lag bei 11,2 Tagen, so dass im Laufe des Jahres 2020 1,93 Mio. Verweildauertage erbracht wurden, was 1,9 % aller Verweildauertage entspricht." (RWI – Leibniz, S. 12 f.)

Mitte November 2021 sagte Karl Lauterbach, damals Bundesgesundheitsminister in spe, einen völligen Kollaps der Intensivstationen im Dezember vorher. Der Fall trat nicht ein. Ebenfalls wenig seriös wirkt die Zählung der Corona-Opfer: Statistiken mit Angaben zu Todesfällen oder Infektionsraten werden aus dem Kontext gerissen, die präsentierten *Daten bleiben unvollständig*: Zum Beispiel wurde bei Todesfällen oder Krankenhausbehandlungen im Zusammenhang mit Covid-19 oft nicht unterschieden, wie viele Menschen *an* Covid-19 gestorben sind bzw. *wegen* Covid-19 im Krankenhaus behandelt werden und wie viele Menschen mit positivem PCR-Test an anderen Ursachen erkrankten und verstarben. Unbekannt bleibt auch, wie viele Menschen durch Fehlbehandlungen mit unerprobten Medikamenten oder Ansteckung während einer Krankenhausbehandlung und durch Unterversorgung im ambulanten Sektor schwer erkrankten oder verstarben.

Weiterhin werden Todesfälle in engem Zusammenhang mit Impfungen anders medial aufbereitet als Todesfälle im Zusammenhang mit positiven PCR-Tests. In der Auswertung von Impfschäden wird korrekterweise darauf hingewiesen, dass der Zusammenhang zwischen Impfung und Todesfall genauer aufgeklärt werden müsse. Tatsächlich aber werden bei den Todesfällen nach Impfung ebenso wenig wie bei Todesfällen durch Covid-19 statistisch repräsentative Obduktionsuntersuchungen durchgeführt. Ferner erhalten die – durchaus umstrittenen – Erfolge von Lockdownmaßnahmen in der Berichterstattung breiten Raum, während über die unerwünschten Nebenwirkungen und die Kosten-Nutzen-Analysen, zumindest bis Herbst 2021, meinen eigenen Beobachtungen nach bedeutend weniger berichtet wird.

Untermalt werden die Statistiken durch *reißerische Überschriften und häufig wiederholte angsteinfößende Bilder* zum Beispiel von nächtlich eingesetzten Militärfahrzeugen, die Särge abtransportieren oder von bäuchlings liegenden, intubierten Patient*innen auf Intensivstationen und Gesundheitspersonal in eindrucksvollen Schutzausrüstungen. Diese Bilder werden durch die mächtigen multinationalen Nachrichtenagenturen eingespeist und finden dann in unterschiedlichen Ländern in Print- und digitalen Medien in ähnlicher Weise Verbreitung. Angstbesetzte Inhalte verkaufen sich besonders gut. Angst vermindert die Fähigkeit zur kritischen Reflexion und erhöht die Bereitschaft, Führungspersönlichkeiten und Expert*innen zu folgen. Die weltweit sichtbaren Bilder heben immer wieder die Gefährlichkeit eines nicht sichtbaren Virus und die daraus resultierenden Todesfälle, die ergriffenen intensivmedizinischen Maßnahmen und die Erfolge durch Impfungen hervor. Folgen der Eindämmungsmaßnahmen wie Hungersnöte in ärmeren Ländern, Notstände in Pflegeheimen, Zunahme häuslicher Gewalt, psychische Störungen bei Kindern oder wirtschaftlicher Ruin von Selbstständigen kommen weit weniger bildmächtig daher. Ausgeblendet bleiben mögliche häusliche Behandlungsansätze vor einer möglichen Krankenhausbehandlung, komplikationsfreie Krankheitsverläufe und immunsystemstärkende Präventionsmaßnahmen (Reduktion von Übergewicht durch zuckerfreie, gesunde Ernährung oder Sonnenexposition zur Vitamin-D-Produktion, siehe auch Kap. 4). Besonders wichtige Botschaften werden gerne abends lanciert, sodass weniger Zeit für die kritische Überprüfung bis zur Publikation bleibt. Journalist*innen werden besonders dann als erfolgreich betrachtet, wenn sie große Leser*innenzahlen erreichen, sodass sie es nicht leisten können, mit der Publikation wichtiger News zu warten (vgl. Dodsworth 2021).

Hinzu kommen ständige *Wiederholungen* von Inhalten und Botschaften, oft ähnlich lautend in ganz verschiedenen Fernsehsendern und Printmedien und auch international mit ähnlichen Botschaften und Bildern vermittelt.

Als Fürsprecher von Impf- und Schutzmaßnahmen wurden zahlreiche *populäre Multiplikatoren* gewonnen: Anerkannte Vermittler wissenschaftlicher Sachverhalte und Prominente der Medienbranche (z. B. der Arzt Eckhard von Hirschhausen mit seiner youtube Serie „Hirschhausen zu Haus“ oder der Astrophysiker und bekannte Wissenschaftsjournalist Harald Lesch) platzierten Botschaften in sozialen Medien und Fernsehsendungen, um den Maßnahmen mehr breitenwirksame Glaubwürdigkeit und Nachdruck zu verschaffen. Auch die Musikindustrie war dabei: Im Frühjahr 2020 fand das internationale Musikereignis „One World: Together at Home“ (bei YouTube noch abrufbar – Stand Ende 2021) mit vielen bekannten Musikern statt. Es wurde sowohl im Fernsehen als auch bei YouTube und Facebook live übertragen: Paul McCartney stimmte einen Song an, während hinter ihm Bilder von maskentragendem Gesundheitspersonal zu sehen waren (das Konzert war kurz vor Einführung der Maskenpflicht), und die Rolling Stones sangen vor bürgerlicher Wohnzimmerkulisse „You can't always get what you want“, was so interpretiert werden kann wie: Seid nicht frustriert, dass ihr während der Lockdowns zuhause bleiben müsst. Andere Bildhintergründe zeigten Regenbogen mit Slogans wie „Flatten the curve“. Im Sommer 2020 erhielt Lady Gaga beim MTV Music Award fünf Preise und trat mit überdimensionalen auffälligen Gesichtsmasken auf.

Als Bernays, der bereits erwähnte PR-Stratege und Neffe Sigmund Freuds, seinerzeit die Bedeutung von Meinungsführern und „ethischem Führungspersonal“ herausarbeitete, hob er auch die Rolle von Ärzten als Vertrauensträgern hervor. Propaganda werde nur dann unmoralisch, wenn ihre Urheber bewusst und gezielt Informationen verbreiten, die sie selbst als Lüge erkennen oder die auf Wirkungen abzielen, die für die

Öffentlichkeit nachteilig sind (Bernays 1928/2021). So sei betont, dass eine gute Risikokommunikation, die die Zielgruppen tatsächlich erreicht, eine sehr wirksame nicht-pharmakologische Intervention darstellt. Ist sie, wie Bernays verlangte, der Ehrlichkeit verpflichtet wird sie auch schwerlich abzulehnen sein. In Hochzeiten der Virusausbreitung sind gut platzierte Botschaften wie zu Hause bleiben, Abstand halten, sich bei Symptomen isolieren, auf Hygiene achten, nicht verreisen etc. ähnlich wirksam wie mit Strafen durchgesetzte Verbote und Kontrollen. Ihre Akzeptanz ist umso größer, wenn sie mit Unterstützung für benachteiligte Zielgruppen verbunden sind (Zugang zu Lebensmitteln, keine Angst vor Arbeitsplatzverlust bei Fehlzeiten) (Haug et al. 2020).

Allerdings sei noch einmal auf die Macht der großen Presse- und Werbeagenturen (Omnicom, WPP, Interpublic Group and Publicis) hingewiesen und auf eine notwendige Analyse der diesbezüglichen Besitzverhältnisse, besonders in Bezug auf den Einfluss von Fonds wie Vanguard oder Blackrock, die in fast allen global agierenden Großkonzernen und in den Werbe- und Nachrichtenagenturen investiert sind und intensive Beziehungen zu Regierungen und globalen Institutionen pflegen (siehe auch Kap. 6).

Die politische Kommunikation und die Umsetzung von Maßnahmen

In Fortsetzung neoliberaler Tendenzen stechen besonders die *Erzeugung von Scham- und Schuldgefühlen* sowie *die Personalisierung von Verantwortung* hervor. Maßnahmekritische Demonstrationen wurden für die Verbreitung des Virus verantwortlich gemacht und Zuschreibungen wie die, es handle sich um eine „Pandemie der Ungeimpften“ – obgleich auch von geimpften Menschen weiterhin eine Ansteckungsgefahr ausgeht – erklärten die Ungeimpften zu Sündenböcken. So vertieft sich die gesellschaftliche Spaltung. Manche Menschen werden besonders durch Angst vor eigener Erkrankung ergriffen, noch effektiver scheint es jedoch, den Menschen Angst und Schuldgefühle in Bezug auf die Gefährdung nahestehender Menschen zu vermitteln. Der Verstoß gegen Maßnahmen wird so zur asozialen Handlung, was zugleich andere zur Distanzierung oder Denunziation verleitet. Besonders perfide war die Formulierung in einem Strategiepapier des Deutschen Bundesministeriums des Inneren (BMI), die – um eine gewünschte Schockwirkung zu erzielen – auf Schuldgefühle von Kindern zu sprechen kommt:

> „Kinder werden sich leicht anstecken, selbst bei Ausgangsbeschränkungen, zum Beispiel bei den Nachbarskindern. Wenn sie dann ihre Eltern anstecken, und einer davon qualvoll zu Hause stirbt und sie das Gefühl haben, Schuld daran zu sein, weil sie zum Beispiel vergessen haben, sich nach dem Spielen die Hände zu waschen, ist es das Schrecklichste, was ein Kind je erleben kann" (das Originaldokument lässt sich leider nicht mehr einsehen).

Aus der Forschung zu Kindern psychisch kranker Eltern ist bekannt, dass Kinder sich regelhaft verantwortlich und schuldig fühlen, wenn es ihren Eltern schlecht geht. Daher sind intensive sozialpädagogische und therapeutische Bemühungen in der Arbeit mit Kindern kranker Eltern darauf gerichtet, die Kinder von dieser nicht kindgerechten Verantwortung zu entlasten. Wenn nun subtil oder offen suggeriert wird, dass Kinder Schuld am Versterben ihrer Angehörigen tragen könnten, wenn sie sich bei der unübersichtlichen Flut an einzuhaltenden Regelungen nicht konform verhalten, bürdet dies den Kindern etwas auf, was über viele Jahre psychische Folgen zeitigt und zu selbstschädigendem oder suizidalem Verhalten beitragen kann. Aus Großbritannien sind Kampagnen wie „Don't kill granny“ oder „Protect your loved ones“ bekannt. Dort gab es auch abgefeimte Werbespots, die schwerkranke Menschen auf Intensivstationen zeigen und die Zuschauer anhalten zu reflektieren, ob sie diesen schwerkranken Menschen in die Augen schauen und versprechen könnten, alles ihnen mögliche zu tun, das Virus nicht durch Maßnahmeübertretung zu verbreiten.

Hierbei verdient besonders der aktuelle Umgang mit dem Solidaritätsbegriff eine genauere Analyse. Bislang wurde es weniger gefordert, aus Gründen der Solidarität Selbstschädigungen in Kauf zu nehmen. Nicht einmal der christliche Imperativ „Du sollst deinen Nächsten lieben wie dich selbst“ verlangt, sich preiszugeben, sondern setzt Selbstliebe voraus. In psychosozialen Kontexten wurden für Menschen, die (aus unbewussten Motiven heraus) anderen mit psychischen Problemen bis zur Selbstaufgabe helfen, Begriffe wie „Helfersyndrom“ oder „Coabhängigkeit“ geprägt. Beides drückt aus, dass etwas nicht stimmt, wenn die Fürsorge für andere die Selbstfürsorge übersteigt. Wenn nun aber ein Mensch davon überzeugt ist (wie auch immer man diese Überzeugung bewerten will), dass für ihn eine Impfung mit einem notfallzugelassenen Impfstoff (vgl. EMA 2021a, S. 5) eine Selbstschädigung bedeutet oder wenn man Kinder dazu bringt, sich impfen zu lassen, obgleich ihr eigenes Risiko schwer zu erkranken minimal ist, dann wird der Solidaritätsbegriff durch Impfwerbung arg strapaziert, da sie verlangt, dass Menschen sich aus Solidarität heraus einer potenziellen Selbstschädigung aussetzen sollen.

Bereits zu Beginn der Pandemie verwendeten einflussreiche Politiker*innen *Kriegsrhetorik:* So brachte der französische Präsident Emmanuel Macron, der übrigens auch zur Gruppe der Young Global Leader des Weltwirtschaftsforums gehört, zum Ausdruck, dass „wir" uns im Krieg gegen ein Virus befinden. Kriegsrhetorik suggeriert, dass eine klare hierarchische Struktur mit der Folgsamkeit gegenüber Autoritäten angezeigt sei. Helden erschienen auf der Bildfläche. Die Wortwahl und die Bilderwelt können an archaische Mythen wie zum Beispiel an Schuld und göttliche Strafe anknüpfen. Im Krieg verteidigt man sich gegen Aggressionen von Feinden. In den anderen wird das Böse hineinprojiziert. Zum Feind wurde im Verlauf der Pandemie nicht nur das unsichtbare Virus, sondern mehr und mehr auch der Andersdenkende, der die Krisen- und Notfallmaßnahmen unterwandert und so das Gemeinwohl gefährdet.

In der politischen und medialen Kommunikation war auch *die Anknüpfung an bestehende Bewegungen und deren Kernbotschaften* („Old Lifes Matter" als Anknüpfung an „Black Lives Matter") sowie ein gezieltes *Framing* von Andersdenkenden zu beobachten: Haben sich in bestimmten Milieus bereits einflussreiche Slogans und Kernbotschaften sowie Gegnerschaften zu anderen Gruppierungen etabliert, so lassen sich diese nutzen, um subtil weitere gedankliche Verknüpfungen herzustellen. Auch diese Technik wurde bereits vor fast 100 Jahren von Bernays beschrieben. Er konstatierte, dass die „Herde" auf Klischees, Schlagworte und Bilder zurückgreife, die für ein ganzes Bündel von Ideen und Erfahrungen stehen. Es gelte, *systematisch Assoziationsketten aufzubauen* (Bernays 1928/2021). So gelang das Framing, dass die Maßnahmenkritik hauptsächlich von rechten Kräften unterwandert sei und gezielt für nationalistische Propaganda benutzt würde. Anschließend war es ein Leichtes, die Linke und die sich für Diversity Engagierenden gegen die Maßnahmenkritiker*innen aufzubringen.

Sogar das „Kontaktschuld"-Denken lebte wieder auf, um die Spaltung der Gegner und insbesondere deren gemäßigter Vertreter*innen voranzutreiben. Es war dann nicht mehr zentral, was eine Person sagte, sondern in welchen (anstößigen) Kreisen sie sich bewegte, mit wem sie in Kontakt stand, auf welchen Plattformen sie sich äußerte. Allein schon der Auftritt in bestimmten YouTube-Kanälen konnte maßnahmekritische Expert*innen so sehr diskretieren, dass sie aus Organisationen ausgeschlossen wurden und auf Betreiben der Studierendenschaft Lehraufträge an Hochschulen verloren, was der bekannte maßnahmenkritische Politiker und ehemalige Amtsarzt Wolfgang Wodarg bereits im Frühjahr 2020 feststellen musste, wie ich von Kolleg*innen der Alice Salomon Hochschule in Berlin erfuhr. Tatsächlich mischten sich in die Proteste gegen Corona-Maßnahmen immer wieder Vertreter rechtsextremer Strömungen, und die Medien versäumten es nicht, etwaige Reichsbürgerflaggen gehörig ins Bild zu fassen. Deren Bedeutung für die Protestbewegungen hat die Berichterstattung jedoch meiner Auffassung nach übertrieben und dabei von der inhaltlichen Auseinandersetzung mit dem Sachgehalt der Maßnahmenkritik abgelenkt. Auch die Betitelung von Maßnahmenkritiker*innen als „Covidioten", „Virusleugner" oder „Aluhutträger" unterstützte das negative Framing und diente dazu, Kritiker*innen als geistig minderbemittelt oder verblendet darzustellen. Polemisch wurden Maßnahmenkritiker*innen als eher antisozial, egoistisch und unempathisch dargestellt. Solchen Zuschreibungen gegenüber konnten sich dann die Befürworter der Maßnahmen als fürsorglich, verantwortungs- und rücksichtsvoll ansehen. Im Gegenzug verpassten Maßnahmekritiker*innen den Befürworter*innen Bezeichnungen wie „Schlafschafe" und verglichen das Ja zu den Maßnahmen mit dem angepassten Verhalten in totalitären Regimes. So bauten auch sie gezielt Assoziationsketten auf, namentlich solche, die besonders im Osten Deutschlands an Erfahrungen während und nach der DDR Zeit andockten. Wie psychisch labile Menschen mit derartigen Zuschreibungen der jeweils anderen Gruppierung im persönlichen Umfeld umgehen, bedarf noch genauerer qualitativer Forschungen, zumindest besteht die Gefahr, dass ohnehin bereits kleine unterstützende Netzwerke weiter schrumpfen und dann das Bedürfnis wächst, in einer Gruppe mit möglicherweise rigiden gruppenkohäsiven Haltungen aufgefangen zu werden, was die Spaltungsprozesse verschärft.

Die Stimulierung von *gemeinschaftlichen Ritualen* kann den Zusammenhalt von Gruppierungen weiter stärken. Im Frühjahr 2020 klatschten Bürger*innen und Politiker*innen plötzlich an vielen Orten in die Hände, um den Pflegekräften für ihre harte Arbeit während der Pandemie zu danken und sie als Held*innen im Kampf gegen das Virus zu feiern. Bei derartigen Ritualen werden gerne emotional besetzte und kulturell verankerte Rollen, wie hier die des Helden, vergeben; und die Rituale werden oft rhythmisch oder mit musikalisch kreativen Ausdrucksformen inszeniert und übers Internet verbreitet. Diese Rituale verschaffen ein Zugehörigkeitsgefühl zu sozial akzeptierten Gemeinschaften, was wiederum ein wichtiger Baustein in der Etablierung sozial akzeptierter Verhaltensweisen sein kann, denn die meisten Menschen möchten nicht aus Gruppierungen ausgeschlossen werden oder sich kritischer Aufmerksamkeit der Mehrheit aussetzen. Das Beispiel eines derartige Rituals auf Seiten der Maßnahmenkritiker*innen sind die Flashmobs „Danse encore", die in vielen Städten wiederholt auftauchten und in sozialen Medien verbreitet wurden. Hüben wie drüben bedienen sich die gegnerischen Lager psychologischer Techniken, sodass eine mediale psychologische „Schlacht" entsteht, aber nur die jeweils andere Seite als manipulativ dargestellt wird. Zusammenhalt stärkende Rituale stellen per se eher eine konstruktive Methode der Einflussnahme dar, wenn sie aber von beiden Seiten eingesetzt werden, um Spaltungen in der Gesellschaft voranzutreiben, können sie destruktive Kräfte entfalten. Häufig wird auch das Maskentragen in Zusammenhang mit gesellschaftlichen Ritualen gebracht. Maskenträger/Nichtträger erkennen einander sofort und können sich in bestimmten Kontexten klar einer Gruppierung zuordnen. Dies gibt soziale Sicherheit, transportiert Normen, vermittelt soziale Unterstützung und schafft eine *Zugehörigkeit, die dann weiteres gruppenkonformes Handeln stimuliert* und Überzeugungen verfestigt. Wenn Menschen bereits für die Gemeinschaft persönliche Opfer gebracht haben, dann kann dies dazu führen, dass weitere Opfer bereitwilliger akzeptiert werden, um zu verhindern, dass die zuvor akzeptierten Einschränkungen sinnlos gewesen seien. Das erklärt nebenbei gesagt auch, warum gegen möglicherweise mehrfach erforderliches Boostern kaum großer Unmut besteht. Wer sich zwei- oder dreimal hat impfen lassen, wird evtl. auch noch weitere Booster akzeptieren, anstatt an Vakzinen zu zweifeln, deren Schutzwirkung relativ schnell schwindet.

Beim Maskentragen kommen indes – neben kontrovers diskutierten körperlichen Risiken und Anwendungsfehlern – noch andere psychologische Mechanismen hinzu. Die Maske verbirgt wesentliche Aspekte der Körpersprache, sodass Authentizität verloren geht und eine *zwischenmenschlich verunsicherte Kommunikation bei lebensweltlichen Kontakten* entsteht, wie der Hirnforscher Gerald Hüther in einem Interview mit dem Journalisten Markus Langemann (Langemann Medien 2021) näher ausführt. Im Zusammenhang mit „Social Distancing", Versammlungsverboten und einer stärker medial vermittelten Kommunikationskultur wird der zwischenmenschliche Austausch im Gemeinwesen reduziert, sodass auch hierdurch Verunsicherung und Spaltungstendenzen verstärkt werden und die zentral implementierten psychologischen Einflussmöglichkeiten wirksamer werden. Weiterhin vermittelt die Maske besonders deutlich das Gefühl, dass immer noch Gefahr droht: Jeder Mensch ist allein durch seine Atmung ein potenzieller Gefährder.

Da die meisten Menschen nicht aus dem Rahmen fallen möchten, stellt *Gruppendruck* eine wichtige Einflussmöglichkeit dar. Menschen mit psychischen Erkrankungen haben oft bereits erhebliche Vorerfahrungen mit stigmatisierenden Zuschreibungen und Diskriminierungen. Es scheint, dass im Rahmen der Spaltungsprozesse Ausgrenzungen solonfähiger werden und bei verletzlichen Menschen Erinnerungen triggern oder Ängste zuspitzen können, aber auch psychisch stabile Menschen sind anfällig für Fehlurteile, wenn Gruppendruck aufgebaut wird. Asch (1951) führte bereits vor mehr als 70 Jahren ein Experiment durch, worin Studierende nach der Länge eines Strichs gefragt wurden. Wenn vor ihnen die anderen instruiert worden waren, eine falsche Antwort zu geben, passten sich erstaunlich viele dem offenkundig falschen Mehrheitsurteil an, nur 25 Prozent blieben bei zahlreichen Durchgängen immer noch völlig unbeeinflusst. In Zeiten von Nudging können auch geschickt durchgeführte und ausgewertete Umfragen eingesetzt werden, um Menschen zu verleiten, der Mehrheitsmeinung zu folgen. Hat man in bestimmten Arbeitsfeldern oder Institutionen erst einmal die Mehrheit gewonnen, können durch Gruppendruck weitere verleitet werden, sich anzuschließen. Auch Plakate und Werbebotschaften, bei denen deutlich wird, dass sich die meisten Menschen an bestimmte Regeln halten und Nichtbefolgende allein dastehen, können einflussreich eingesetzt werden. Bei der Analyse von Gruppendruck stellt sich die Frage, ob man eher von Schwarmintelligenz oder eher von kollektiver Fehlleitung bzw. Schwarmdummheit ausgehen sollte. Albert Einstein wird das Bonmot zugeschrieben: „When we all think alike, no one thinks very much."

Dodsworth (2021) weist auch auf die psychologische Beeinflussung *durch ständig wechselnde Regularien und mangelnde langfristige Strategien* hin. Zunächst wurde angekündigt, (Lockdown-)Maßnahmen würden nur für kurze Zeiträume verhängt, diese wurden dann jedoch scheibchenweise nach neuen Kriterien (Flatten the Curve, R-Wert unter 1 halten, Überlastung der Intensivstationen verhindern, Inzidenzen dauerhaft unter einem bestimmten Wert zu halten, die Ausbreitung von Mutationen verhindern etc.) immer weiter verlängert. Niemand kann so verlässlich planen, Selbstwirksamkeit und Verstehbarkeit werden durch immer wieder neue und den vorherigen zum Teil widersprechende Regeln unterwandert: Zunächst galt Maskentragen als nicht effektiv, dann wurden Masken in bestimmten Situationen, vornehmlich in Innenräumen, angeordnet, dann durften nur noch spezielle Masken benutzt werden, dann wurden Masken auch im Freien als sinnvoll erachtet etc. Aaron Antonovsky (siehe oben, Kapitel 1) hatte in seinem Salutogenesemodell hervorgehoben, welche wichtige Bedeutung der Kohärenzsinn für die Gesundheit hat, hierbei spielen bei gesundheitlichen Herausforderungen insbesondere Verstehbarkeit, eigene Handlungsmöglichkeiten zur Bewältigung und die persönliche Sinnhaftigkeit eine wichtige Rolle. Durch ständig wechselnde Regelungen und die Flutung mit widersprüchlichen Informationen, werden individuelle Bewältigungsansätze verunsichert, die eigene Interpretationskompetenz erschüttert, sodass die Bereitschaft steigt, der Deutungshoheit von Expert*innen zu vertrauen. Im Weiteren wurden die Maßnahmen durch gelegentliche Zugeständnisse und Erleichterungen abgeschwächt, dies ist ein Vorgehen, das bereits vor über 60 Jahren als (chinesische) Taktik beschrieben wurde, um (amerikanische) Kriegsgefangene gefügig zu machen (Biderman 1957). Allerdings muss nicht alles Kalkül gewesen sein. Die ständig wechselnden und unübersichtlichen Maßnahmen könnten sich auch durch überforderte Ämter und ineffektive Verwaltungsstrukturen erklären.

In den Verhaltenswissenschaften wird empfohlen, Informationen so *konkret* wie möglich mit direkt umsetzbaren, leicht *verständlichen alltäglichen Handlungsempfehlungen* zu formulieren. Händewaschen, Maskentragen oder Abstandhalten wären solche konkreten Handlungen, die den Menschen das Gefühl von Selbstwirksamkeit geben. Das Missverhältnis zwischen solchen konstruktiven konkreten Empfehlungen und den verwirrenden ständig wechselnden Regularien, die wiederum Verunsicherung erzeugen und die Planung unterminieren, fällt ins Auge.

Wie bereits im Kapitel 2 dargestellt, steht auch das Wissenschaftssystem in Wechselwirkung mit gesellschaftlichen Dynamiken. Rubin (2020, S. 349 ff.) warnt unter Bezugnahme auf Demirovic, Scherr und May vor einer einseitigen Verwendung des Solidaritätsbegriffs, der zu einer Diskreditierung kritischer Perspektiven führen kann und plädiert für ein berechtigtes Misstrauen gegenüber kapitalistischen Praktiken der Macht und des herrschenden Wissens. Ein emanzipatorisch verstandener Solidaritätsbegriff führe zu Zusammenschlüssen derjenigen, die Herrschafts- und Ungleichheitsverhältnissen unterliegen und hinterfrage universalistische Rechtfertigungen von Macht und Herrschaft. Gerade Menschen mit psychischen Störungen sind – wie ich in Kapitel 12 noch vertiefen werde – immer wieder von Stigmatisierung, mangelnder Solidarität und Ungleichheitsverhältnissen betroffen und können durch universalistische, die soziale Dimension ausblendende Erklärungs- und Lösungsansätze noch stärker ins Abseits geraten. Vor diesem Hintergrund sind auch in der aktuellen Krise Machtmechanismen, die maßnahmekritische Stimmen ins Abseits stellen, aus sozialpsychiatrischer Sicht besonders genau zu beobachten. Bereits Foucault (1972/1991) befasste sich ausführlich mit der Einschränkung von Diskursen. Ein zentraler Bezugspunkt für seine Analyse von Machtverhältnissen sind Prozeduren der Kontrolle und Einschränkung des Diskurses. Diese werden von ihm durch ein Innen/Außen-Schema klassifiziert, bei dem nach außen hin Ausschließungssysteme wirken und nach innen Kontrollsysteme.

*Maßnahmekritische Politiker*innen, Wissenschaftler*innen und Medienvertreter*innen* müssen derzeit um ihre Reputation fürchten, werden aus Parteien und Organisationen ausgeschlossen oder erhalten keine prominenten Listenplätze, sie *erleben berufliche Nachteile* z. B. beim Publizieren oder Beantragen von Fördermitteln oder in Form von Suspendierung aus Leitungspositionen, Entlassung oder Lizenzentzug. Oder aber sie gehören zu den wohlgelittenen Personen und profitieren: So wurde die Entscheidungshoheit über die Bewilligung von Bundesmitteln zur medizinischen Coronaforschung bereits im Frühjahr 2020 in die Hände der Charité gelegt und damit der Einfluss des Regierungsberaters Christian Drosten weiter gestärkt. In ähnlicher Weise hat in den USA Anthony Fauci eine enorme Macht bei der Verteilung von medizinischen Forschungsmitteln. Maßnahmenuntermauernde Studien wurden in Fachzeitschriften wie Eurosurveillance ungewöhnlich schnell begutachtet, wie zum Beispiel die Erstpublikation zum PCR-Test, welche in nie dagewesener Geschwindigkeit von den Gutachter*innen zur Publikation freigegeben wurde (vgl. Corman et al. 2020). Maßnahmekritische Kanäle in Sozialen Medien werden gesperrt (bei YouTube wurde dies unter anderem damit begründet, sie stünden im Widerspruch zu WHO-Empfehlungen) oder Kritiker*innen werden mehr oder weniger subtil gezielt verunglimpft.

Clemens Arvay, ein Systembiologe, schildert in seinen YouTube-Videos, dass die Wikipediaeinträge zu seiner Person nach seinem kritischen Engagement im Zusammenhang mit möglicherweise noch auftretenden und nicht ausreichend untersuchten Impfnebenwirkungen rasch gezielt geändert wurden. Im Juni 2021 bestanden dann die Wikipediaeinträge zu seiner Person zur Hälfte aus Zitaten aus kritischen Rezensionen, vorrangig in Tages- oder Wochenzeitungen, und er wurde als Trittbrettfahrer mit dem Ziel der Erhöhung von Verkaufszahlen seiner Bücher dargestellt (vgl. Wikipedia o. J.). Auch Robert Malone, der Miterfinder der mRNA-Impfstofftechnologie, musste erfahren, dass Interviews mit ihm seit Anfang 2022 aus sozialen Medien entfernt wurden und die Wikipediaeinträge zu seiner Person mit einem Framing versehen wurden, das seine Thesen und Verbindungen fragwürdig erscheinen ließ, nachdem er sich – unter anderem bezugnehmend auf die Analysen der Canadian Covid Care Alliance (2021) – kritisch zur Impfung von Kindern, Schwangeren und Genesenen geäußert hatte.

Dodsworth (2021) thematisiert die Zusammenarbeit zwischen Twitter und der 77th UK army's Brigade, einer aus Soldaten, Medienfachleuten und Psychologen gemischten Einheit der britischen Armee. Sie setzten Troll-Accounts ein, um missliebige Kritiker zu diskreditieren. In diesen Zusammenhang hinein gehören auch die schon oben erwähnten Interessenkonflikte, wenn etwa einflussreiche „Faktenchecker" großer Nachrichtenagenturen (Thompson-Reuters) wie James C. Smith zugleich als „Board-Member" enge Verbindungen zum Pharmahersteller Pfizer unterhalten und darüber hinaus noch Querverbindungen beim „Faktencheck" zwischen Nachrichtenagenturen und großen Sozialen Medien (Facebook und Twitter) bestehen. Dies alles schafft ein Klima der Verunsicherung und Zurückhaltung kritischer Positionen. Wie schon Kahnemann (2011, S. 327) hervorhob, könnte man alternativ der Idee von Gary Klein folgen, und unkritisches Gruppendenken von Entscheidungsträgern durch die „Prae-mortem-Methode" hinterfragen: Man rufe vor wichtigen Entscheidungen die Entscheidungsträger zusammen und beginne mit einer kurzen Ansprache:

> „Stellen Sie sich vor, wir befinden uns in der Zukunft. Wir haben den Plan in seiner jetzigen Fassung umgesetzt. Das Ergebnis war eine Katastrophe. Nehmen Sie sich bitte fünf bis zehn Minuten Zeit, eine kurze Geschichte dieser Katastrophe zu schreiben!"

Der Kunstgriff, ein Projekt in der Imagination als gescheitert anzusehen, erleichtert es den Teilnehmern, ihre Bedenken zu äußern. Blinde Flecken der Planung werden sichtbar, Schwachstellen können ausgeräumt werden. Wie anders wären dann vielleicht manche Lockdownentscheidungen oder Empfehlungen für schnelle Impfstrategien junger Menschen ausgefallen? Hierbei ist natürlich einzuräumen, dass ganz zu Beginn der Krise rasches Handeln gefragt war und Abwägungsprozesse zurückstehen mussten, nach 2 Jahren wären jedoch derartige kritische Reflexion sehr wertvoll.

Eine direkte Beeinflussungstechnik, die bei der Durchsetzung der Maßnahmen angewendet wurde, ist das Androhen empfindlicher Strafen. Geld*strafen* wirken besonders, wenn sie eine schmerzhafte Höhe (mehr als einen Wochenlohn des Betreffenden) übersteigen oder wenn Vergehen rasch und vorhersehbar geahndet werden. Die Strafen für Maßnahmenübertretungen im Rahmen der Sars-Cov-2-Pandemie konnten beispielsweise für Restaurantbesitzer durchaus ruinös sein. Auch geringfügige Regelübertretungen wurden mancherorts genauestens verfolgt (z. B. das unerlaubte Sitzen auf einer Parkbank).

Beeinflussung im Vorfeld der Krise

Wenn man die Einflüsse gesellschaftlicher Entwicklungen auf die psychische Gesundheit analysieren will, steht man vor der Schwierigkeit, dass problematische Narrative der Aufmerksamkeit leicht entgehen, wenn sie so dominant sind, dass sie selbstverständlich wirken. Der Schaden, den sie anrichten, wird dann erst im Nachhinein bei der Analyse längerer historischer Entwicklungen deutlich. So frage ich mich während meiner Analyse immer wieder, wie scheinbar plausible Vorstellungbilder das Verständnis von Gesundheit und Krankheit prägen und welche Machtkonstellationen Einfluss nehmen auf bestimmte medial verbreitete Assoziationsketten. Derartige Fragen haben gerade in der Sozialpsychiatrie eine besondere Bedeutung, geht es doch um eine dem gesellschaftlichen Wandel unterworfene Unterscheidung zwischen psychisch gesund und psychisch krank. Ein besonders gut verständliches Beispiel für die enormen gesellschaftlichen Einflüsse auf die Klassifikation psychischer Störungen ist die diagnostische Kategorie „Homosexualität". Wo Gesellschaften die homosexuelle Neigung als Abweichung von der Norm, gar als kriminell oder als zumindest biologisch deviant erachteten, spiegelte sich das in der Medizin, die Homosexualität lange Zeit als psychische Störung rubrizierte. Dies änderte sich erst im Zuge der in den 1970er und 1980er Jahren endlich erreichten gesellschaftlichen Akzeptanz homosexueller Menschen. Angesichts einer hierdurch getriggerten Flut an wissenschaftlichen Erkenntnissen strich die WHO die Homosexualität aus den internationalen Klassifikation psychischer Störungen (DSM III R und ICD 9/10).

Die gesellschaftlichen Veränderungen von Vorstellungsbildern beginnen oft subtil:

Eine aus der Hypnose bekannte Technik ist das *Säen*: Zunächst werden bestimmte Inhalte beiläufig erwähnt und Vorstellungsbilder erzeugt. Da das Unbewusste keine Verneinung kennt, kann man auch durch Abstreiten von Sachverhalten (z. B.: Es wird keinen weiteren Lockdown geben) Vorstellungen und Befürchtungen implementieren. Durch Säen kann eine erhöhte Bereitschaft gebahnt werden, spätere Aufforderungen zu befolgen. In diesem Zusammenhang ist auch das *Priming* (der Bahnungseffekt) von Interesse: Durch Wörter, Bilder, Umgebungen oder Gesten werden unbewusst Assoziationsketten in Gang gesetzt, die unser Denken und Handeln beeinflussen. So treffen Menschen beispielsweise andere Wahlentscheidungen zu Bildungsausgaben, wenn die Wahlen in Schulen stattfinden (vgl. Kahnemann 2011, S. 75). Hier kann man sich im Zusammenhang mit Covid-19 natürlich auch fragen, wie mit Bildern und gezielt eingeflochtenen Begriffen in Expertenvorträgen Entscheidungen von Entscheidungsträgern beeinflusst wurden. In einer weiteren Analyse wäre zu bestimmen, ob und wie durch die Filmindustrie bereits im Vorfeld bestimmte Vorstellungsbilder transportiert wurden. Da ich diesbezüglich nicht über eine umfassende Expertise verfüge, möchte ich hier lediglich auf den Thriller *Contagion* von 2011 verweisen. In diesem Film, der mit Unterstützung des US-amerikanischen Centers of Disease Control and Prevention (CDC) produziert wurde und von der Sars-Ausbreitung inspiriert war, geht es um ein Virus mit Fledermaus- und Schweineerbgutbestandteilen, das zu tödlichen Erkrankungen, Panik in der Bevölkerung, lokalen Lockdownmaßnahmen und gewaltsamen Konflikten führt. Die Impfstoffentwicklung erhält besondere Aufmerksamkeit und wird heroisiert, während sich der prominenteste maßnahmen- und impfkritische Blogger als korrupter Verschwörungstheoretiker erweist. Die Frage, ob es sich um eine Biowaffe oder eine natürliche Pandemie handelt, wird dahingehend aufgeklärt, dass die Pandemie durch eine Verkettung von Umständen und durch Hygienemängel auf natürlichem Weg entstand.

8 Gesellschaftliche Entwicklungen vor der Coronakrise

Wen erreicht man besonders gut mit psychologischer Manipulation?

Bereits Hannah Arendt (1955/2021, S. 682 ff.) betonte bei ihren Analysen zur Entstehung einer Massengesellschaft im Vorfeld der totalitären Regimes des 20. Jahrhunderts die Rolle von Kontaktlosigkeit und Entwurzelung. Entwurzelung kann durch gesellschaftliche Entwicklungen in großem Umfang entstehen, aber auch gezielt oder unbeabsichtigt punktuell gefördert werden. Erving Goffman (1973) analysierte, wie in „Totalen Institutionen" (Gefängnissen, Klöstern, Kasernen, „Irrenhäusern") unter anderem durch eine Schranke zwischen den Insassen und der Außenwelt die Macht der Institution gefestigt wird. Die von der Außenwelt isolierten Insassen werden in totalen Institutionen zu Objekten, die reibungslos von der Verwaltungsmaschinerie und den Routinemaßnahmen der Institution gehandhabt werden können.

Isolation, gepaart mit Monopolisierung der Wahrnehmung, ist eine Beeinflussungstechnik, die bereits von Biderman (1957) im Zusammenhang mit dem Gefügigmachen von Kriegsgefangenen geschildert wurde. Die Isolation unterbindet soziale Unterstützung und schwächt somit die Bereitschaft, Widerstand zu leisten. Sie lässt Selbstzweifel wachsen. Manche ältere Menschen haben sich in der Angst vor dem Virus völlig selbst isoliert, andere wurden im Rahmen von Quarantänemaßnahmen vereinzelt. Wenn zugleich die Wahrnehmung – wie in der

Pandemie in erster Linie medial – mit wiederholten einseitigen Botschaften okkupiert wird und die Aufmerksamkeit gezielt auf wenige Inhalte gelenkt wird, sinkt die Selbstwirksamkeit und die Aufmerksamkeit richtet sich, ebenso wie in totalen Institutionen, eher auf die unmittelbare Situation als auf weitreichendere selbstbestimmte Pläne.

Maaz (2021, S. 29 ff.) hebt im Zusammenhang mit psychologischer Manipulation insbesondere die besondere *Empfänglichkeit narzisstisch gestörter Menschen* hervor: Die westlich-kapitalistische Gesellschaft habe durch Stärkekult, Konkurrenzdruck und Dominanzstreben im ökonomischen Überlebenskampf eine narzisstische „Normopathie“ begünstigt. Die Dominanz des Finanzkapitals unter Vernachlässigung der Menschen, ihrer sozialen Beziehungen und der Natur habe gesamtgesellschaftlich eine Entfremdung vom wahren Selbst und einen Gefühlsstau gefördert. Auf individueller Ebene seien Menschen, die früh im Leben durch Defizite der Eltern, zu frühe Trennung und/oder mangelhafte Fremdbetreuung nicht ausreichend gesehen oder anerkannt wurden, besonders anfällig sowohl für narzisstische Größenvorstellungen und Retterphantasien einerseits und andererseits für Abhängigkeiten von Machteliten, die glauben, mit bestimmten, sehr einseitigen Maßnahmen die Welt retten zu können. Bedürftige, sich selbst entfremdete Menschen seien zudem suggestibler für eine mit falschen oder falsch zugespitzten Informationen erzeugte Massenangst. Diese könne ihre innerseelischen Ängste und Realängste kanalisieren. Die Ängste lassen sich dann auf ein Virus projizieren, was wiederum genutzt werden könne, um vom finanziellen, ökologischen und sozialen Kollaps einer narzisstisch geprägten Gesellschaft abzulenken. Die wirklich notwendigen Schritte hin zu einer freieren und gesünderen Gesellschaft unterblieben. Ein angestrebtes totalitär-globalisiertes System hält Maaz für eine Zuspitzung der bestehenden narzisstischen „Normopathie" mit dem illusionären Größenwahn, die Welt so zu verbessern und retten zu können. Eine „innerseelische Demokratie" könne nur in einer neuen Beziehungskultur und mit der Bereitschaft entstehen, über Sinn, Würde und Schuld seines Lebens zu reflektieren und notwendige Veränderungen selbstverantwortlich anzustreben. Eine „innerseelischer Demokratie" wird nach Maaz (2021, S. 56) dadurch erreicht, dass „eigene Fehler, Irrtümer, Schwächen und Begrenzungen, auch schuldhaftes Verhalten erkannt und reguliert werden können und so keine Feindbilder und Sündenböcke mehr gebraucht werden, auf die die eigenen seelischen Defizite und Verstörungen projiziert werden".

Exkurs: Woran erkannt man narzisstische (Persönlichkeits-) Störungen?

Im Diagnostischen und Statistischen Manual Psychischer Störungen DSM V (Falkei/Wittchen 2015) werden bei Betroffenen Störungen im Selbstbereich, im zwischenmenschlichen (interpersonalen) Bereich und krankhafte Persönlichkeitszüge angeführt: In Bezug auf das Selbst fällt auf, dass andere Menschen zu einem hohen Maß zur eigenen Selbstwertregulation eingesetzt werden. Narzisst*innen neigen zu übermäßigen Selbstbewertungen, die zwischen Idealisierung und Entwertung oszillieren können. Die Schwankungen im Selbstwertgefühl beeinträchtigen die Emotionsregulation. So kann es zu einer besonderen Kränkbarkeit oder im Gegenzug zu einer besonderen Abschirmung gegenüber potenziell kritischen Bewertungen anderer kommen. Um Idealisierungen des eigenen Selbst aufrecht zu erhalten, werden andere manipuliert. So können narzisstische Menschen besonders einfühlsam erscheinen, um andere dazu zu bringen, sich zu verlieben oder den Narzissten/die Narzisstin zu bewundern. Sie können jedoch auch abrupt von einfühlsamem Verhalten zur völligen Ignoranz der Bedürfnisse des Partners/der Partnerin wechseln. Dies führt zu den interpersonalen Störungen. Narzisst*innen schenken den anderen nur dann besondere Aufmerksamkeit und Empathie, wenn diese für die Stärkung des eigenen Selbstwertgefühls dienlich sind. Ihre Beziehungen bleiben so oberflächlich und ausbeuterisch. Die Reziprozität und das echte Interesse am anderen sind beeinträchtigt. Persönliche Vorteile stehen im Zentrum; sie glauben, dass ihnen eine bevorzugte Behandlung zusteht. Dies erklärt auch, warum Narzisst*innen besonders leicht in konkurrenzbasierten Hierarchien aufsteigen. Sie haben keine Skrupel, sich persönliche Vorteile auf Kosten anderer zu verschaffen. Beziehungen beginnen oft mit starken wechselseitigen Idealisierungen und enden mit extremen Entwertungen. Die Persönlichkeitszüge narzisstischer Menschen weisen eine Neigung auf, sich selbst als grandios darzustellen. So halten sie sich für überlegen und neigen dazu, andere herablassend zu behandeln. Sie suchen ständig Bewunderung und sind von „narzisstischer Zufuhr" abhängig. Besondere Bedeutung haben Phantasien vom grenzenlosen Erfolg, von Macht, Glanz oder Schönheit. Auch Neid spielt eine wichtige Rolle. Manchmal ist dieses Verhalten sehr offensichtlich, sodass narzisstische Menschen sich selbst in den Mittelpunkt stellen oder besondere Machtpositionen bekleiden. Verletzliche Narzisst*innen können sich jedoch auch sehr zurückhaltend zeigen und ihre Umwelt ständig beobachten, um Kränkung, Beschämung und Kritik aus dem Weg zu gehen. Wenn die Attribute des äußeren Erfolges zurückgehen (im Alter, bei Überschreiten des beruflichen Zenits, beim Beenden einer sportlichen Karriere, bei einer Ehescheidung ohne Möglichkeit, direkt wieder einen neuen Partner/eine neue Partnerin zu gewinnen) können Menschen mit narzisstischen Störungen selbstmordgefährdet sein. Sie phantasieren sich in einen paradiesischen Urzustand, um von den Selbstwertkränkungen bei ausbleibenden Erfolgen nicht überflutet zu werden. Ursächlich scheint eine Mischung aus angeborenen Tendenzen und frühkindlichen Erfahrungen von Bedeutung zu sein. Narzisstische Menschen wurden als Kinder nicht selten nur wegen bestimmter Eigenschaften oder Begabungen (Schönheit, Intelligenz, künstlerische oder sportliche Talente) geliebt und bestätigt. Ihr wahres Selbst wurde nicht bedingungslos geliebt und nicht feinfühlig beantwortet. Wenn eine konkurrenzbetonte Gesellschaft mit wenig Zeit und Achtsamkeit für die Signale von kleinen Kindern gepaart ist, dann wächst die Wahrscheinlichkeit, dass Kinder mit einem Mangel an echter, bedingungsloser Zuwendung aufwachsen. In der weiteren Entwicklung versuchen die betroffenen Menschen dann, die Leerstellen in der eigenen Seele mit besonderen Leistungen zu kompensieren oder im Gegenzug, Menschen mit besonderen Leistungen übermäßig zu bewundern und die eigenen Bedürfnisse zurückzustellen (Komplementärnarzisst*innen). In Zusammenhang mit Beziehungen zu narzisstisch gestörten Menschen wird das Phänomen „Gaslighting" beschrieben; der Begriff leitet sich von einem Schauspiel des Dramatikers Patrick Hamilton aus dem Jahre 1938 ab. Hiermit ist eine gezielte Verunsicherung des Partners/der Partnerin gemeint, die bis zum völligen Zusammenbruch führen kann. Verhalten und Versprechungen/Erklärungen des narzisstisch gestörten Menschen passen nicht zusammen, jedoch beginnt der Partner/die Partnerin mehr und mehr an der eigenen Wahrnehmung zu zweifeln, da der narzisstische Mensch geschickt und manipulativ die eigenen Erklärungen zur objektiven Wahrheit stilisiert. Besonders anfällig für Gaslighting sind Menschen, die von Kindheit an weniger gelernt haben, die eigenen Gefühle und Bedürfnisse zu registrieren und zu kommunizieren. Im persönlichen Bereich entstehen aus der Beziehung zu narzisstisch gestörten Menschen oft lange Leidenswege, insbesondere, wenn diese besonders intelligent sind oder eine hohe gesellschaftliche Anerkennung genießen. Gesellschaftlich kann es bei einflussreichen Narzissten in globalen Machtpositionen durch Gaslighting-ähnliche Phänomene dazu kommen, dass geschickt interessengeleitete Darstellungen als objektive (wissenschaftliche) Wahrheit verkauft werden und Kritiker*innen dazu verleitet werden, an sich selbst und der eigenen Analyse zu zweifeln. Im Zusammenhang mit Gaslighting werden beim Gegenüber intensive Schuld- und Schamgefühle erzeugt. Die Verantwortung für Fehlentwicklungen scheint niemals bei den Narzisst*innen zu liegen. Zur Wiedergutmachung/Rehabilitation versuchen betroffene Opfer dann, ihr eigenes Verhalten zu verbessern, was sie jedoch in eine Spirale der ständigen Selbstverbesserung treibt, die nicht den eigenen Zielen dient, sondern wie ein verlängerter Arm die Bedürfnisse der Narzisst*innen nährt. Vor diesem Hintergrund braucht es einen kritischen Blick auf Selbstmanagementtechniken und -anleitungen, worauf ich im Zusammenhang mit „fremdbestimmter Selbststeuerung" (Redecker 2021) noch einmal im Kapitel 10 zurückkommen werde.

Aus traumatherapeutischer Sicht könnte man die gesellschaftlichen Projektionsprozesse auf das Virus auch so deuten, dass Menschen mit frühen Traumatisierungen und Vernachlässigungserfahrungen einen Feind im Außen suchen, um dem eigenen inneren Terror, das heißt überwältigenden Angst-, Wut- und Ohnmachtsgefühlen zu entgehen. Die Menschen mit höherer Selbstwirksamkeitserwartung und stärkeren Wutgefühlen werden dann möglicherweise machtorientiert zu Akteuren; die anderen, die eher Angst, Hilflosigkeit und Ohnmacht erleben, zu denjenigen, die sich an starke Führungspersönlichkeiten anlehnen.

Noch pointierter arbeitet Fuchs (2019) Zusammenhänge zwischen früher Traumatisierung und in der Kindheit erlittener Gewalt mit Täterverhalten politisch einflussreicher Akteur*innen an vielen Beispielen heraus und prangert diesbezügliche „blinde Flecken" in sozialwissenschaftlichen, ethnologischen und historischen Analysen an.

Wenn psychologische (medial verbreitete) Manipulationsstrategien gezielt und strategisch von Menschen angewendet werden, die ihre eigenen Wirkmöglichkeiten in einem technokratisch geprägten Gesundheitssystem in Folge von Größenideen maßlos überschätzen und die ein System stabilisieren, das auf der Dominanz großer globaler Konzerne beruht, dann führt dies zwangsläufig zu Fehlentwicklungen. Diese Entwicklungen schwächen das Sozialsystem, unterminieren die psychische Gesundheit der Bevölkerung und schaffen einen Gesundheitssektor, der die körperliche Gesundheit nur fragmentarisch erfasst, da ökosystemische Zusammenhänge gegenüber einseitigen pharmakologischen Eingriffen vernachlässigt werden. Eine Anwendung psychologischer Methoden durch politisch oder ökonomisch einflussreiche Akteure unter Zuziehung psychologischer Beratergruppen mit negativen Begleitwirkungen auf das Sozialsystem kann man mit dem Begriff „Psychokratie" umschreiben.

Geschichts- und gesellschaftswissenschaftliche Zugänge

Krisen und Katastrophen führen zu gesellschaftlichen Destabilisierungen. In derartigen Zeiten ist eine enorme Wachsamkeit geboten, um mögliche Anfänge einseitiger Fehlentwicklungen, die sich ideologisch zuspitzen können, rechtzeitig zu identifizieren. Aus diesem Grund möchte ich kurz auf die Analysen der Philosophin Hannah Arendt (1955/2021) eingehen, die im Detail Entstehungsbedingungen ideologischer Verengung bis hin zu totalitären Systemen analysierte. Mir geht es hierbei um die Identifizierung früher Anzeichen und Ausgangsbedingungen für mögliche Fehlentwicklungen, um alle Kräfte zu stärken, die ein teilhabeorientiertes, demokratisch und pluralistisch verfasstes Gemeinwesen stärken. Hannah Arendt fragt, was Menschen anfällig für Propaganda, Fehlentwicklungen, Einseitigkeit, ideologische Verblendung bis hin zu totalitären Bewegungen macht. Ihr gemäß könnte man folgende Voraussetzungen für eine Verführbarkeit der „atomisierten Massen" durch Propaganda ausmachen: entfremdende Lebensbedingungen und Vereinzelung, Mangel an persönlicher Sinngebung und schwache soziale Bindungen – kurz gesagt Kontaktlosigkeit und Entwurzelung. Mit entsprechenden systematisch geförderten Scheuklappen können dann ideologisch verblendete Paradiesvorstellungen entstehen. Es mangelt an Realitätskontrolle, und zur Erreichung der Ziele erscheinen immer drastischere Maßnahmen als alternativlos. Hannah Arendt (1955/2021, S. 977) spricht von einer Verlassenheit, wenn die gemeinsam bewohnte Welt auseinanderbricht und miteinander verbundene Menschen plötzlich auf sich selbst zurückgeworfen sind. Verlassene Menschen sind nicht nur von den anderen

Menschen und der Welt verlassen, sondern auch vom eigenen Selbst, sie sind unfähig, die von anderen nicht mehr bestätigte Welt aufrecht zu erhalten.

Hier begegnet die historisch-sozialwissenschaftliche Analyse der tiefenpsychologisch-psychiatrischen: Während der tiefenpsychologische Blick die Beschädigung der Identität in der Biografie nachverfolgt, analysiert der sozialwissenschaftliche Blick die gesellschaftlichen Bedingungen, die zur Atomisierung, Verlassenheit und Heimatlosigkeit der Menschen, zur Realitätsflucht der Massen und zur Anfälligkeit für Heilsversprechen führt – für das Versprechen einer in sich stimmigen Welt, in der aber doch nur eine starre Ideologie eine absolute Stimmigkeit verbürgt, was letztlich ins Verderben führt. Allerdings betont Hannah Arendt (1955/2021, S. 806–811), dass die Eliteverbände – sie setzen innerhalb einer Bewegung die Maßstäbe der äußersten Radikalität – nicht an die Richtigkeit der ideologischen Klischees zu glauben brauchen. Die Mentalität ideologisch verblendeter Eliten sei kein Produkt der Massenkatastrophen und könne nicht einfach mit sozialer Wurzellosigkeit und politischer Anarchie erklärt werden. Hier käme eine sorgfältige Erziehung ins Spiel, die eine künstlich gezüchtete Unfähigkeit erzeuge, Wahrheit von Lüge zu unterscheiden. Was die der Ideologie unbedingt Ergebenen wirklich miteinander verbinde, sei die Überzeugung von der Allmacht des Menschen. Hier trifft die historische Analyse wieder auf die psychoanalytische: Narzisstische Allmachtsphantasien spielen bei der Etablierung und Aufrechterhaltung totalitärer Systeme eine wichtige Rolle.

Ich möchte nicht behaupten, dass die derzeitige politische Situation annähernd totalitäre Züge trägt. Wenn man die Analysen zu totalitären Systemen wie Hitler-Deutschland oder Stalin-Russland genauer studiert, sieht man eine von einem Machtzentrum ausgehende Organisationsstruktur, die in konzentrischen Kreisen alle Lebensbereiche durchdringt und maßgeblich auf gegenseitiger Bespitzelung, Entmachtung der nur noch zum Schein aufrechterhaltenen staatlichen Strukturen und umfangreichem Terror mit Säuberungsaktionen und industriell organisierten Massenmorden beruht. Bei diesen Massenmorden wird die Existenz der Ermordeten völlig ausgelöscht. Hanah Arendt (1955/2021, S. 946) betont, dass es wichtig sei, sich darüber klarzuwerden, dass das spezifisch Unerhörte der totalitären Bewegungen des 20. Jahrhunderts nicht durch Parallelen mit der Vergangenheit wegzuerklären sei. So muss man vorsichtig sein, die Analysen der Entstehung totalitärer Bewegungen auf die heutige Zeit zu übertragen.

Die nachfolgenden Gedanken sind Versuche einer Annäherung an ein Verständnis der in der Pandemie vorherrschenden merkwürdig kohärenten Narrative. Der Ideologie der Narrative liegt meiner Auffassung nach ein technokratisches Weltbild zugrunde, das gerade das Wesentliche des Menschen: sein handelndes in Beziehung sein mit anderen, das heißt seine *bezogene Individualität* ausblendet.

Wir schauen bei der Vergangenheitsbewältigung viel zu sehr auf die Inhalte der schrecklichen totalitären Systeme des 20. Jahrhunderts und zu wenig auf die zugrundeliegenden strukturellen Voraussetzungen. Die ideologischen Inhalte sind austauschbare Fiktionen. Obwohl ich in keiner Weise dramatisieren möchte, sehe ich in der aktuellen Krise ideologisch eingeengte Lösungsansätze. Und ich sehe die Gefahr, dass durch technische Innovationen, radikal veränderte Kommunikationsmöglichkeiten und globale Strukturwandelprozesse in ihrer Zugehörigkeit verunsicherte Menschen anfällig werden,

Heilsversprechen zu glauben, wenn aus dieser Verunsicherung nicht eine neue Kultur der Verbindung, Beziehungsgestaltung und Identitätsentwicklung hervorgeht. *Das bedeutet, die Anstrengungen zur Förderung der psychosozialen Gesundheit vom frühesten Lebensalter an können ein Bollwerk gegenüber jeglicher ideologischer Verblendung und scheinbar stimmigen Scheinlösungen bilden.* Zugleich halte ich einen sehr genauen Blick auf die institutionalisierte Bildung und Erziehung für bedeutsam, insbesondere in Bezug auf die Gefahr einer Unterwanderung durch digital verbreitete Beeinflussung. Korrumpierbarkeit in den Institutionen der Bildung und Wissenschaft entsteht nicht nur durch materielle Anreizsysteme (Drittmitteleinwerbung in der Wissenschaft), sondern insbesondere auch durch die Verbreitung von Narrativen, die den kritischen Dialog begrenzen. Das rasche Framing von Coronamaßnahmekritik als rechte Verschwörungsideologie und die Androhung von Ausgrenzung und Degradierung leistet einer ideologischen Engführung Vorschub. Aus diesem Grunde ist es so wichtig, Nudging-Strategien genau zu analysieren und hierbei auch die neuen digitalen und durch Künstliche Intelligenz (KI) gesteuerten Möglichkeiten zu verstehen, inklusive der Machtverhältnisse (siehe Kap. 6 und 7), die bestimmten Akteuren einen besonderen strategischen Zugriff erlauben.

Als pseudowissenschaftliches Heilsversprechen könnte sich beispielsweise das Bild einer Zukunft erweisen, die restlos von krankmachenden Atemwegsviren, zumindest von Sars-Cov-2, gesäubert ist (Null-Covid-Strategie), obgleich überhaupt nicht geklärt ist, ob man ein derartig in der Weltbevölkerung verbreitetes Virus überhaupt wieder loswerden kann und ob es darüber hinaus keine Reservoire in Tieren gibt. Um den Null-Covid-Zustand oder ähnliche Ideale zu erreichen, werden dann immer mehr Nebenwirkungen der Säuberungsmaßnahmen in Kauf genommen. Die Frage bleibt, ob Akteure einer so gearteten Verbreitung von Narrativen eher mit psychiatrischen Kategorien wie Narzissmus, unverarbeiteter Traumatisierung/Vernachlässigung oder mit politischen Kategorien der ideologischen Verblendung oder einer Indoktrination mit einseitig materialistischen wissenschaftlichen Ideologien oder interessegeleiteter Propaganda beschrieben werden können. Oder ob es sich schlichtweg um Korruption handelt.

Tiefenpsychologische Überlegungen zum Stellenwert von Gier, Angst, Ohnmacht und vermiedener Trauer

Um die oben dargestellten Gedanken von Maaz (2021) weiter zu vertiefen, möchte ich zunächst auf eine 2017 erstmals publizierte, psychoanalytisch fundierte Filmrezension von Rohde-Dachser (2021) eingehen: Es geht um den 2011 im Original unter dem Titel „Margin Call“ erschienen Film „Der große Crash“, in dem Vertreter einer Wall Street Bank sich zu der Entscheidung durchringen, zur Abwehr ihrer Insolvenz ihre toxisch gewordenen Wertpapiere unter Vorspielung falscher Tatsachen an einen großen Kundenkreis zu verkaufen. Welches Los die Kunden teilten, die durch den Kauf in den Ruin getrieben wurden, erwähnt der Film lediglich am Rande. In ihrer Interpretation geht Rohde-Dachser darauf ein, wie finanzielle Objekte in manischer Überhöhung zu phantastischen Objekten werden können, die suggerieren, den sehnlichsten Wunsch des Menschen zu erfüllen, nämlich „genau das zu bekommen, was er sich wünscht, genau dann, wann er es sich wünscht, verbunden mit dem Gefühl der Allmacht" (ebd., S. 330), eine erregende Phantasie, die sonst nur in Liebesromanzen entstehe. Früher oder später müssten sich jedoch die Phantasien und die grandiosen Gewinnerwartungen als unrealistisch erweisen. Wo Ende des letzten Jahrhunderts noch die hemmungslose *Gier* im Vordergrund stand, sei es inzwischen der *Affekt der Angst*, der immer mehr in den Vordergrund trete. Als im Film Gerüchte vom drohenden Ruin und von irrtümlichen Entscheidungen aufkommen, wird die – weltweit häufig angewendete – Maßnahme ergriffen, den Urheber des Gerüchts so schnell wie möglich aus der Organisation zu entfernen. Zur moralischen Legitimation des weiteren Vorgehens wird alsdann, und auch das ist für Rohde-Dachser psychologisch schlüssig dargestellt, eine Deckgeschichte entwickelt, um sich der Angst vor der existenziellen Grundfrage nach der menschlichen Vergänglichkeit nicht stellen zu müssen: „Wir werden schlauer sein als die anderen […] Wir verkaufen, wie wir das seit Jahr und Tag getan haben." (ebd., S. 336) Die Notwendigkeit zu überleben rechtfertige in dieser Deckerzählung jeden Betrug. Die Bankmitarbeiter folgen in dieser Angst bereitwillig der Führungsfigur. In einem weiteren Interpretationsbogen sieht Rohde-Dachser den Film als Sinnbild für den postmodernen Menschen, der irgendwann von Angst und Depression eingeholt werde: Wenn die Musik verstumme und die Größenphantasien nicht mehr aufrecht zu halten seien, dann zeigten sich Gefühle der Vergeblichkeit, Einsamkeit, Trauer, Verlassenheit, Heimatlosigkeit, Verzweiflung, Schuld und Angst, wobei jedoch im Mainstream-Diskurs der Postmoderne die Gefahr bestünde, diese Gefühle in den Bereich der psychiatrischen Krankheitssymptome zu verweisen. *Für Gefühle der Trauer gebe es in der modernen Gesellschaft keinen Container.* Die Erkenntnis, dass der Mensch auch in Zeiten der Postmoderne nicht Gott sei, sondern nach wie vor unvollkommen, abhängig, schuldig und sterblich, sei notwendig, um nicht phantastischen Heilsversprechen zu erliegen.

Hier möchte ich den Bogen zur Coronakrise schlagen: So, wie der Umgang mit Tod und Sterben meiner Auffassung nach seit Jahren nur verhalten thematisiert wird, scheint es auch einen *Mangel an existenzieller Auseinandersetzung mit der Begrenztheit unserer Einfluss- und Handlungsmöglichkeiten* angesichts des Todes zu geben. Themen, die einen breiteren öffentlichen Raum einnehmen, sind beispielsweise Fragen der aktiven und passiven Sterbehilfe oder des assistierten Suizids, das heißt wir stellen Überlegungen darüber an, wie wir sogar vor dem Unausweichlichen das Heft des Handelns in der Hand behalten können: Der Ohnmacht angesichts des Todes setzten wir ein aktives selbstbestimmtes Handeln entgegen. Zugleich wird gerade jetzt in der Coronakrise der Kampf gegen den Tod auf Intensivstationen medial bildlich immer wieder in Szene gesetzt – und wer hinguckt, sieht, dass dort alle Selbstbestimmung ein Ende hat. Die Patienten befinden sich in einem Zustand der völligen Abhängigkeit von apparativ technischen Interventionen, wobei die Kontakteinschränkungen im Zusammenhang mit Hygienemaßnahmen die Einsamkeit beim Sterben in Institutionen noch einmal potenziert haben. Übrig bleibt die bange Hoffnung, dass durch künstliches Koma und maschinelle Beatmung der schreckliche Tod durch Ersticken verhindert wird. Der Abschied vom eigenen Leben und den Angehörigen hat keinen Raum mehr. Wie schon Rohde-Dachser (2021) formulierte, gibt es auch hier keinen Container für gemeinschaftlich geteilte Gefühle der Trauer, stattdessen entstehen *sprachloses Entsetzen* und der Wunsch, dass die *gesundheitstechnische Expertise* eine Wendung herbeiführt. So wie die Impfung oft als wichtigstes Mittel in der Pandemie dargestellt wird und demgegenüber alternative Handlungsmöglichkeiten der Prävention vernachlässigt werden, so werden auch am Lebensende die persönlichen, kulturell geprägten, eigenwilligen Umgangsweisen mit Gesundheit, Krankheit und Tod einem einheitlichen, leitliniengeprägten, international ähnlich anzuwendenden technokratischen Interventionsmodell unterworfen. Impfung und Intensivmedizin sollen weltweit einer durch Lockdownmaßnahmen und Angst verunsicherten Gesellschaft Schutz vor der unsichtbaren Gefahr bieten. Hinzu kommt, dass die ambulanten Behandlungsmöglichkeiten im Vorfeld einer Krankenhauseinweisung derzeit (Stand Ende 2021) in Deutschland nicht ausgeschöpft werden. In vier Interviews, auf die ich aus Datenschutzgründen hier nicht genauer eingehe, wurde mir berichtet, dass Covid-19-Kranke aus Risikogruppen (drei von vieren waren über 60 Jahre alt und teils mit zusätzlichen Risikofaktoren wie Adipositas, schwerer neurologischer Behinderung oder Alleinleben belastet) oder „Verdachtsfälle" weder ihre Hausarztpraxis aufsuchen sollten, noch telefonische Begleitung oder gar ärztliche Hausbesuche erhielten. Bei zwei Interviews wurde mir geschildert, dass alleinlebende Covid-Kranke in psychischer und körperlicher Not am Wochenende einen Notarzt anriefen, der sie nicht aufsuchte. Gemäß Shankara Chetty, einem beeindruckenden Arzt indischer Abstammung aus Südafrika, der seine Erfahrungen aus der Behandlung mit inzwischen Tausenden Coronakranker gewonnen hat, gibt es sehr wohl im ambulanten Vorfeld medizinische Interventionsmöglichkeiten mit hoher Wahrscheinlichkeit, einen schweren Verlauf zu verhindern. Solche Optionen sind jedoch auch mehr als sechs Monate nach Bekanntwerden noch nicht in größeren Studien untersucht wurden (vgl. Black 2021). Der World

Council for Health (2021) stellt eine Übersicht über (zumeist nicht in großen Studien verifizierten, aber in ärmeren Ländern angewandten) Behandlungsmethoden für den ambulanten Bereich zur Verfügung. Es ist ein Problem der ansonsten vertrauenswürdigen evidenzbasierten Medizin, dass die Praxis ärmerer Länder seltener ihre volle Aufmerksamkeit findet. Dort entwickelte vielversprechende Behandlungsansätze mit patentfreien Arzneimitteln werden bisweilen nur sehr zögerlich in größeren Studien untersucht und erhalten nicht so schnell Eingang in evidenzbasierte Leitlinien wie neue pharmakologische Entwicklungen großer Unternehmen.

Meiner Auffassung nach gibt es gerade im Gesundheitssystem *Allmachtsphantasien* bei gleichzeitiger Ausblendung der eigenen Begrenztheit, Unvollkommenheit und Sterblichkeit. Der Affekt der Angst und die ausgeblendete Notwendigkeit, sich von Größenphantasien zu verabschieden führen zu immer drastischeren Maßnahmen, die Verzweiflung, Ohnmacht und Angst übertönen, sich an Leitfiguren orientieren und eine realistische Auseinandersetzung mit der eigenen Sterblichkeit und mit Trauerprozessen in den Hintergrund drängen. Angesichts der engen Verflechtung von Gesundheitssystem und Finanzwirtschaft, die ganz besonders bei der Pharmaindustrie deutlich wird, sind gerade im Zusammenhang mit pharmakologischen Maßnahmen und Impfungen Parallelen der Hintergrunddynamik zwischen beiden Systemen nicht überraschend. Wenn also die „Durchimpfung der gesamten Weltbevölkerung" als Lösungsvision in der Coronakrise möglicherweise durch Allmachtsphantasien getriggert wird, dann müssen Impfgegner verfolgt und aus dem Mainstream-Diskurs entfernt werden. Impfnebenwirkungen dürfen dann nicht proaktiv im Detail untersucht, sondern allenfalls durch aktive Meldung Betroffener und Ärzt*innen erhoben werden – von der Möglichkeit, den etwaigen Zusammenhang zwischen Tod und Impfung durch Obduktionen genauer zu verifizieren, lässt man lieber die Finger. Die Lösungsstrategie darf nicht angezweifelt werden. Denn die *Illusion der Kontrolle* und der Kompetenz der „Macher“ muss aufrechterhalten bleiben. Die Verflechtungen zwischen einer zunehmend in Schieflage geratenen Finanzwirtschaft, global agierenden Medienkonzernen und dem Gesundheitswesen werden dethematisiert. Die psychischen Folgen der Maßnahmen werden zwar gesehen, aber an das (derzeit insbesondere in Bezug auf Kinder und Jugendliche völlig überforderte) psychiatrische Hilfesystem delegiert. Die tiefere gesellschaftliche Auseinandersetzung mit Vergänglichkeit, Trauer, Ohnmacht und Schuld wird verhindert. Beim Framing von Impfungen und Lockdowns als weltweit „alternativlose“ Maßnahmen behalten führende Expert*innen, Politiker*innen und Milliardär*innen *die Kontrolle.* Und was die Schuld am fortgesetzten Grassieren des Virus anbelangt, so wird sie auf die Maßnahmengegner projiziert.

9 Aktuelle biotechnologische Entwicklungen und mRNA-Impfstoffe

In diesem Kapitel soll am Beispiel der gentechnischen Durchbrüche im Zusammenhang mit der CRISPR-Cas9-Technologie erläutert werden, warum in diesem Jahrtausend bisher die Gentechnologie einen derartigen Aufschwung erlebt hat. Die enormen medizinischen Hoffnungen, die sich mit diesen Technologien verbinden, stießen vor einigen Jahren noch auf starke Skepsis in der Bevölkerung. Dies hat sich während der Pandemie deutlich verändert. Breite Kreise lassen nunmehr große Hoffnungen auf gentechnologisch hergestellten mRNA-Impfstoffen ruhen. Meine Ausführungen dienen dazu, die Verschränkung zwischen bahnbrechenden Technologien, wirtschaftlichen Interessen, militärischen Gefahren und gesellschaftlichen Veränderungen zu analysieren. Hoffnungen auf technokratische Interventionen tragen dazu bei, den Stellenwert sozialer Interaktionen für die menschliche Potentialentfaltung aus den Augen zu verlieren. Sie verschieben auch die Gewichte in der Forschungsförderung und universitären Ausbildung sowie bei der finanziellen Unterstützung von Projekten vor Ort. Für die psychische Gesundheit ist das von Belang.

„Science, and technology, has the potential to erode our capacity for introspection …“ (Kozubek 2018, S. 5). Einführend möchte ich zunächst weiter ausholen und die Frage stellen: Was haben die biotechnologischen Entwicklungen dieses Jahrtausends überhaupt mit psychischer Gesundheit zu tun? In der

Einleitung zum Tagungsband „Upgrades der Natur, künftige Körper" heißt es:

> „Rasant wachsende Möglichkeiten zur Manipulation des menschlichen Erbguts und Körpers, zur ‚Optimierung der Natur' und zur Fremd- und Selbstgestaltung des Menschen, machen die [...] Auseinandersetzung mit diesen naturwissenschaftlich-technischen und medizinischen Innovationen unverzichtbar und gesellschaftlich relevant" (Sahinol et al. 2020, S. VI).

Dies betrifft nicht nur körperliche Manipulationen, sondern weckt, wie Kozubek (2018, S. XII) ausführt, auch zunehmend die Erwartung, neuropsychiatrische Störungen durch gentechnische Manipulationen zu eliminieren. So spendete beispielsweise der „Philantrop" Ted Stanley 650 Millionen US Dollar an das Broad Institute zu dem Zweck, mit dem Geld die (genetischen) Ursachen neuropsychiatrischer Störungen, insbesondere Schizophrenie und manisch-depressive Störungen zu erforschen. Im Zusammenhang mit der *Erforschung genetischer und neurobiologischer Grundlagen der Schizophrenie* wurde die These entwickelt, dass überschießendes synaptisches Pruning eine (Teil-)Ursache für die Schizophrenie sein könnte. Synaptisches Pruning ist ein normaler Vorgang während der Kindheit und Adoleszenz, bei dem überflüssige, wenig genutzte Synapsen (Verbindungen zwischen Nervenzellen) entfernt werden. Bei der Erkundung genetischer Ursachen der Schizophrenie wird nach der genetischen Ursache für dieses überschießende Pruning und nach Veränderungen im Stoffwechsel des Neurotransmitters Dopamin gefahndet. Zugleich kam die These auf, dass die Schizophrenie durch in das Genom integrierte Viren (mit-)verursacht sein könnte (Kozubek 2018, S. 175 ff.).

Insbesondere die neue Genschere, die *CRISPR-Cas9 Technologie*, die in diesem Kapitel erläutert wird, weckt auch in psychiatrischen Arbeitsfeldern ungeheure technokratische Hoffnungen, sich in die Genetik psychotischer Störungen „einzuhacken“ und die „Black Box“ Schizophrenie zu öffnen. Hierbei setzt man auf einseitig biologische Erklärungsansätze, um psychiatrische Erkrankungen zu verstehen und zu behandeln. Man müsse diesbezüglich jedoch realisieren, so Kozubek (2018), dass bereits im Kernbereich der Gentechnik erhebliche Unsicherheiten bestehen, wenn man einzelne Gene gezielt manipulieren will, denn:

- Ein Gen hat häufig drei bis vier unterschiedliche Funktionen.
- In unterschiedlichen Zellen können sich völlig unterschiedliche Effekte einstellen.
- Gene können je nach konkreter zellulärer Umgebung verstärkende oder abschwächende Effekte haben.
- Gemeinsam mit anderen genetischen Varianten können sich wiederum neue Effekte ausbilden.
- Bei der Vielzahl unserer Gene kann es dazu kommen, dass die Gensequenzen, die manipuliert werden, in gleicher Form in anderen Bereichen des Erbgutes vorkommen und ebenso wie das Zielgen bei einem Eingriff beeinflusst werden.

Viele gentechnische Studien zu möglichen pharmakologischen Anwendungen ließen sich nicht replizieren und es bestehe die Gefahr, dass bei unterschiedlichen Erklärungsmöglichkeiten, zumal bei Publikationsdruck und Gewinnerwartungen, die Auswertung von wissenschaftlichen Ergebnissen sehr subjektiv und oft auch dogmatisch werden könne (Kozubek 2018). Wissenschaftliche „Absolutisten“ versuchten dann mithilfe plausibler Narrative – basierend auf einer Betrachtung von dekontextualisierten Einzelheiten gepaart mit Geschäftsinteressen – unser Leben zu regulieren. Der gesunde Menschenverstand, intuitives Erfassen und unbewusste Erkenntnisse würden in diesem Zusammenhang zunehmend als unzuverlässig gebrannntmarkt.

Nur datenbasierten Erkenntnissen wird in diesem Verständnis Wissenschaftlichkeit zuerkannt. Daten beruhen jedoch immer auf festgelegten Kategorien, die gerade innerhalb des Rahmens der leitenden Narrative von definitionsmächtigen Akteuren erzeugt werden. Oft kommt die Introspektion hierbei zu kurz, die die Grenzen der gewonnenen Erkenntnisse und das begrenzte Anwendungsfeld reflektiert. Erst wissenschaftliche Revolutionen bringen dann ganz neue Zusammenhänge zu Tage und erzeugen die Notwendigkeit, neue Kategorien zu bilden oder Daten neu zu kontextualisieren.

Versucht man, die Entstehungsbedingungen psychischer Erkrankungen umfassender zu verstehen, so stößt man neben den genetischen Einflüssen auf zahlreiche andere Faktoren, die deutlich weniger mit Forschungsmitteln untersetzt werden, obwohl auch hier sehr gute Daten vorliegen. So werden in Deutschland beispielsweise jährlich 10.000 Kinder mit Fetalen Alkoholspektrumstörungen geboren, einer lebenslangen schweren Beeinträchtigung, die durch Alkoholexposition im Mutterleib entsteht. Hier findet man erstaunlich wenig präventive Anstrengungen; die betroffenen Menschen werden oft lebenslang verkannt, stigmatisiert und ausgegrenzt, bis hin zur nicht seltenen Inhaftierung im Erwachsenenalter (Jost 2020). Weiterhin spielen Stressbelastungen während der Schwangerschaft und in der frühen Kindheit eine wichtige Rolle für die psychische Gesundheit. Sie beeinflussen auch epigenetische Phänomene (die längerfristige Stummschaltung oder Aktivierung bestimmter Gensequenzen) (vgl. Stonawski et al. 2017), sodass die Konsequenz hieraus wäre, Belastungen für Schwangere und junge Familien erheblich zu reduzieren und entschlossener gegen Kindeswohlgefährdungen vorzugehen. So gibt es umfangreiche Erkenntnisse zu den Folgen von früher Traumatisierung und Vernachlässigung. Daher sollten doch erhebliche Ressourcen in das emotional sichere Aufwachsen von Kindern in Familien und gut personell ausgestatteten Kindereinrichtungen fließen. Auch hier scheint es während der Pandemie bei zuvor schon unbefriedigender Situation zusätzliche Einbußen gegeben zu haben und knappe kommunale Kassen bedingen dann wiederum eine Verzögerung bei der Durchsetzung von Personalschlüsselstandards in Kindertageseinrichtungen. Auch die Zuwächse bei den Meldungen zur Kindeswohlgefährdung sollten sehr ernstgenommen werden.

Die neueren Erkenntnisse zur Epigenetik haben zwar zu umfangreichen Forschungen mit bahnbrechendem neuen Wissen zur Genregulation geführt, die ich hier nicht kleinreden möchte: Es werden zukünftig immer gezieltere gentechnische Eingriffe mit „Genschaltern" möglich sein, bei denen man mit Pharmaka oder auch durch Licht die Feinsteuerung gentechnischer Interventionen feinjustiert, um überschießende Reaktionen des Immunsystems in den Griff zu bekommen. Auf einige dieser Entwicklungen werde ich unter Rückgriff auf Kozubek (2018) im Folgenden genauer eingehen. Sie werden in der Behandlung von schweren Störungen, die auf Gendefekten beruhen, und für die Krebsbehandlung perspektivisch auch neuropsychiatrisch bedeutsam werden: zum Beispiel bei Therapieoptionen gegen das äußerst bösartige Glioblastom, bei neueren Eingriffen bei schwersten Depressionen oder bei der Parkinsonschen Erkrankung. Das Glioblastom hat als ausgesprochen bösartiger Gehirntumor auch eine psychiatrische Bedeutung. Dennoch besteht ein zunehmendes Ungleichgewicht zwischen finanziellen Ressourcen, die in biologische Behandlungsoptionen gehen, und den Ressourcen, die bei knappen Kassen der Kommunen für die Unterstützung von Ungeborenen und Kindern in potenziellen Gefährdungssituationen zur Verfügung stehen. Erstere sind mit privatwirtschaftlichen Gewinnen assoziiert (für die jedoch die solidarischen Sozialversicherungen wieder zur Kasse gebeten werden), letztere werden nur als kommunale oder staatliche Ausgabenposten wahrgenommen.

Wenn die finanziellen Ressourcen – wie seit den 2000er Jahren bereits erheblich gesteigert und nun noch einmal im Zuge der Pandemie gebündelt – vornehmlich in gentechnologische und virologische Forschungen investiert werden (vgl. auch Kozubek 2018), fehlen sie an anderer Stelle. Die wissenschaftlichen Publikationen folgen diesen Geldströmen, sodass auch Erkenntnisse vornehmlich in den finanziell gut unterfütterten Gebieten vorangetrieben werden. Dies hat enorme Auswirkungen auf die Finanzierung von nicht technokratischen, teilhabeorientierten Projekten, auf die universitäre Wissensvermittlung an angehende Ärzt*innen und andere medizinische Fachkräfte.

Auch laufen wir Gefahr, gentechnische Einflussnahmen zu propagieren, die den Blick einseitig nur auf die mit einem Gen einhergehenden Risiken lenken und dabei die eventuell auch mit einer Neigung zur Psychose einhergehenden besonderen

Gaben im Hinblick auf tiefe Einsichten, kreative Denkprozesse oder neue Perspektiven auf die Wirklichkeit zu vernachlässigen. Bei gleicher genetischer Ausstattung bricht die Psychose auch bei eineiigen Zwillingen nicht immer bei beiden aus; Risikogene können auch andere Fähigkeiten beeinflussen. Hier wären eindimensionale Einflussmöglichkeiten differenziert abzuwägen.

Mit der neuen CRISPR-Cas9-Technologie verbinden sich nun erneut milliardenschwere Geschäftsmodelle, wie die umfangreichen gerichtlichen Auseinandersetzungen um Patentierungen zeigen. Kozubek (2018) führt dies – beginnend mit dem Kapitel „Cripr, Cas and Capitalists" – detailreich aus. Nach 1945 setzte ein starker Wettbewerb der Nationen um die Ergebnisse der Molekularbiologie, der Mikrobiologie und der seit den 1970er Jahren immer einflussreicher werdenden Gentechnik ein. Biotechnologische Innovationen wurden zunehmend durch robuste Forschungsförderung im Zusammenwirken von Universitäten und großen Unternehmen unterstützt und institutionalisiert. „Scientific Communities" mit Peer-Review-Begutachtungen von Publikationen in einflussreichen Journalen bildeten definitionsmächtige Strukturen, was ja zunächst einmal der Qualitätsverbesserung diente, bei Verflechtungen mit milliardenschweren Geschäftsmodellen aber auch missbrauchsanfällig ist. Ab den 1980er Jahren begann in den USA die Patentierung gentechnischer Verfahren in großem Umfang, zahlreiche pharmakologische Anwendungen entstanden. Seit Mitte der 1970er Jahre hatten bereits die gesellschaftlichen Diskussionen und die Warnungen von Wissenschaftlern vor den Gefahren der Gentechnik zugenommen, insbesondere vor einer Manipulation der menschlichen Keimbahn, das heißt einer Beeinflussung von Ei- und Samenzellen oder Embryonen. Im Zuge von Todesfällen bei gentechnisch behandelten Kindern mit schweren Erbkrankheiten wurden Moratorien verhängt, zugleich machten aber immer wieder Meldungen aus verschiedenen Regionen der Welt Furore, dass man an der Klonierung von Menschen und an gentechnischen Manipulationen von befruchteten oder nicht befruchteten Eizellen arbeite. In den 2000er Jahren begann die Transhumanismusdebatte an Fahrt zu gewinnen, die unter anderem die Vorstellung eines frühen genetischen Enhancement von Embryonen umfasste. Dieser Transhumanismusrichtung wird von manchen Publizisten eine Nähe zu eugenischen Theorien nachgesagt.

Im Zusammenhang mit den Grenzen der gentechnischen Einflussmöglichkeiten wird intensiv über ethische Standards diskutiert, hierbei stehen die folgenden Aspekte im Fokus:

- Sicherheit und Vermeidung von schweren Nebenwirkungen (z. B. Krebsentstehung) und von Todesfällen.
- Keine Förderung von Diskriminierung und Monitoring der Positionierung bestimmter Gruppen.
- Fairer Zugang zu neuen Technologien. Dies wiederum erzeugte große Diskussionen mit Versicherungsträgern, da die neuen präventiven Interventionen enorm teuer sind.

Erstaunlich wenig wurde bei den ethischen Standards über die Opportunitätskosten debattiert, dass die Geldsummen, die in das humane Genomprojekt, in die Datenbanken zur Erfassung der genetischen Variabilität, in die gentechnischen Manipulationsmethoden und in die virologische Forschung fließen, an anderer Stelle nicht zur Verfügung stehen. Man erwartet ja aus diesen Entwicklungen erhebliche Profite, die dann allerdings aus dem gemeinschaftlich finanzierten Gesundheitssystem abfließen. Eine Euphorie, dass diese Investitionen in die Gesundheit lohnenswert sind, scheint weltweit die Entscheidungsträger erfasst zu haben.

Mit der *CRISPR-Cas9 Technologie*, die die gentechnische Manipulation der pflanzlichen, tierischen und menschlichen DNA erheblich vereinfacht und viel schwerer erkennbar macht, sind diese Diskussionen noch einmal neu zu verorten. Phantasien und Möglichkeiten von gentechnischer Einflussnahme auf Risikofaktoren für die Alzheimerdemenz (APO E4), auf erbliche Formen der Erblindung, auf erhöhte Blutfette mit dem Risiko der Entstehung von Herzinfarkten oder auf erbliche Formen des Brustkrebses (BRCA 1 und 2) werden angefacht. Im Hintergrund entstehen milliardenschwere Patente und Gewinnerwartungen. Um die neuartige Genschere in die Zellen zu transportieren, braucht es Transportvehikel wie zum Beispiel Viren, sodass auch die Virologie von diesem Boom erheblich profitiert. Besonderen Auftrieb hat die Krebsbehandlung bekommen. Hatte man zuvor bereits begonnen, mit außerhalb des Körpers gentechnologisch „scharf gemachten" körpereigenen T-Zellen (CAR-T-Zellen) entartete Krebszellen aufzuspüren und für den Angriff des eigenen Immunsystems zu markieren, so hat die CRISPR-Cas9-Technologie diese Entwicklungen erheblich beschleunigt. Krebsbefördernde Gene können im menschlichen Genom nun viel besser aufgespürt werden und neue Formen der Impfungen gegen Krebs entstehen. Bei den Viren, die hierbei als Transportvehikel Viren (z. B. entschärfte Polioviren) eingesetzt werden, um die gentechnisch erzeugten Erbinformationen in die menschlichen Zellen zu transportieren, handelt es sich z. B. um entschärfte Polioviren. In aktuellen Entwicklungen werden diese Eingriffe zusätzlich durch RNAbasierte „Genschalter" untersetzt, die eine noch genauere

Steuerung und eine Begrenzung von überschießenden Immunreaktionen versprechen (Kozubek 2018). So hat die Forschung an RNA und an einer durch modifizierte RNA möglichen Beeinflussung der Genablesung derzeit eine hohe Bedeutung.

Zugleich wächst die *Angst vor militärischer und terroristischer Anwendung* dieser „Wunderwaffen“, was sich auch in den Health Security Strategien der WHO (s. Kap 5) widerspiegelt:

> „The US military started a program called Safe Genes to gene modify organisms to be used in battle and anti-Crispr tools to disable bio-weapons. ‚Mail-Order Crispr Kits Allow Absolutely Anyone to Hack DNA‘, declared the headline of November 2017 article in Scientific American“ (Kozubek 2018, S. IX).

Die militärische Bedeutung der Gentechnik wurde allerdings schon viel früher erkannt. Hierbei spielte auch die Virologie eine wichtige Rolle. Von Beginn an nutzten gentechnische Manipulationen Viren als Überträger von Erbinformationen zwischen Bakterienzellen und später zwischen tierischen und menschlichen Zellen. Einen rasanten Aufschwung nahm zugleich die „Gain of Function Forschung“ in der Virologie: Viren wurden zu Forschungs- und „Verteidungszwecken“ durch Neukombinationen so verändert, dass sie ansteckender oder tödlicher wurden oder mit dem Immunsystem auf neue Weise interagierten. Den Präsident Eisenhower zugeschriebenen Begriff des „militärisch-industriellen Komplexes“ ergänzte bereits Ende der 1960er Jahre Senator Fulbright durch „military-industrial-academic complex“, um vor der zunehmenden Vereinnahmung von Wissenschaft durch militärische Interessen zu warnen.

Nur eine breite gesellschaftliche und sozialpsychiatrische Diskussion über die leitenden Narrative und Interessen kann verhindern, dass die gentechnischen Manipulationsmöglichkeiten im Rahmen einer von angeblich allgemeingültigen Nützlichkeitskriterien geprägten Ethik von mächtigen Akteuren missbraucht werden, sei es, um Geschäftsfelder zu bedienen oder militärische Agenden zu verfolgen. Gerade auch vor dem Hintergrund der bereits thematisierten, in Machtverhältnisse eingebetteten Nudging-Aktivitäten ist äußerste Vorsicht geboten, wenn es darum geht, den Menschen zu optimieren. Wer erhält hier Mitspracherecht über die Ziele und Grenzen? Wer setzt wirkungsvolle Narrative in Gang? Wie werden Menschen mit ihren besonderen Anliegen Gehör finden, die gesellschaftlich weniger wirkmächtig sind und aufgrund intersektionaler Benachteiligungen wenig im Fokus stehen? Welche Manipulationen psychischer Funktionen sind überhaupt anzustreben, falls technische Möglichkeiten dies hergeben? Die Verminderung von Aggressionen? Die Zunahme von Vertrauen? Die Abnahme der Anfälligkeit für Psychosen oder Suchterkrankungen? Darf man hierzu auch das Erbgut und die Keimbahn manipulieren? Bislang sind Veränderungen der Keimbahn geächtet, allerdings hat 2018 bereits der chinesische Wissenschaftler He Jiankui die Welt in Aufregung versetzt, als er angab, Zwillinge so manipuliert zu haben, dass sie mit einer größeren Immunität gegen HIV zur Welt kamen.

Die synthetische Biologie macht derzeit nicht nur im Bereich der Gentechnik rasante Fortschritte. „Mit dem Beginn des 21. Jahrhunderts begann sich durch Entdeckungen und Entwicklungen in Feldern wie den Neurotechnologien und der Hirnforschung, der Gentechnik und synthetischen Biologie, der Prothetik und den Nanotechnologien auch unser Verständnis der Natur und des Menschseins zu ändern. Neue Ansätze und Verfahren, wie beispielsweise die Möglichkeit, Embryonen gentechnisch zu verändern oder über Hirnimplantate Depressionen zu unterdrücken bzw. Glücksgefühle hervorzurufen, führen uns das wachsende Potenzial zur ‚Optimierung' der Natur und zur Fremd- und Selbstgestaltung des Menschen deutlich vor Augen. Der als defizitär oder mängelbehaftet wahrgenommene biologische Körper erscheint zunächst in Zukunftsvisionen, zunehmend aber auch im Alltag als Cyborg, als Ersatzteillager oder als Objekt technischer Aufrüstung. Die „‚Natur des Menschen' wird durch gentechnische Eingriffsmöglichkeiten, Neuro- oder bionischen Prothesen, Chimären und andere technowissenschaftliche und medizinische Entwicklungen zunehmend umkämpft" (Sahinol et al. 2020, S. VII).

Besondere Anstrengungen gelten auch der Erforschung und Beeinflussung des menschlichen Alterungsprozesses. Diese Debatten wecken enorme Hoffnungen und beeinflussen perspektivisch die Auseinandersetzung mit „Tod und Sterben" erheblich, sie führen jedoch zu recht einseitig technokratischen Vorstellungen über Einflussmöglichkeiten. Im September 2021 waren die Wirtschaftsnachrichten voller Meldungen, dass der reichste Mann der Welt – Jeff Bezos – nun in die Biotech Firma Altos Labs investieren wolle, die sich das Ziel gesetzt hat, Zellen mithilfe von Proteinen so umzuprogrammieren, dass diese in den (unbegrenzt vermehrungsfähigen) Stammzellzustand zurückkehren. Hierbei will die Firma auch auf die Unterstützung des japanischen Nobelpreisträgers Shin'ya Yamanaka zurückgreifen. Der Alterungsprozess von Zellen ist seit einiger Zeit Gegenstand unterschiedlicher Forschungsansätze: Man versucht die Ursachen der Instabilität von Chromosomen in Körperzellen zu verstehen. Wenn es an deren Enden, den Telomeren, zum Verschleiß kommt und die Chromosomen sich dadurch verkürzen, wird die Zellteilung beeinträchtigt. Derartige Zellen üben auch Einflüsse auf die umliegenden Zellen aus. Diese Veränderung haben eine wichtige Bedeutung für den Alterungsprozess. Stammzellen besitzen besondere Eigenschaften, sodass sie sich unbegrenzt teilen können. Eine Umprogrammierung von Körperzellen in Stammzellen birgt jedoch das Risiko, dass sich unkontrollierte Vermehrungen als Krebszellen bilden. Auf der Mikroebene, den Genen, forscht man unter anderem an epigenetischen Prozessen, das heißt an den Einflussfaktoren auf die Ablesung von Genen[6]. Hierbei spielen strukturell räumliche Veränderungen der „Aufwicklung" der Gene zu größeren Strukturen bis hin zu den Chromosomen eine Rolle. Darüber hinaus können bestimmte Genabschnitte, die der Steuerung der Ablesung anderer Genabschnitte dienen, durch chemische Veränderungen (Methylierung) abgeschaltet werden. Während einerseits milliardenfinanzierte Forschungsanstrengungen auf biotechnologische Manipulationen mit der Hoffnung auf Patentiermöglichkeiten gerichtet werden, ist andererseits bekannt, dass der Alterungsprozess und epigenetische Veränderungen wesentlich vom Lebensstil abhängen, dass also Menschen, die nicht adipös sind, sich gesund ernähren, angemessen bewegen, nicht rauchen und wenig Alkohol trinken

6 Die Ablesung von Genen, auch Transkription genannt, ist ein zellulärer Vorgang, bei dem die genetische Information vom langen DNA-Faden auf die mobile Boten-RNA umgeschrieben wird. Ein körpereigenes Werkzeug scannt den entsprechenden Abschnitt der DNA und stellt eine exakte Kopie der Gen-Buchstaben-Abfolge her. Das Umschreiben auf Boten (Messenger-RNA) ist nötig, damit die Baupläne für die Bestandteile einer Zelle, die auf dem DNA-Fadenknäuel im Zellkern liegen, aus dem Kern heraus zu den Eiweißfabriken der Zelle gelangen. Ich komme darauf weiter unten bei der Erläuterung der mRNA-Impfstoffe zurück.

eine um Jahre höhere Lebenserwartung haben. Möglicherweise lässt sich der Alterungsprozess auch durch Fastenperioden bzw. Intervallfasten (16 Stunden Nahrungskarenz) beeinflussen. Zudem können sich auch Einflüsse von der Mutter auf das ungeborene Kind übertragen, welche die Lebenserwartung des Kindes beeinflussen: Nicht nur im Zellkern, sondern auch in den „Energiekraftwerken" der Zellen, den Mitochondrien, findet sich genetisches Material (mtDNA). Über die mütterliche Eizelle werden Mitochondrien an die nächste Generation weitergegeben. Möglicherweise wirken sich auch hierdurch der Lebensstil und mütterliche Belastungen auf die Lebenserwartung der kommenden Generation aus (Max Planck Gesellschaft 2021). Es gilt also bei der Zuteilung finanzieller Ressourcen eine kluge Abwägung zu treffen, welche Maßnahmen der Bevölkerung in welchem Umfang tatsächlich zugute kommen und sich nicht zu sehr von Gewinnerwartungen biotechnologischer Unternehmen leiten zu lassen.

An dieser Stelle möchte ich die Genschere CRISPR-Cas9, die die Gentechnik revolutioniert hat, etwas genauer erläutern, denn diese hat bereits – wie oben dargelegt – einen enormen Einfluss auf gesellschaftliche Entscheidungsprozesse, sodass einige Grundkenntnisse hierzu zur Allgemeinbildung gehören, um die anstehenden Umbrüche in der Medizin besser verstehen zu können. Eine gut verständliche kurze Einführung bietet die Max Planck Gesellschaft (2016) mit dem YouTube-Video Gen-editing mit CRISPR-Cas9: Viren schleusen ihr Erbgut auch in Bakterien ein, um diese dazu zu bringen, Virusbestandteile herzustellen. Bakterien können eine Immunität gegen eingedrungene Viren entwickeln, indem Enzyme ein Stück aus der Virus DNA herausschneiden und es an einer bestimmten Stelle (CRISPR) in das Bakterienerbgut einbauen. Die Bakterienzelle übersetzt diesen Abschnitt dann in ein RNA-Molekül (CRISPR RNA), das Informationen aus dem Erbgut des Angreifer-Virus und des Bakteriums enthält. Gemeinsam mit einem zweiten Bakterienmolekül (Tracer RNA) bindet diese CRISPR RNA an das sogenannte Cas9. Das Cas9-Molekül kann daraufhin spezifisch den Virus-DNA-Strang, der ursprünglich als Blaupause für die CRISPR RNA gedient hatte, zerschneiden und somit weitere Virusangriffe dieses Virus unschädlich machen. Die CRISPR RNA bestimmt also, wo genau das Cas9 Molekül die Virus DNA schneidet. Mit einigen Modifikationen funktioniert das System auch in höheren Organismen, die im Gegensatz zu Bakterien Zellen mit einem Zellkern besitzen. Nun kann man die CRISPR RNA Sequenzen beliebig manipulieren und so genau bestimmen, wo das Cas9-Molekül Erbinformationen (DNA) schneiden soll. So kann man beliebige Gene gezielt ausschalten oder auch Gene austauschen. Diese Technik ist preiswerter, effizienter und schwerer als Manipulation aufspürbar als alle bisherigen Gentechniken. Inzwischen hat man die Technik so weiterentwickelt, dass nicht nur DNA, sondern auch RNA damit gezielt geschnitten werden kann.

Kozubek (2018, S. 2 ff.) stellt ausführlich dar, wie nach der Entdeckung dieser Genschere der Kampf um die Patente tobte und hierbei die beiden Frauen Jennifer Doudna und Emmanulle Charpentier (die inzwischen für ihre Entdeckung der Genschere den Nobelpreis erhielten) ausgebotet wurden. Er erläutert auch, wie wissenschaftshistorische Publikationen in renommierten Journalen (z. B. Cell) hierbei Einfluss zu nehmen versucht haben und welche Prinzipien hier möglicherweise Wirkung entfaltet haben: Bereits vor 90 Jahren arbeitete Herbert Butterfield (zit. n. Kozubek 2018, S. 26) heraus, wie die Dominanz der herrschenden Klasse durch Wissenschaft gesichert wird und wie Narrative von Gut und Böse, nämlich von Freunden und Feinden des wissenschaftlichen Fortschritts, erzeugt werden. So werde die Definitionsmacht über die menschliche Evolution in etwas umgewandelt, das nur wenige Autoritäten beschreiben und kontrollieren können. Ähnliche Mechanismen, den Dissidenten Wissenschaftsfeindlichkeit oder Fake News zuzuschreiben, konnte man auch während der Coronapandemie beobachten. So beeilten sich weltweit führende Virologen im Jahre 2020, Spekulationen um einen nicht natürlichen Ursprung des Sars-Cov-2-Virus als Verschwörungstheorie darzustellen, obgleich diese Möglichkeit bislang nicht solide ausgeschlossen werden konnte, wie beispielsweise Segreto und Deigin (2021) darlegen. Auch die wissenschaftshistorische Dethematisierung des Einflusses von Robert Malone (der inzwischen die Impfung von Kindern, Schwangeren und Genesenen kritisch beleuchtet) auf die Entwicklung der mRNA Impfstofftechnologie kann in diesen Kontext gesetzt werden (Dolgin 2021).

Interessanterweise tauchen bei dem Patentkampf um die Rechte an der CRISPR-Cas9-Technik und deren Einsatz zur menschlichen Erbgutmodifikation ähnliche Akteure auf, wie sie auch sehr einflussreich im Diskurs um die Anwendung von mRNA-Impfstoffen im Zusammenhang mit Covid-19 sind: Patente sind insbesondere im MIT in Boston gelandet, und zwar bei Feng Zhang, Broad Institute des MIT (Boston), sowie an der University of California, an der Jennifer Doudna arbeitet, wobei auch enge Kooperationsbeziehungen mit Harvard (Medical School) bestehen. Der Gründer von Moderna, der kanadische Stammzellbiologe Derrick Rossi, unterhält enge Verbindungen zu diesen Institutionen. Moderna ist, neben BioNTech/Pfizer, eine der beiden im Westen einflussreichsten Firmen bei der Entwicklung von mRNA-Impfstoffen gegen Covid-19. Interessant ist, dass bei der 2010 gegründeten Firma Moderna unter anderem die DARPA und die Bill & Melinda Gates Foundation als Partner aufgeführt werden. Die DARPA ist eine Behörde des US Verteidigungsministeriums, die Forschungsprojekte für die Streitkräfte der USA durchführt. Diese hat die mRNA-Impfstoffentwicklung bei Moderna bereits 2013 mit ca. 25 Millionen US Dollar unterstützt. Hierzu heißt es auf der Moderna Homepage:

> „The goal is to develop platform technologies that can be deployed safely and rapidly to provide the U.S. population with near-immediate protection against emerging infectious diseases and engineered biological weapons" (Moderna 2013).

mRNA-Impfstoffe

Im Folgenden soll die Entwicklung von *mRNA-Impfstoffen* skizziert werden, um an diesem Beispiel die technischen Möglichkeiten, die hiermit zusammenhängenden Machtverflechtungen und die Entstehung bestimmter Narrative genauer zu analysieren. Gerade angesichts des Umstands, dass die ambulante Behandlung von Covid-19-Kranken mit nicht (mehr) patentierten Arzneimitteln nur mangelhaft erforscht wird, stellt sich die Frage, warum gerade die mRNA-Technologie so massiv vorangetrieben wird, obgleich immer deutlicher wird, dass die Impfwirkungen nach wenigen Monaten nachlassen und die

Impfstoffe keine sterile Immunität erzeugen, das heißt nicht vollständig gegen die Weiterverbreitung des Virus wappnen. Zum Verständnis zunächst einige Grundlagen.

In menschlichen/tierischen Zellen wird die Erbinformation, die im Zellkern als DNA vorliegt, mithilfe von (Messenger-) RNA abgelesen und verlässt den Zellkern. Diese mRNA-Kopien dienen dann als Blaupause, um Eiweiße (Proteine) in den menschlichen/tierischen Zellen herzustellen.

Viren sind Organismen, die keinen eigenständigen Stoffwechsel haben und darauf angewiesen sind, zu ihrer Vermehrung eine Wirtszelle zu „kapern" und mithilfe der Viruserbinformation die Proteinproduktionsstätten der Wirtszellen zu nutzen. Viren können entweder DNA enthalten und so den normalen Ablesevorgang der befallenen Zellen nachahmen oder nur RNA enthalten und hierdurch entweder über den Umweg der Verwandlung in DNA mithilfe des Enzyms reverse Transkriptase agieren (Beispiel HIV) oder die VirusRNA direkt zur Produktion von Eiweißen und zur Vervielfältigung einsetzen.

Das Coronavirus (Sars-Cov-2) ist ein Virus, das als Erbinformation RNA und nicht DNA nutzt und diese ohne Umweg über DNA zur Produktion von Virusbestandteilen im Wirtsorganismus einsetzt. Daher wird normalerweise auch kein Virusbestandteil in das Erbgut der betroffenen Wirte eingebaut. Ob dies – beispielsweise im Zusammenhang mit einer gleichzeitigen HIV-Infektion – doch geschehen kann, wird diskutiert.

Die gängigen Impfstoffe gegen dieses Virus beruhen darauf, dass man gentechnisch gezielt Coronavirus-RNA Abschnitte herstellt und diese entweder in winzige Lipidnanopartikel verpackt oder in unschädliche andere Viren (Vektorimpfstoffe) einfügt. Zusätzlich kommen insbesondere bei Vektorimpfstoffen noch Wirkverstärker (Adjuvantien) mit eigenen Nebenwirkungspotenzialen zum Einsatz. Diese Virusabschnitte, die mithilfe der Lipidnanopartikel oder der Vektorviren in die menschlichen Wirtszellen eingeschleust werden, dienen in den Zellen des geimpften Organismus dazu, Virusbestandteile (Eiweiße) herzustellen, um damit dann im nächsten Schritt gegen diese Virusbestandteile eine körpereigene Immunantwort zu triggern, von der man sich Immunität erhofft. Diese erworbene Immunantwort beruht unter anderem auf T-Zellen und Antikörpern. Antikörper sind Abwehrmoleküle, die im Blut oder der Lymphflüssigkeit zirkulieren oder in den Schleimhäuten bei Erregereintritt direkt wirksam werden. Schneller produzierte Antikörper (IgM) können von langsamer produzierten und für das Immungedächtnis verantwortlichen (z. B. IgG) und von besonders in Schleimhäuten vorhandenen IgA unterschieden werden.

Der *wirtschaftliche Vorteil der neuen mRNA-Impfstofftechnologie* liegt darin, dass Impfstoffproduktionsstätten aufgebaut werden können, die potenziell für viele Impfstoffe gleichermaßen einsatzfähig sind. Für die Entwicklung eines neuen Impfstoffes muss man nur die mRNA gentechnisch verändern und kann dann mit der gleichen Produktionsstätte einen neuen Impfstoff herstellen, hierdurch lassen sich enorme Entwicklungs- und Produktionskosten sparen. Weiterhin lässt sich die Impfstoffproduktion mit dieser neuen Technik dezentralisieren. Die benötigten Produktionsstätten können recht klein sein. Inzwischen entwickeln Firmen wie Nutcracker (2021) extrem kleine Produktionsstätten, die die Entwicklung und Herstellung neuer Impfstoffe „überall und jederzeit" ermöglichen sollen. Zugleich sorgen jedoch Patentierungen dafür, dass nur bestimmte Produktionsstätten zum Zuge kommen, was wiederum ein Einfallstor für Machtverflechtungen darstellt.

Besondere Aufmerksamkeit haben bei der Impfstoffentwicklung gegen das Coronavirus die *Spikes* erhalten: Dieses sind die „Fangarme", mit denen das Sars-Cov-2-Virus an die menschlichen (oder tierischen) Zellen andockt, um so Eingang in die Zellen zu erhalten. Dies funktioniert nur, da diese Fangarme sich an Rezeptoren der menschlichen (oder tierischen) Zellen binden können, um die Zellmembran zu durchdringen. Diese Rezeptoren nennt man ACE-2(angiotensin-converting enzyme 2)-Rezeptoren. Die ACE-2-Rezeptoren wurden ursprünglich im Zusammenhang mit Herz-Kreislauf-Erkrankungen und der Blutdruckregulation erforscht, spielen aber in vielen Körperregionen eine wichtige Rolle, zum Beispiel bei der Eiweißaufnahme im Darm oder in den Atemwegen.

Das Sars-Cov-2-Virus missbraucht mithilfe seiner Spikes diese ACE-2-Rezeptoren, um in die Wirtszellen einzudringen. Daher erhofft man sich von einer Immunantwort gegen die Spikes einen Schutz vor dem Eindringen des Virus in die Zellen. Bei der Immunantwort gegen das Virus (bei einer Infektion) oder gegen die durch die Impfung produzierten Spikes kann es jedoch auch zu überschießenden Immunantworten und zur Bildung von Abwehrstoffen (Antikörpern) gegen Spike-ACE2-Komplexe, das heißt auch gegen körpereigene Strukturen des Wirtes (ACE-2-Rezeptoren), kommen. Wenn dies in der Blutbahn passiert, kann die Blutgerinnung mit der Gefahr von Thrombosen getriggert werden.

Impfkritiker*innen hoben schon vor der Verabreichung der Impfstoffe hervor, dass das Virus ja als Atemwegsvirus normalerweise über die Nasen- und Rachenschleimhäute eindringe, während bei der Impfung direkt in den Muskelzellen und auch in der Blutbahn Immunreaktionen in Gang gesetzt würden und somit ein besonderes Thromboserisiko bei Immunprozessen in der Blutbahn entstehe. Ein erhöhtes Thromboserisiko hat sich dann ja auch nach den Impfungen (bei allen Impfstoffen) bestätigt, was insbesondere bei den Vektorimpfstoffen von AstraZeneca und Johnson&Johnson zur Beschränkung des Einsatzes geführt hat. Allerdings hatte der Rechtsmediziner Prof. Püschel schon im Frühjahr 2020 entdeckt, dass auch Covid-19 selbst bei ungewöhnlich vielen tödlich ausgegangenen Erkrankungen zu Thrombosen und Lungenembolien geführt hatte (UKE 2020). Diese Erkenntnis hatte dann zu einer Verbesserung therapeutischer Strategien im Umgang mit Covid-19 geführt, merkwürdigerweise aber (Stand Ende 2021) nicht zur frühzeitigen engmaschigen hausärztlichen Betreuung von Risikopatient*innen im Vorfeld einer Krankenhauseinweisung. Hier wird deutlich, dass die intensivmedizinische Maximalversorgung der Covid-19-Patient*innen eine bedeutend größere Aufmerksamkeit als die Interventionsmöglichkeiten im Vorfeld erhält. Auch psychische Stabilisierungen im Vorfeld und nach einer Krankenhauseinweisung werden erstaunlich wenig thematisiert.

Nun hat sich mit den *Impfdurchbrüchen* – zunächst in Israel, wo sehr frühzeitig in großer Zahl geimpft worden ist, dann auch in anderen Ländern – gezeigt, dass mit zunehmendem Abstand von der Impfung (länger als drei Monate) und bei neuen Varianten des Virus die Impfung erstaunlich schnell ihre Wirksamkeit einbüßt. Geert Vanden Bossche (Vejon Health 2021) warnt darüber hinaus, dass ein massenhaft verabreichter Impfstoff, der nicht zu einer sterilen Immunität führt, noch weitere Risiken für die Bevölkerung birgt, wenn während einer laufenden Pandemie geimpft wird: Geimpfte Menschen bleiben infizierbar und für andere ansteckend, auch wenn sie selbst weniger schwer erkranken. Die mRNA-Impfstoffe immunisieren darüber hinaus nur gegen einen kleinen Teil des Virus, das Spike-Protein, mit dem das Virus an die menschlichen Körperzellen andockt. Wenn also spontan Viren mit Veränderungen am Spike-Protein entstehen und nach einiger Zeit in der Bevölkerung kursieren, dann werden diese sich besonders in den geimpften Personen vermehren und von diesen vermehrt ausgeschieden werden, da ja durch die Impfung „Wildtypen des Virus" stärker unterdrückt werden. So werden sich Mutationen schneller gegenüber dem „Wildtyp" durchsetzen, wenn viele Menschen geimpft sind, aber dennoch das Virus verbreiten können. Mutationen werden also bald das gesamte Virusgeschehen dominieren. Wenn es viele ungeimpfte Kinder, Jugendliche und junge Erwachsene gibt, werden diese sich mit dem Wildtyp oder mit dem veränderten Virus infizieren und eine umfassendere Immunität entwickeln. Wenn diese Ungeimpften andere anstecken, werden diese nicht bevorzugt die Mutationen verbreiten.

Die Immunität nach natürlich durchgemachter Infektion scheint länger anzuhalten als nach einer Impfung und richtet sich nicht nur gegen das Spike-Protein, sondern gegen noch weitere Virusbestandteile, sodass die natürlich Infizierten bei einem erneuten Kontakt mit dem Virus – sollten sie sich tatsächlich zum zweiten Mal anstecken – weniger anfällig sind, ein am Spike-Protein verändertes Virus im Körper zu „züchten" und an andere weiterzuverbreiten. Auch aus diesem Grund erscheint es Geert Vanden Bossche fragwürdig, junge Menschen mit geringem Risiko für schwere Verläufe zu impfen.

Zunächst wurde zugegeben, dass auch Geimpfte infiziert werden und andere anstecken können, jedoch vor schweren Verläufen geschützt seien; dann wurde im Sommer 2021 deutlich, dass sie auch symptomatisch erkranken und an den Folgen der Covid-19-Erkrankung sterben können (siehe auch die Wochenberichte des RKI incl. der archivierten Berichte, bei denen jedoch durch den Wegfall der Kategorie der unvollständig oder gerade erst Geimpften Verzerrungen auftreten). Weiterhin gab es große Diskrepanzen zwischen Impfskeptiker*innen und Befürworter*innen zur Einordnung der Impfnebenwirkungen, zumal die Nebenwirkungen nur zu kleinen Teilen aktiv erhoben oder gar durch Autopsien näher untersucht wurden und zu großen Teilen von der aktiven Meldung durch Betroffene und Ärzt*innen abhingen. Bei derartigen Meldewegen, die eine Aktion der Betroffenen erfordern, wird eine Großzahl der Nebenwirkungen nicht erfasst, auch Todesfälle, beispielsweise von Pflegeheimbewohner*innen, können unerkannt bleiben.

Obwohl inzwischen Studien (Chen et al. 2021) die Überlegenheit einer natürlichen Immunität nach dem Überstehen der Erkrankung gegenüber der Immunität nach Impfung plausibilisieren, werden Menschen, die eine Infektion mit Sars-Cov-2 überstanden haben, gegenüber Geimpften benachteiligt: Selbst nachdem im August 2021 immer deutlicher wurde, dass die Wirkung von Impfungen im Gegensatz zur natürlich erworbenen Immunität nach sechs Monaten nachlässt, lief zunächst die Genesenenbescheinigung, aber nicht der Impfnachweis nach sechs Monaten ab. Später erhielten auch die Impfzertifikate ein Verfallsdatum, jedoch waren sie stets länger gültig als die Atteste für Genesene. Als nachteilig für Genesene erwies sich zudem, wie sie den Nachweis ihrer Genesung führen sollten. Auf der Website des Robert-Koch-Instituts (RKI) war (Stand 30. September 2021) bei den FAQ folgende Regelung zu lesen, wer als genesen gilt:

> „Personen, die eine gesicherte SARS-Cov-2-Infektion durchgemacht haben, die weniger als 6 Monate zurückliegt. Der Nachweis einer gesicherten, durchgemachten Infektion muss durch einen direkten Erregernachweis (PCR) zum Zeitpunkt der Infektion erfolgen."

Die PCR Testung beruht darauf, dass auf den Schleimhäuten im Akutstadium nachgewiesene Virusbestandteile vervielfältigt werden, um sie nachzuweisen. Antikörper entstehen erst verzögert, wenn eine körpereigene Immunantwort erfolgt. Das bedeutet, dass Menschen, die ihre Immunität im Nachhinein durch Sars-Cov-2-spezifische Antikörper im Blut nachweisen, nicht als Genesene galten, was sehr merkwürdig ist, da ja gerade Antikörper auf die Entstehung einer Immunität hinweisen. Die Regelung ist aber seit Ende 2021 im Fluss, so dass in einigen Bundesländern auch mit Antikörpernachweisen Genesenenbescheinigungen ausgestellt werden bzw. wurden. Allerdings wurde im Januar 2022 die Dauer des Genesenenstatus in Deutschland (im Gegensatz zu anderen Ländern wie der Schweiz, wo sie ein Jahr beträgt) weiter verkürzt. Sie betrug dann plötzlich nur noch drei statt sechs Monate.

Als disproportional fiel auch die Zählweise zur Erfassung der Todesfälle auf. Um als an Covid-19 verstorben zu gelten und gezählt zu werden, genügte in der Regel ein positives Testergebnis (PCR). Die Verstorbenen wurden dann als Covid-Todesfälle erfasst und sukzessive aufaddiert – oft ohne präzise, durch ausführliche Untersuchungen validierte Todesursachenanalyse, ob denn nun für ihren Tod das Virus oder eine Vorerkrankung maßgeblich war. Hingegen wurden bei den nach Impfung Verstorbenen die Verdachtsfälle sehr genau abgewogen und mit der Sterblichkeitsstatistik verglichen, um bei geringer Übersterblichkeit in einem bestimmten Zeitraum nach Impfung davon auszugehen, dass sich die Todesfälle zu einem großen Prozentsatz auch ohne Impfung ereignet hätten.

Bei den Todesfällen nach Sars-Cov-2-Infektion und deren Präsentation in den täglichen Berichten des RKI wurde jedoch nicht derart genau analysiert, ob die Todesfälle in den Altersgruppen der Verstorbenen zur Übersterblichkeit beigetragen haben. Bei den täglichen Medienmeldungen zu den Sterbezahlen im Zusammenhang mit der Covid-19-Infektion, die ich über fast zwei Jahre beobachtet habe, wurde zwar manchmal ein Vergleich mit den vorangegangenen Jahren eingeblendet. Hierbei wurden vorübergehende und kurzfristige Übersterblichkeiten sofort dahingehend kommuniziert, dass es sich um eine coronabedingte Erhöhung der Sterbefälle handle. Darauffolgende Untersterblichkeiten jedoch, die einen Hinweis darauf gaben, dass viele der Betroffenen ohne Covid-19 möglicherweise im gleichen Zeitraum an anderen Ursachen gestorben wären, wurden nicht deutlich dargestellt. Zudem basierte die vorherrschende öffentliche Kommunikation durch Entscheidungsträger*innen nicht auf einer soliden statistischen Auswertung der Übersterblichkeit im Jahr 2020, welche

- die angewachsene Bevölkerungszahl,
- den demografischen Wandel zu höheren Lebensaltern und
- die altersspezifische Sterblichkeit der unterschiedlichen Kohorten berücksichtigt hätte.

Überdies war 2020 ein Schaltjahr mit einem Tag mehr. Allerdings müsste man noch die langsam ansteigende Lebenserwartung einkalkulieren, sodass es bei der statistischen Analyse durchaus fachliche Dispute und Bewertungsspielräume gab, denn 2019 war ein Jahr mit recht geringer Sterberate, sodass möglicherweise der Anstieg der Lebenserwartung überschätzt wurde.

Eine differenzierte, Altersgruppe und Kohorte berücksichtigende Auswertung käme eher nicht zu dem Ergebnis, dass 2020 in Deutschland ein Jahr mit besonders ausgeprägter Übersterblichkeit gewesen ist. Man könnte das natürlich auf die Wirksamkeit der Maßnahmen zurückführen, müsste dann allerdings erklären, wieso auch in Schweden, wo es deutlich weniger eingreifende Maßnahmen gab, die altersspezifischen Sterbezahlen im Vergleich zu den vorangegangenen neun Jahren undramatisch blieben. Ein von Barz (2021) gepostetes YouTube-Video zu alterskohortenspezifischen Sterbezahlen im Jahre 2020 wurde zwar von „Faktencheckern" heftig kritisiert, zugleich weisen jedoch auch die Grafiken bei Euromomo (2021) im Jahre 2020 für Deutschland und Schweden (vgl. hier auch die schwedische, bei scb 2021 nachlesbare Detailanalyse) nur moderate Übersterblichkeitsausschläge aus. Es gab wie schon bei vergangenen Grippewellen Monate mit deutlicher Übersterblichkeit, im Jahresverlauf oder bei der Betrachtung einer ganzen Wintersaison war die Übersterblichkeit jedoch weniger dramatisch.

Bei denjenigen, die trotz Impfung Covid-19 bekamen und daran starben, wurde ein anderer Maßstab als bei allen Covid-19-Todesfällen angelegt: Ein Impfdurchbruch ist definiert als eine Erkrankung mit typischen Symptomen und positivem Testergebnis, sodass ein Todesfall nach einem Impfdurchbruch diese strengen Kriterien erfüllen muss, um als solcher in die Statistik aufgenommen zu werden. Ein Covid-19-Todesfall ist jedoch ein Todesfall mit positivem Testergebnis, bei dem auf dem Totenschein Covid-19 angegeben wird, ohne dass notwendigerweise typische Symptome aufgetreten sein müssen – hier gab es deutlich größere Ermessensspielräume, die auch durch politisch motivierte Vorgaben ausgenutzt werden konnten (ich behaupte nicht, dass das in jeder Klinik geschehen ist). Wenn man nun die Zahl der Impfdurchbruchstodesfälle mit den gesamten PCR-positiven Todesfällen vergleicht, ergibt sich eine verzerrte Statistik, sodass die Wirkung der Impfung auf die Reduktion der Todesfälle systematisch überschätzt werden kann.

Hinzu kam, dass das RKI in seinen publizierten Statistiken zunächst Personen, deren Impfstatus nicht erhoben worden war, als Ungeimpfte klassifizierte. Dieser Fehler wurde erst im September 2021 korrigiert. Die Zahl der mit Impfdurchbrüchen schwer Erkrankten oder Verstorbenen stieg im Herbst 2021 in den Wochenberichten des RKI deutlich an, zum einen wegen dieser statistischen Korrektur, zum anderen wegen der nach einem halben Jahr und angesichts neuer Varianten nachlassenden Impfeffektivität.

Deutlich wird, wie mit unterschiedlicher Darstellung von Statistiken Narrative untermauert oder infrage gestellt werden können.

Dies wirft die Frage auf, warum *eine auf einer Notfallzulassung beruhende Impfung mit überraschend kurz anhaltenden Wirkungen und nicht sehr sorgfältig analysierten Nebenwirkungen* politisch derart als hervorstechende Antwort auf Sars-Cov-2 propagiert wird. Eine Publikation des Investigativjournalisten Thacker im renommierten British Medical Journal (2021), wonach es bei den Phase-III-Studien des Impfstoffes von BioNTech/Pfizer, die zur Notfallzulassung führten, erhebliche Unregelmäßigkeiten bei der beauftragten Firma Ventavia gegeben habe, erregte politisch in Deutschland erstaunlich wenig Aufsehen (Stand Ende 2021). Es bleibt weiterhin abzuwarten, ob und wie schnell die im November 2021 aufgekommenen kritischen Stimmen aus Hongkong und Taiwan bezüglich der Impfung Minderjähriger mit dem Impfstoff von BioNTech/Pfizer und ihrer Nebenwirkungen (Myokarditis) zum Nachdenken über europäische Impfstrategien führen werden. Oder wird dies eher als chinesische Einflussnahme interpretiert werden? Ein weiterer Aspekt, der eigentlich großes Aufsehen erregen müsste, sind die Analysen von Kritikern wie Craig Paardekopper, dass bestimmte Impfstoffchargen ein gegenüber anderen erheblich erhöhtes Risiko schwerer Nebenwirkungen und Todesfälle haben (Pardekooper 2021). Welche Entwicklung solche Analysen nehmen, ist bei Abschluss dieses Buchmanuskriptes noch nicht absehbar, gewiss aber haben sie das Potenzial, Menschen erheblich zu verunsichern, zumal die verantwortlichen Behörden (Paul Ehrlich Institut) auf derartige Informationen nicht sofort reagieren. Ich kann nicht beurteilen, ob die merkwürdige Clusterung der betroffenen Chargen für eine absichtlich veränderte Zusammensetzung der Impfstoffe (wie dies bei Paardekooper zugespitzt suggeriert wird) oder eher für Produktionsmängel spricht. Letzteres war ja als Risiko bei der Notfallzulassung des Pfizer/BionTech Impfstoffes bereits von der EMA (European Medicines Agency) identifiziert worden und hat zu weiteren Qualitätsberichtsforderungen geführt (vgl. EMA 2021b).

Warum wird die Impfung junger Menschen mit Nudging-Strategien und einseitig interpretierten Statistiken vorangetrieben und mit umfangreichen Einschränkungen für Nichtgeimpfte verbunden? Warum werden gleichzeitig die Hersteller (was z. B. geleakte Verträgen mit Pfizer verraten) finanziell enorm unterstützt und zugleich von Haftungen für mögliche Folgeschäden freigestellt? Welche wirtschaftlichen, militärischen und politischen Funktionen erfüllen die neu entwickelten mRNA-Impfstoffe und die massenhaft aus dem Boden gestampften Produktionsstätten in Kombination mit immer neuen Teststrategien, die bei Gesunden sehr fehleranfällig sind?

- Geht es um Health Security Strategien (siehe Kap. 5), das heißt um vorbeugenden Bevölkerungsschutz vor möglichen Biowaffenangriffen und die Verfügbarkeit von rasch herstell- und veränderbaren Impfstoffen?
- War nicht in Geheimdienstkreisen schon recht bald deutlich, dass die von führenden Virologen (inklusive Christian Drosten) sofort vehement verteidigte Theorie vom natürlichen Ursprung des Virus doch nicht so überzeugend war, wie propagiert wurde[7]? Haben die nicht auszuräumenden, immer wieder aufgekommenen Verdachtsmomente zur Herkunft des Virus aus einem Labor der Gain-of-Function-Forschung Ängste getriggert und nach Lösungen suchen lassen, die auch bei erneuten ähnlichen oder noch dramatischeren (Unfall-)Gefahren Rettung versprechen? Soll durch Aktionismus verdeckt werden, dass die Virologie nicht nur zur Lösung beiträgt, sondern auch schwer beherrschbare Gefahren verursachen kann?
- Sind im Zuge einer ideologisch verengten, von Gewinninteressen geprägten technokratischen Perspektive andere Lösungsansätze als Impfungen aus dem Blick geraten, die stärker auf eine Unterstützung des

7 Hier werden die erzwungenen Veröffentlichungen vom eMail-Verkehr des US-amerikanischen Chief Medical Advisors Anthony Fauci noch Einiges deutlich machen.

Immunsystems, auf teilhabeorientierte Maßnahmen und auf präklinische Frühinterventionen setzen?

- Geht es um eine krisengetriggerte Veränderung der Bereitschaft der Bevölkerung, sich – auch vor dem Hintergrund der neuen Möglichkeiten der Genschere CRISPR-Cas9 – gentechnisch manipulierte Impfstoffe spritzen zu lassen, mit der Option, diese Techniken zur genetischen Manipulation oder zu Pharmaka mit milliardenschweren Gewinnerwartungen weiterzuentwickeln?
- Geht es darum, den bahnbrechenden gentechnologischen Forschungen zur Krebsbehandlung oder zur Beeinflussung des Alterungsprozesses durch Forschung, neu entstandene Produktionsstätten und finanzielle Ressourcen zum Durchbruch zu verhelfen?
- Verhilft die deklarierte weltweite Notlage dazu, dass Knebelverträge von Pharmariesen wie Pfizer salonfähig werden, die Hersteller von Haftungen freistellen, nationale Gerichtsbarkeiten aushebeln und Nationen zwingen, Verträge geheim zu halten und Ressourcen zu „verpfänden"?
- Sollen massenhaft einsetzbare Transportvehikel – Lipidnanopartikel – in großem Stil getestet werden, um in Zukunft auf Viren als Vektoren verzichten zu können? Geht es um eine in Zukunft preiswerte, flexible und dezentrale Impfstofftechnologie, die bei sämtlichen Impfungen zum Einsatz kommen könnte? Geht es so auch um einen Machtkampf um die Vorherrschaft im weltweiten Impfstoffmarkt? Oder werden mit der Lipidnanopartikeltechnik noch weitere Ziele verfolgt?

- Brauchen die Forscher*innen mehr genetische Daten der Bevölkerung, um beispielsweise die individualisierte Krebsmedizin oder Interventionen gegen das Altern weiterzuentwickeln und werden im Zuge von (PCR-)Testungen auch (anonymisierte?) genetische Daten erhoben, die dann die im Entstehen befindlichen riesigen medizinischen Datenbanken füllen? (siehe Kap. 10)
- Geht es um neue Möglichkeiten der Bevölkerungskontrolle? Impfskeptiker*innen behaupten, dass Lipidnanopartikel und Antikörper gegen Spike-Proteine einen Einfluss auf die menschliche Fruchtbarkeit haben, indem sie Entzündungsprozesse in den Eierstöcken anstoßen oder die Einnistungschancen der befruchteten Eizelle in die Gebärmutter verringern. Ist dieser Erklärungsansatz wissenschaftlich solide widerlegt, sodass man sich solche Sorgen nicht machen muss?
- Eine noch „bösere" Hypothese wäre, dass man die Bevölkerung systematisch von (halbjährlichen) Impfungen abhängig machen will. Denn weiter geimpft werden muss, wenn keine steril immunisierende Impfung das Pandemiegeschehen beendet, dauerhaft Virusbestandteile bei Tests in der Bevölkerung nachweisbar bleiben (Plateaubildung) und zugleich infektiösere Mutationen eine höhere Chance haben, sich durchzusetzen. So warnte ja 2020 Bill Gates bereits davor, dass noch gefährlichere Coronaviren drohen könnten. Ob das allerdings bei der Impfstoffentwicklung bereits vorhersehbar war, reicht in den Bereich der „Verschwörungstheorien" über „Big Pharma".

- Verdient das Virus das tägliche mediale Tamtam? Oder lenkt die Fokussierung der Aufmerksamkeit auf die Pandemie und die einseitigen, bislang unzulänglichen Eindämmungsmaßnahmen von anderen Themen – wie zum Beispiel von einem drohenden Zusammenbruch des bisherigen Finanzsystems und einer anstehenden Neuordnung unter Ausweitung digitaler Währungen – gezielt ab?
- Testet man im großen Stil, wie weit man die „Massen" psychologisch beeinflussen kann?
- Wird eine beschleunigte Virtualisierung von Arbeit und Freizeit durch den langanhaltenden Krisenmodus vorbereitet? Die Neuorientierung von Facebook in Richtung Meta lässt erahnen, wie in Zukunft die Freizeit weiter virtualisiert werden wird und welche neuen Geschäftsfelder hierdurch erschlossen werden.
- Oder ist die Lage so, wie sie ist, weil die Entscheidungsträger*innen wirklich keinen besseren Weg der Krisenbewältigung erkannt haben?

Merkwürdig ist auch, dass in den USA und in Europa die russischen und chinesischen Impfstoffe nicht verbreitet und in Impfzertifikaten nicht anerkannt werden. Weiterhin zeigen die kontroversen Diskussionen um Patentfreigabe von Impfstoffen für die Produktion in ärmeren Ländern, dass entweder die Gewinninteressen der pharmazeutischen Industrie trotz der enormen staatlichen Förderungen höher wiegen als die Möglichkeiten eines rascheren Einsatzes in ärmeren Ländern oder dass die Produktionsmöglichkeiten von Impfstoffen nicht aus der Hand gegeben werden sollen, was mit Sicherheitsaspekten begründet wird, aber auch mit militärischen Überlegungen zusammenhängen könnte.

Fazit

Bei den Pandemiemaßnahmen wurde seit 2021 sehr stark auf die Impfstoffverabreichung gesetzt, hierbei erhielt die neue mRNA-Technik eine besondere Aufmerksamkeit. Obgleich die Wirksamkeit der zweimaligen Impfung insbesondere bei Risikogruppen angesichts neuer Varianten nach drei Monaten deutlich zurückgeht (vgl. STIKO Empfehlung 2022) und die Nebenwirkungen wenig aktiv erhoben wurden, entstand ein enormer Druck auch für Nichtrisikogruppen, sich impfen zu lassen. Obgleich Geimpfte das Virus bei Ansteckung auch weiterverbreiten können, war das Framing, dass die Impfung ein Akt der Solidarität sei, sehr einflussreich. Genesene wurden gegenüber Geimpften benachteiligt, ein Antikörpernachweis führte zunächst nicht zu Genesenzertifikaten. Geimpfte mussten sich Ende 2021 auch bei Massenveranstaltungen kaum Testungen unterziehen, selbst nachdem deutlich wurde, dass auch Geimpfte zu Spreadern werden können. Dies wurde 2022 geändert, dann wurden die Testungen erst nach Boosterung entbehrlich.

Die Erfassung von persönlichen Daten und Gesundheitsdaten hat in vielen Bereichen des täglichen Lebens zugenommen. Kritische Berichterstattung zu Impfnebenwirkungen wurde aus sozialen Medien entfernt, man unterstellte interessengeleitete Fake News. Das Vorgehen lässt den Verdacht aufkommen, dass die Impf-Agenda nicht nur dem Gesundheitsschutz der Bevölkerung, sondern auch anderen Interessen dient. Deutet man die Lage wohlmeinend, dann könnte man vermuten, dass bahnbrechende gentechnologische Entwicklungen, die langfristig der Menschheit zugute kommen sollen, vorangetrieben werden. Ist man eher skeptisch, käme man auf militärische und wirtschaftliche Interessen und Machtverflechtungen. In jedem Fall werden durch die Impfstrategie Narrative einer wirksamen Kontrolle durch global angelegte technokratische Interventionen gestützt. Zudem sind die Auswirkungen einer massenhaften Anwendung nicht steriler Impfstoffe auf alle Bevölkerungsgruppen einschließlich der Kinder während einer Pandemie in ihrer Dynamik noch weitgehend unbekannt. Welche Auswirkungen hat die immer neue Konfrontation mit den weiterhin – im Winter 2021/2022 in der dritten Saison – in großem Umfang kursierenden Viren auf die natürliche Immunität und auf die Entstehung von Autoimmunerkrankungen bei Geimpften?

10 Künstliche Intelligenz, Daten und ihre Infrastrukturen

Bevor ich zur psychischen Gesundheit im engeren Sinn zurückkehre, möchte ich noch einige Aspekte der Beeinflussung von psychischer Gesundheit durch Big Data und Künstliche Intelligenz darstellen und hierbei auch auf die Zusammenhänge von Künstlicher Intelligenz und Gentechnik eingehen.

Es gibt inzwischen eine umfangreiche Literatur zur *ethischen Reflexion von Künstlicher Intelligenz.* Stahl (2021) weist darauf hin, dass neue Technologien zwar zu Beginn leichter zu beeinflussen sind, jedoch sind am Anfang viele Konsequenzen der Technologie noch gar nicht deutlich. Später, wenn mehr Auswirkungen absehbar sind, wird es dann jedoch immer schwieriger einzuschreiten (Collingridge Dilemma). Wir stehen am Anfang eines großen gesellschaftlichen Umbruchs unter dem Einfluss von Künstlicher Intelligenz (KI), dessen Ausmaße noch gar nicht vollständig absehbar sind. Zugleich besteht der Wunsch, diese Technik zum menschlichen Wohl einzusetzen und negative Auswirkungen zu begrenzen. Stahl (2021) schlägt dafür vor, sich am Konzept „Human Flourishing" zu orientieren, die komplexen Wechselwirkungen zwischen den Entwicklungsmöglichkeiten des Individuums, den sozialen Systemen und den technologischen Entwicklungen zu berücksichtigen und daher die Metapher eines Ökosystems zu benutzen: Ein Innovationsökosystem ist Stahl (2021, S. 84 f.) zufolge dadurch charakterisiert, dass es zwar absichtsvoll erzeugt wurde und von wirtschaftlichen und politischen Interessen geprägt ist, jedoch eine Eigendynamik entwickelt. Diese Eigendynamik ist nichtlinear und offen, lässt sich auch schwer abgrenzen und entwickelt sich aus lebendigen Wechselbeziehungen zwischen den Akteur*innen: Dies sind Entwickler*innen, die Gemeinschaft der Expert*innen, Wirtschaftsunternehmen, Politiker*innen, Rechtsexpert*innen und Nutzer*innen. Hierbei können Interventionen beabsichtigte und unbeabsichtigte Wirkungen entfalten. Es handelt sich bei der Künstlichen Intelligenz um ein globales Ökosystem, sodass Eingriffe auf nationalstaatlicher oder EU Ebene immer auch eingebettet sind in weltweite Tendenzen, insbesondere in Entwicklungen in den USA und in China. Multinationale Konzerne tragen darüber hinaus maßgeblich zur Entwicklung von Künstlicher Intelligenz bei.

Die größten Technologiekonzerne haben in den letzten Jahren enorm an Wert zugenommen, sodass der Wert der fünf größten westlichen Tech-Giganten inzwischen (Herbst 2021) mehr als sechs Billionen Euro beträgt, hinzu kommen die aufstrebenden chinesischen Technologiefirmen. So muss man realisieren, dass solidarische, inklusive und demokratische Einflussmöglichkeiten in Deutschland oder Europa zum Wohle der menschlichen Entwicklungsmöglichkeiten und der psychischen Gesundheit immer auch von einflussreichen globalen Akteur*innen begrenzt werden können und dass diese globalen Machtkonzentrationen einen enormen Einfluss auf die politischen Akteur*innen auf nationaler Ebene ausüben können.

Es scheint derzeit einen enormen Wettlauf zwischen China und den USA um die Vorherrschaft bei der Künstlichen Intelligenz (KI) zu geben (Lee 2018). KI wird insbesondere durch riesige *Datenmengen* vorangetrieben. Auch die derzeitigen gentechnologischen Entwicklungen (siehe Kap. 9) benötigen große Datenmengen, insbesondere Gendaten der Bevölkerung für die KI-Auswertung der hochkomplexen Wechselwirkungen zwischen einzelnen Genen und der Zusammenhänge zwischen Genetik und menschlichen Eigenschaften. Da spezifische medizinische Interventionen gegen konkrete Erkrankungen patentierbar sind, geht es auch um die Vorherrschaft bei den gentechnologischen Patenten (vgl. Kozubek 2018). Wenn es gelingt, Gendaten in großem Stil mit anderen Gesundheitsdaten zu verknüpfen, dann können diese patentierbaren Zukunftstechnologien besonders gut weiterentwickelt werden. Daher sind gut auswertbare Gesundheitsdaten enorm wertvoll, insbesondere, wenn sie aggregiert und zentral verfügbar sind. Hierbei geht es nicht in erster Linie um die Überwachung Einzelner, sondern um erkennbare Zusammenhänge zwischen Gendaten und Gesundheitsstörungen. Allerdings kann dies perspektivisch zu Diskriminierungen von Menschen mit hohen Gesundheitsrisiken führen. Auch zeigt die derzeitige Impfpasspolitik, dass die Akzeptanz wächst, individuelle Gesundheitsdaten elektronisch erfassen zu lassen und so doch die gesundheitliche Überwachung durch nicht medizinische Akteure zuzulassen.

Auch in Deutschland wurden *zentralisierte Zugriffsmöglichkeiten auf Gesundheitsdaten* in der letzten Dekade rasch vorangetrieben, wobei die Zugriffsmöglichkeiten privater Unternehmen auf (anonymisierte?) Gesundheitsdaten deutlich anwachsen. Zuständig für die Wahrung des Datenschutzes ist das Bundesamt für Sicherheit in der Informationstechnik (BSI). Allerdings lassen sich Gesundheitsdaten nicht wirklich vollständig anonymisieren und die Zusammenführung großer Datenmengen birgt sowohl Chancen als auch Risiken. Neben dem unbefugten Datenzugriff und den Gewinnchancen durch Daten muss auch reflektiert werden, wer die *Definitionsmacht* besitzt, welche Daten denn geeignet sind, Aussagen zur Gesundheit zu generieren. Sind dies Diagnosen, Gendaten, Medikamentenverschreibungen und per App erhobene Körperdaten oder eher Einschätzungen des subjektiven Wohlbefindens/der Lebensqualität, persönliche Prioritäten und Entwicklungsverläufe? In Zukunft spielen hier vermutlich auch direkt aus dem Gehirn oder von der Kopfhaut abgeleitete Signale eine wichtige Rolle, wie die rasche Entwicklung von Technologien wie Neuralink (Elon Musk) erwarten lässt. Die technisch leicht abgreifbaren Daten werden leicht den Vorzug vor qualitativen, partizipativ entwickelten und kontextsensiblen Daten erhalten und so ein technokratisch geprägtes Menschenbild stabilisieren. Es kommen zwar immer mehr Apps auf den Markt, in denen Menschen auch ihr aktuelles Wohlbefinden, eventuell gepaart mit physiologischen Daten, eintragen können. Dies suggeriert eine stärkere Nutzerbeteiligung und eine höhere Berücksichtigung der Subjektivität. Jedoch entstehen die Kategorien häufig aus Symptomchecklisten in internationalen, durch Expert*innen entwickelten Klassifikationssystemen. Erstaunlich ist die Willkür, mit der unser kritischer Verstand aus dem einen Klassifikationssystem ein Problem macht, aus dem anderen nicht. Nehmen wir zum Vergleich die Gender-Debatte. Dort fließt viel Energie in eine sehr differenzierte Auseinandersetzung mit etablierten, von patriachalischen Narrativen beeinflussten Geschlechtskategorisierung. Zugleich wird im Gesundheitsbereich die Diskussion um Kategorien, die von technokratischen Narrativen geprägt sind, von der jungen Generation in der derzeitigen Pandemiesituation erstaunlich wenig aufgegriffen, obgleich die Kritik an diesen Kategorien schon recht alt ist. Schon Illich warnte vor der „Medikalisierung des Lebens“ und den „iatrogenetischen“, d. h. ärztlich verursachten Gesundheitschäden:

> „Zunehmende, irreparable Schäden begleiten die gegenwärtige industrielle Expansion […] In der Medizin erscheinen diese Schäden als Iatrogenesis. Als *klinische Iatrogenesis*, wenn Schmerz, Krankheit und Tod aus medizinischer Fürsorge resultieren, als *soziale Iatrogenesis,* wenn Gesundheitspolitik eine industrielle Organisation stützt, welche Krankheit erzeugt; als *strukturelle Iatrogenesis*, wenn medizinisch geförderte Verhaltensweisen und Wahnvorstellungen die vitale Autonomie der Menschen einschränken, indem sie ihre Fähigkeit, erwachsen zu werden, füreinander zu sorgen und alt zu werden, untergraben." (Illich 1975, S. 176)

Nun gibt es auch bei der App-gestützten psychiatrischen Diagnostik im Zusammenhang mit Künstlicher Intelligenz interessante Weiterentwicklungen. Beispielhaft sei hier Mindstrong (2021) angeführt: Die heruntergeladene App analysiert, wie Menschen mit ihrem Mobiltelefon umgehen, wie schnell sie tippen oder wie sie scrollen, und setzt diese Analysen in Beziehung zu Stressreaktionen. Zugleich wird den Nutzer*innen eine Begleitung durch ein Online-Team angeboten, das sie bezüglich persönlicher Zielerreichung, Selbst- oder Stressmanagementtechniken berät, bei der Medikamenteneinnahme unterstützt und in sozialrechtlichen Angelegenheiten helfen kann. Ein Video mit einer Patientin, die unter Angst und Depressionen, auch mit Suizidgedanken gelitten hat, wirbt für die App. Die Interventionen basieren auf (kognitiv-)verhaltenstherapeutisch orientierten Theorien und beginnen bereits präventiv, bevor eine akute Gesundheitskrise einsetzt. Wie ich weiter unten in den Kapiteln 11 und 12 noch genauer ausführen werde, bergen derartige Ansätze jedoch die Gefahr, gesellschaftlich (mit-)

verursachte psychische Probleme zu individualisieren und das Verhältnis zwischen Patient*in und Expert*in gerade auch durch die KI-Unterstützung als Machtgefälle zu zementieren. Es geht zwar vordergründig um die Ziele der Patient*innen und um Selbstermächtigung durch Psychoedukation, zugleich sind derartige Interventionen jedoch anfällig für interessengeleitete Einflüsse gesellschaftlich definitionsmächtiger Akteur*innen.

Dies führt zu der zentralen Frage des Selbstmanagements, der Selbststeuerung und der ständigen Selbstoptimierung. Redecker (2021) macht – ohne direkten Bezug zum psychiatrischen Hilfesystem, sondern mehr mit Blick auf die Erwachsenenbildung – auf eindrucksvolle Weise deutlich, in welche Fallen Menschen durch eine „fremdbestimmte Selbststeuerung" geraten können. Im ständigen Bemühen um Selbstoptimierung entstehe die Gefahr, dass diese Selbstoptimierung nicht in erster Linie die eigenen Ziele berücksichtige und zu einem gelingenden Leben beitrage, sondern dass gerade die Selbstverbesserung zu einer Selbstüberforderung durch ständige Anpassungsanstrengungen führe. Denn Ziele können, auch wenn man sie als die eigenen deklariert, durch mehr oder weniger subtile gesellschaftliche Einflüsse fremdgesteuert und von ökonomischen Interessen aufoktroyiert sein. Ergänzen möchte ich zudem (siehe Kap. 12), dass ohne Adressierung der Bedingungen für psychisch gesundes Aufwachsen, ohne Schutz vor Misshandlung und Vernachlässigung in der Kindheit und ohne eine gute Bildung die Etablierung von Selbstmanagementtechniken extrem manipulationsabhängig bleibt. Wenn Kinder früh lernen, ihre eigenen Gefühle zu registrieren, sich leiblich gut zu spüren und ihre Aufmerksamkeit zielgerichtet zu fokussieren, dann bringen sie weit günstigere Voraussetzungen für eine ihren wahren Bedürfnissen entsprechende Selbstermächtigung und Selbststeuerung mit. Wenn sie weniger gute Voraussetzungen haben, dann droht trotz aller Bemühungen vom Schulalter an ein Nichtgenügen. In einer auf Konkurrenz basierenden Gesellschaft setzt Selbstverbesserung leicht eine zur Erschöpfung führende Spirale in Gang. Das bedeutet, dass App-Anwendungen und Selbstmanagementtechniken eine gute Begleitung erfordern, die sensibel auf bestehende Benachteiligungen reagiert und gesellschaftliche Anforderungen kritisch hinterfragt. Ähnliche Diskurse gibt es auch im Bereich der Schönheitschirurgie. Schneider (2020, S. 79) führt pointiert aus, dass die kosmetische Chirurgie „im hellen Licht zunehmender gesellschaftlicher Akzeptanz an der – Achtung Wortspiel – Schnittstelle zwischen Wunsch und Körper mit dem Ziel der Herstellung des Wunschkörpers“ arbeite und aus feministischer Kritik ein herrschendes Schönheitsideal verfestige, das ein Ideal der Herrschenden sei. So ist es sehr wichtig, bei allen Bemühungen zur Selbstverbesserung einen kritischen Blick darauf zu werfen, wer denn die Standards der Verbesserung tatsächlich setzt und ob die formulierten Ziele eine Anpassung an fremdbestimmte Normen darstellen und in den konkreten sozialen Benachteiligungssituationen tatsächlich erreichbar sind.

Gesundheitsdaten werden im Kontext von definitionsmachtstabilisierenden Kategorien innerhalb von systemstabilisierenden Narrativen erhoben, interpretiert und dann zusammengeführt (siehe auch Kap. 9), um auf dieser Basis politische Entscheidungen zu treffen, die Forschung zu stimulieren, sich international zu vernetzen und im Zusammenhang mit KI auch direkt privatwirtschaftliche Profite und Patente zu ermöglichen. An dieser Stelle seien nur einige Beispiele der sich rasch entwickelnden Datenerhebung und der zentralisierten, mit der Privatwirtschaft vernetzten Gesundheitsdatenauswertung in Deutschland und Europa genannt:

- Im Rahmen des Risikostrukturausgleiches zwischen den Krankenkassen werden immer passgenauere Daten zum Gesundheitsstatus der Versicherten kombiniert mit Sozialdaten erhoben und von zentralen Stellen verglichen, um Krankenversicherungen mit vielen chronisch kranken Menschen durch Ausgleichszahlungen einen fairen Wettbewerb zu ermöglichen.
- Zugleich funktioniert das Abrechnungssystem ärztlicher Behandlungen mit den Krankenkassen auf immer ausgefeilteren, zum Teil unter Einschaltung von privaten Dienstleistern digital übermittelten Informationen. Das Abrechnungssystem der Krankenhäuser mit den Krankenkassen basiert auf DRGs, also auf genauen digitalisierten, in internationalen Klassifikationssystemen (ICD) kodierten Diagnosedaten, sodass bei den Krankenkassen einerseits enorme Datenströme zusammenlaufen und andererseits international passfähige Schnittstellen zur weiteren Datenaggregation entstehen. Zur Nachverfolgung des gesundheitlichen Pandemiegeschehens wären die vorliegenden, sehr genauen Daten überaus dienlich. Merkwürdigerweise werden aber nur wenige in den Medien kommuniziert. Man verlässt sich in der öffentlichen Kommunikation stark auf Belegungszahlen von Intensivbetten, freie Intensivbetten (welche aufgrund von Vorgaben bei der personellen Ausstattung und wechselnden Anreizsystemen deutlich abgenommen haben) und Neuaufnahmen auf Intensivstationen (DVI Intensiv-Register), wobei bei Verlegungen Intensivaufnahmen doppelt gezählt werden.

- Im Rahmen von Disease Management Programmen entstehen Kooperationen zwischen Krankenkassen und privaten Unternehmen, bei denen auch umfangreiche Gesundheitsdaten erhoben und ausgewertet werden. Für Aufsehen sorgte das Care4S Programm der AOK Niedersachsen, bei dem zur Verbesserung der Behandlungsmöglichkeiten von Menschen mit Schizophrenie Kooperationen mit der Firma I3G – einer Tochterfirma des Pharmakonzerns und wichtigen Neuroleptikaproduzenten Janssen-Cilag – eingegangen wurden, was insbesondere die IT Technik unterstützte.
- Weiterhin wird die Digitalisierung des Gesundheitssystems und die Einführung der elektronischen Patientenakte mit einer zentralen IT-Infrastruktur, der gematik (Gesellschaft für Telematikanwendungen der Gesundheitskarte mbH), vorangetrieben, deren Pflege und Weiterentwicklung in den Händen der privaten Bertelsmann-Tochter Arvato liegt. Bislang funktioniert das System noch mit sogenannten Konnektoren (Hardware zur Authentifizierung beispielsweise über Heilberufs- oder Institutsausweise), perspektivisch ist jedoch die Authentifizierung über Identitätsprovider mithilfe einer rein elektronischen Identität (eID) geplant, was wiederum neue Anforderungen an die IT-Sicherheit der Arztpraxen mit sich bringt und Investititonen erfordert (Schmitz 2021).
- Im Januar 2020 trat Deutschland mit Unterschrift der damaligen Bundesforschungsministerin Anja Karliczek und des damaligen Bundesgesundheitsministers Jens Spahn offiziell dem europäischen Großprojekt

„1+Million Genomes Initiative“ bei. Ziel der Initiative ist es, länderübergreifend einen sichereren und geregelten Zugang zu mindestens einer Million kompletter Genomsequenzen und weiterer Gesundheitsdaten zu ermöglichen. Das Bundesgesundheitsministerium plante hierbei schon vor der Pandemie das Projekt „genomDE“, das die Generierung und Bereitstellung von Genomdatensätzen für die „1+ Million Genomes“-Initiative sicherstellen soll, was dann kurze Zeit später als Beitrag zur Pandemieforschung verkündigt wurde (Deutsches Ärzteblatt 2020 a).

Im Zuge der Covid-19-Pandemie wurde die bereits zuvor begonnene Speicherung von Gendaten, ohne durch größere öffentliche Kritik im Zusammenhang mit Datenschutzfragen belastet zu werden, stark beschleunigt: Im April 2020 kündigte Frau von der Leyen an, dass die EU Kommission eine zentrale Plattform für Daten zu Covid-19 ins Leben gerufen hat: „Wir erwarten, dass Experten rund um den Globus innerhalb weniger Tage Tausende von DNA-Sequenzen […] hochladen.“ (Europäische Kommission 2020) Die neue Plattform wird ein europäisches und globales Umfeld bieten, in dem Wissenschaftler Datensätze wie DNA-Sequenzen, Proteinstrukturen, Daten aus der vorklinischen Forschung und klinischen Studien sowie epidemiologische Daten speichern und austauschen können. Deutschland hat hierbei in der Coronaforschung eine tragende Rolle: Am Deutschen Zentrum für Infektionsforschung (DZIF) entsteht eine Plattform, die klinische Studienzentren in der EU versammelt und innerhalb kürzester Zeit Zulassungsstudien für Covid-19-Impfstoffe mit Sponsoren aus der pharmazeutischen Industrie und aus akademischen Institutionen realisieren kann.

Parallel dazu bauen die Wissenschaftler eine Probandendatenbank auf (Deutsches Ärzteblatt 2020b).

Der innereuropäische Datenaustausch wird derzeit durch ein weiteres Großprojekt, *GAIA-X*, mit Sitz in Brüssel (Vereinigung ohne Gewinnerzielungsabsicht) erleichtert, das sich zum Ziel gesetzt hat, Daten und Dienste verfügbar zu machen, zusammenzuführen und vertrauensvoll zu teilen. Die Namensgebung orientiert sich an Gaia, der griechischen Göttin der Erde und Urmutter aller anderen Gottheiten. Der Gesundheitsbereich ist hier jedoch nur einer von vielen (Landwirtschaft, Energie, Finanzen, Geoinformation, Industrie 4.0, Mobilität, öffentliche Verwaltung, Smart Cities, Smart Living). Für Vertrauen soll ein EU Gremium sorgen, das Plattformanbieter zertifiziert. Man will ein Gegengewicht zu Datengiganten wie USA und China setzen und europäische Datenschutzstandards anwenden. Den Rechtsrahmen soll ein Data Governance Act bilden. Ob dieser bei KI-Auswertungen auf vollständig dezentrale Systeme (Swarm Learning) oder eher auf teildezentrale Systeme (Federated Learning) setzen wird, ist noch nicht endgültig entschieden, aktuell scheinen jedoch eher Systeme im Fokus, bei denen der Austausch durch eine zentrale Stelle koordiniert wird (Federated Learning). Es dürfte schwer werden, den Datenzugriff von global agierenden Datengiganten zu verhindern, da auch US-Konzerne und chinesische Firmen am Projekt GAIA-X beteiligt sind, sogar Firmen, die eng mit Geheimdiensten zusammenarbeiten. An deutschen Firmen sind BMW, Bosch, die Deutsche Telecom, SAP und Siemens beteiligt (Reinhardt 2021). An diese Infrastruktur werden dann weitere Systeme angebunden: Mit dem Projekt „FAIR-Data Spaces“ unterstützte das Bundesministerium für Bildung und Forschung mit 6,3 Millionen Euro den Aufbau eines gemeinsamen cloudbasierten Datenraums für Wissenschaft und Wirtschaft durch die Verknüpfung von GAIA-X und der Nationalen Forschungsdateninfrastruktur (NFDI). Auf der Homepage des Bundesinnenministeriums hieß es dazu im Juni 2021[8]:

> „Um Innovationen in Deutschland zu beschleunigen, brauchen wir einen besseren Transfer von Wissen zwischen Forschung und Anwendung und damit insbesondere zwischen Wissenschaft und Wirtschaft. Dabei spielt der Austausch von Daten eine immer wichtigere Rolle: Je mehr Daten aus verschiedenen Quellen über Disziplinen hinweg vernetzt, ausgetauscht und weiterverwendet werden können, desto größer ist die Chance, dass daraus neue Erkenntnisse entstehen, die zu Fortschritt in unserem Land führen […]“

Erwähnenswert ist auch die Anbindung der Nationalen Bioinformatikinfrastruktur (de.NBI), in welche wiederum eine Plattform des Krebsforschungsinstitutes der Universität Heidelberg und des Berlin Institute of Health (Charite) eingebunden wird, mit dem Ziel, *in großem Umfang Gendaten zu speichern* und zu analysieren. Die „translationalen“ Forschungen und Karrierewege am Berlin Institute of Health sollte man meiner Meinung nach sehr genau beobachten. Interessant ist in diesem Zusammenhang auch, dass das Berlin Institute of Health inklusive des Lehrstuhls von Prof. Dr. Drosten von der Privaten Exzellenzinitiative Johanna Quandt gefördert wird. Mitglieder der Familie Quant (Susanne Klatten und Stefan Quant) gehö-

8 Das war noch vor den Bundestagswahlen, die zu einem Regierungswechsel führten. Die Webseiten der Ministerien wurden inzwischen aktualisiert.

ren zu den reichsten Milliardären in Deutschland. Auch die „unabhängige" Stiftung Charité, die sich als Schrittmacher und Impulsgeber der Charité und des Berlin Institutes of Health versteht, liegt in diesem Einflussbereich. Sie nennt als ihren Vorstand den Philosophen Dr. Jörg Appelhans – seit 2000 persönlicher Referent der Familie Quant und seit 2013 Geschäftsführer der aqtivator gGmbH, die die Professionalisierung und Skalierung gemeinnütziger Organisationen sowie wirksame Bildungsansätze fördert und von Stefan Quant gegründet wurde (Stiftung Charite 2021; aqtivator 2021). Auch hier zeigen sich wieder die im Kapitel 6 dargestellten Machtverflechtungen.

Große Datenmengen beflügeln Wissenschaft und Wirtschaft gleichermaßen, und ohne globale Vernetzung kann kaum jemand mithalten. Einerseits wird so in rasanter Geschwindigkeit Fortschritt generiert, andererseits wächst die Macht globaler Akteure gegenüber demokratisch verfassten Gemeinwesen. Forschende geraten in zunehmende Abhängigkeiten, Datenzugang wird möglicherweise dann systemkonformen Forscher*innen bevorzugt gewährt. Die Vorreiter bei der Künstlichen Intelligenz – USA und China – versuchen, ihren Vorsprung auszubauen (vgl. Lee 2018) und sich Patente auf individualisierte, gentechnische Behandlungsmethoden zu sichern, welche dann wiederum die Ausrichtung der Medizin und Forschung der Zukunft beeinflussen. Macht Europa nicht mit, entsteht die Angst, abgehängt zu werden, wirtschaftlich nicht am „großen Kuchen" und medizinisch nicht an den zum Erfolgsmodell deklarierten Methoden beteiligt zu sein. Phantasien vom Besiegen des Krebses und der Alzheimer Demenz oder der gentechnisch verhinderbaren Schizophrenie oder der Überwindung des normalen Alterungsprozesses sind entstanden. Wer möchte das seiner Bevölkerung vorenthalten?

Der Preis dieser Innovationen und die Opportunitätskosten werden weniger thematisiert. Auch das zugrundeliegende Menschen- und Körperbild wird in der Dateneuphorie weniger problematisiert. Der Körper wird zum vermessbaren Objekt, Menschen treten kaum als Subjekte in Erscheinung, sondern ihr gesamter Entwicklungsprozess von der Ei- und Samenzelle bis zum Tod wird zum Gegenstand der technokratischen Manipulation, zu der nur globale Konzerne das methodische Rüstzeug liefern können, einer Manipulation, die verspricht, ein gesundes und langes Leben zu ermöglichen, die zugleich aber persönliche Entwicklungen, wertschätzende Beziehungen, natürliche Selbstheilungskräfte und individuelle Sinnfindung und Spiritualität zu übergehen droht, wie sich in der Covid-19-Pandemie besonders deutlich gezeigt hat. Ein Ausstieg aus diesen globalen Entwicklungen scheint für Deutschland und Europa keine Option zu sein, zu groß sind die mit den Entwicklungen verbundenen Hoffnungen. Allerdings werden diese Entwicklungen enorme Auswirkungen auf die psychische und soziale Gesundheit haben: Positiv können sie zu Präventions- und Behandlungsmöglichkeiten beitragen, negativ vermögen sie Wahrnehmungen, Einstellungen und Handlungsbereitschaften zu beeinflussen und so die Autonomie der Menschen auf vielfältige und neue Art und Weise herauszufordern. Die in kleinen Gemeinschaften gewachsene wechselseitige Fürsorge und der Wert der Care-Arbeit rücken in den Schatten technokratischer Interventionen. Immer wieder wird das persönliche Sichsorgen und Kümmern im Konkurrenzkampf um höhere Entlohnung und Wertschätzung gegenüber teuren technischen Innovationen ins Hintertreffen geraten. Nationale Einflussmöglichkeiten werden gegenüber globalen weiter abnehmen. Die globale Datenkrake hält die Menschheit im Griff.

11 Auswege

Ein Ausweg aus den derzeitigen Dilemmata könnte damit beginnen, die Ebenen der Einflussnahme zu klären. Wenn globale Institutionen und Staaten hemmungslos bis ins Kleinste regulatorisch in die Menschen und ihre Körper hineingreifen und Führungspersönlichkeiten, die ihre Wirkmöglichkeiten überschätzen, „Verantwortung" für andere übernehmen und die Weltbevölkerung mit Nugdingstrategien manipulieren, entstehen Fehlentwicklungen und Abhängigkeitsbeziehungen mit vielen Nebenwirkungen. Auswege können – wenn man es optimistisch betrachtet – darin bestehen, die Selbstverantwortung auf den verschiedenen Ebenen, insbesondere jedoch auf kommunaler Ebene im Setting der Menschen zu stärken.

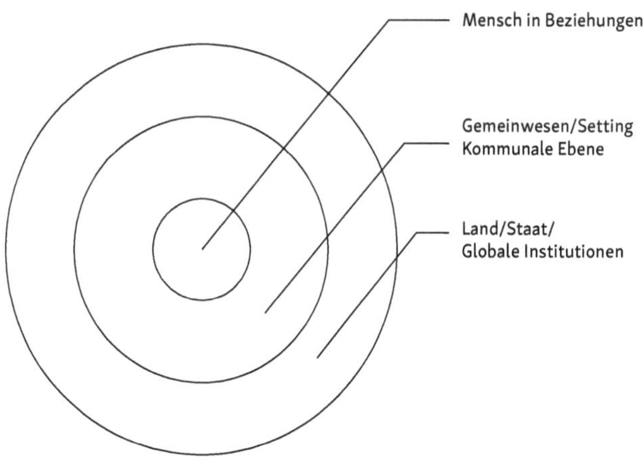

Abbildung 4: Ebenen politischer Einflussnahme (eigene Darstellung)

Wir kommen in demokratischen Gesellschaften trotz der zunehmenden Komplexität nicht umhin, selbst Verantwortung für unser Leben, unseren Körper und unsere Beziehungen zu übernehmen und durch Bildung und Erziehung junge Menschen in eine eigenständige Entwicklung zu begleiten. In Krisen kann diese Eigenständigkeit kurzfristig durch Ver- und Gebote, möglicherweise auch gepaart mit psychologischer Einflussnahme, begrenzt werden. Die Krise darf aber nicht zum normalen Manipulationszustand werden; und Menschen mit Machtpositionen brauchen verantwortliche Selbstbegrenzung und „Checks and Balances", also wirkungsvolle machtbegrenzende Gegengewichte. Derzeit fehlt es in der Finanzwirtschaft, der Pharma- und Lebensmittelindustrie, der Rüstungsindustrie (inklusive der biologischen Waffenentwicklung), im Energiesektor und in der Technologiebranche an diesen Machtbegrenzungen, insbesondere, wenn Geheimdienste und Regierungen zu enge Verflechtungen mit den ökonomischen Machtzentren eingegangen sind (siehe Kap. 6, vgl. AP Archiv 2015).

In Deutschland entstand bei Abschluss des vorliegenden Manuskriptes die Lage, dass die gleichen Politiker*innen – allen voran der neue Bundeskanzler –, die 2021 vor der Wahl zu großen Teilen eine Impfpflicht abgelehnt hatten, nach der Wahl rasch eine Impfpflicht für Tätige im Gesundheitswesen implementierten, eine allgemeine Impfpflicht diskutierten und dann den Genesenenstatus im Januar 2022 auf 3 Monate verkürzten. So könnte die kafkaeske Situation entstehen, dass Fachkräfte, die sich im Dezember 2021 von Patient*innen mit der Omikronvariante angesteckt haben und genesen sind, im März 2022 ihre Stelle verlieren, wenn sie sich nicht auf dem Höhepunkt ihrer Antikörperbildung mit einem Impfstoff impfen lassen, der kaum gegen eine Infektion mit der Anfang 2022 dominierenden Omikronvariante schützt und die Weiterverbreitung an Patient*innen nicht verhindern kann. Fachkräfte, die derartige Auswüchse administrativer Macht ablehnen, werden dann möglicherweise das Gesundheitswesen verlassen, was zu einer Zuspitzung des Pflegenotstandes und des Ärztemangels im ländlichen Raum führen kann. Der Widerstand, der sich seit Anfang 2022 auf den Straßen Deutschlands weiter verstärkt hat, sollte differenziertes Gehör finden, nicht durch Repressalien beantwortet werden und dazu führen, dass absurde Regeln rasch geändert werden!

Gegengewichte entstehen unter anderem in Gemeinwesen, wo sich selbstverantwortliche und beziehungsfähige Menschen zusammentun, um ihr Miteinander demokratisch, achtsam und diversitätssensibel zu gestalten. Teilhabe ist die Voraussetzung für Gemeinwesen, aus denen heraus kraftvolle Impulse für staatliche und überstaatliche Institutionen entstehen können. Hierbei spielen auch Netzwerke eine Rolle, die lokale, nachhaltige und faire Einkaufs- und Konsummöglichkeiten organisieren, freie Medien und Bildungseinrichtungen unterstützen und gegebenenfalls Einrichtungen boykottieren, die die Gesundheit der Beschäftigten oder Konsumenten durch bestimmte Praktiken beeinträchtigen.

Wenn allerdings gesellschaftliche Spaltungsprozesse und digitale Blasen zu Lagern mit derart konträren Auffassungen führen, dass sich gar keine einheitlichen Austauschräume mehr festmachen lassen, dann steht auch der Teilhabebegriff vor notwendigen Neukonzeptionierungen: Teilhabe setzt selbstbestimmte Beteiligung voraus. Wie aber, wenn die Kommunikation zwischen Gruppierungen schon bei der Verwendung bestimmter Reizwörter quasi wie durch einen Pawlow'schen Reflex zum Erliegen kommt? Dann stellen sich die Fragen: In welcher Gruppierung erfolgt Teilhabe? Und mindern sich dann nicht die Teilhabechancen von ohnehin von Exklusion bedrohten Menschen noch weiter?

Eine „Gesprächskultur", in der automatisch exkludierende Zuordnungen erfolgen, verdient ihren Namen nicht. Geboten wäre, zunächst einmal nachzufragen und um Verständigung bemüht zu bleiben. Dem steht entgegen, mittels algorithmischer Prozesse Meinungsäußerungen in sozialen Medien zu diskreditieren oder zu löschen, sobald bestimmte Reizworte fallen. Eine derartige Verwendung Künstlicher Intelligenz bei der Überwachung von Onlinekommunikation trägt nur dazu bei, das pflegliche Miteinander von Menschen weiter zu schwächen.

Teilhabe vor Ort oder in überschaubaren Gruppierungen reicht allerdings noch nicht aus, um die entstandenen Machtkonstellationen zu begrenzen. Es braucht *veränderte Rahmenbedingungen*, insbesondere die Einhegung globaler Machtkonzentrationen, aber das ist eher eine politikwissenschaftliche als eine sozialpsychiatrische Frage. Die Coronapandemie führt vor Augen, dass Manipulationsstrategien in großem Maße funktioniert haben. Dies sollte als Warnsignal gesehen werden, nicht als Blaupause für weitere Manipulationen.

Die Gefahr ist angesichts der Medienmachtkonzentrationen groß, dass unter dem Deckmantel wohlklingender Konzepte Agenden vorangetrieben werden, die in erster Linie die Interessen globaler Konzerne und deren Financiers bedienen. Chancengleichheit oder Solidarität stellen wichtige konzeptionelle Leitplanken dar, wenn sie jedoch missbraucht werden, um beispielsweise interessengeleitet weltweite Impfkampagnen erheblich stärker als andere notwendige Maßnahmen zu fokussieren, dann sollten wir vorsichtig werden. Allerdings ist die verstehende Durchdringung der Hintergründe erschwert, wenn bereits auf das Bildungs- und Wissenschaftssystem von den gleichen Interessengruppen Einfluss genommen wird, die auch die Medien maßgeblich bestimmen (vgl. Kreiss 2020). Wo nehmen jene Menschen, die Diversität und Teilhabe vor Ort leben wollen, ihre Prioritäten, ihr Wissen, ihre Handlungsbereitschaften her? Auch Bewegungen von unten sind von der Lenkung von oben nicht frei. Bei Grasswurzel-Bewegungen braucht es zudem Wachsamkeit, dass sie und ihre Botschaften keine Produkte von *Astroturfing* sind. Mit diesem Begriff werden Maßnahmen von Unternehmen bezeichnet, gezielt unternehmensnahe zivilgesellschaftliche Initiativen aufzubauen oder zu fördern, die sich bürgernah geben, aber in Wahrheit die Interessen ihrer Sponsoren vertreten.

Es braucht eine freie und tiefe Auseinandersetzung in allen Bereichen, insbesondere in *Schulen und Hochschulen*, um sich aus dem Zugriff einer übermächtig gewordenen Beeinflussung Schritt für Schritt zu befreien, es braucht historische Analysen, um Parallelen zu vergangenen Fehlentwicklungen zu identifizieren, es braucht Vordenker*innen, die es wagen, mit Tabus zu brechen und es braucht die echte Beteiligung sehr unterschiedlicher Menschen und die Fähigkeit, einander zuzuhören und gewaltfrei zu kommunizieren. Und es braucht eine gesunde Skepsis gegenüber modellbasierten Vorhersagen, die möglicherweise die Komplexität der Wirklichkeit nicht zureichend abbilden und kleine unvorhersehbare Einflüsse, die zu großen Folgen führen, übersehen.

In einer Streitschrift fordert Prof. Ioannidis, der als Statistiker, Epidemiologe und Professor für Bevölkerungsgesundheit den Ruf einer „Ikone der Qualitätsforschung" genießt, eine Befreiung der Wissenschaft vom autoritären Public Health-Verständnis, das mit Kriegsmetaphern kritische Wissenschaftler*innen in die Nähe von Deserteuren rückt (Tablet Magazine 2021, S. 5 f.):

> „Big Tech companies, which gained trillions of dollars in cumulative market value from the virtual transformation of human life during lockdown, developed powerful censorship machineries that skewed the information available to users on their platforms. Consultants who made millions of dollars from corporate and government consultation were given prestigious positions, power, and public praise, while unconflicted scientists who worked pro bono but dared to question dominant narratives were smeared as being conflicted. Organized skepticism was seen as a threat to public health. There was a clash between two schools of thought, authoritarian public health versus science – and science lost."

12 Handlungsempfehlungen und Fazit für die Praxis

Insgesamt sind die Zusammenhänge so komplex, dass an dieser Stelle nur ein Anfang gemacht werden kann. So möchte ich exemplarisch einige Aspekte vertiefen: Es geht im Folgenden um

- die Wiederbelebung und Weiterentwicklung von Teilhabe,
- die notwendige Stärkung von Care-Arbeit und die Erweiterung intuitiver Fähigkeiten zur Kommunikation,
- die stärkere Fokussierung der gesunden Bedingungen des Aufwachsens in Ergänzung zu den enormen finanziellen Ressourcen, die derzeit in die Gentechnik fließen,
- exemplarisch eine mögliche sozialpsychiatrische Weiterentwicklung von Therapien hin zu mehr Bewegungsförderung in der Natur und zuletzt um
- Anregungen zu einer Weiterentwicklung der Sterbekultur.

Es geht in diesem Kapitel weniger um individuelle Angstbewältigungs- und Entspannungsübungen, die zwar hilfreich sein können, aber die Bewältigung einer stark gesellschaftlich mitverursachten Krise auf das Individuum verlagern. Daher werden Interventionen mit gesellschaftlichen Bezügen stärker in den Blick genommen, und zwar jene, die nicht nur (aber auch) die psychische Gesundheit Einzelner stärken, sondern zugleich das Hilfesystem, die Priorisierung von Unterstützungsansätzen für mehrfach benachteiligte Zielgruppen, die Teilhabe sowie die Entstigmatisierung adressieren. Ein besonderer Fokus wird auf das gesunde Aufwachsen von Kindern, eine feinfühlige Kommunikationskultur und auf primärpräventive Möglichkeiten gelegt.

Die seelischen Verwüstungen, die die Pandemieeindämmungsmaßnahmen bei besonders vulnerablen Zielgruppen angerichtet haben, bedürfen einer entschlossenen Aufarbeitung. Menschen brauchen Unterstützung, ihre Angst- und Schuldgefühle zur Sprache zu bringen und Übergriffe und Vernachlässigungserfahrungen (wie zum Beispiel Kindeswohlgefährdungen oder Vereinsamung) Schritt für Schritt zu bewältigen. Auch braucht es besondere Anstrengungen und personelle und finanzielle Ressourcen, um in der Krise vernachlässigte therapeutische Interventionen nachzuholen und Selbsthilfepotenziale, Öffentlichkeitsarbeit und Gemeinwesenarbeit zu stärken.

Recovery und Teilhabeplanung

Die Thematik der Teilhabeplanung soll insbesondere mit Blick auf Menschen mit seelischen Behinderungen und/oder Psychosen vertieft werden, obgleich in anderen Bereichen ähnliche Herausforderungen entstanden sind.

Psychische Gesundheit zu stärken, bedeutet, Entfaltungsmöglichkeiten und wesentliche persönliche Ziele zu unterstützen. Im Sinne von Recovery bedeutet das im Kern nicht Symptomfreiheit, sondern ein persönlich sinnvolles, hoffnungsvolles Leben mit Handlungsmöglichkeiten und gesellschaftlicher Teilhabe und der Verwirklichung der tiefsten inneren Ziele.

Recovery ist nach Anthony Williams in der Auseinandersetzung mit einer einschneidenen psychischen Störung „ein zutiefst persönlicher, einzigartiger Veränderungsprozess der eigenen Überzeugungen, Werte, Gefühle, Ziele, Fertigkeiten und Rollen. So eröffnen sich Möglichkeiten, um ein befriedigendes, hoffnungsvolles und aktives Leben zu führen, und zwar auch mit den von der Erkrankung verursachten Eigenschaften. Während man über die katastrophalen Auswirkungen der psychischen Erkrankung hinauswächst, gewinnt das Leben eine neue Bedeutung, kann man einen neuen Sinn entwickeln" (Amering/Schmolke 2012, S. 25). Im Rahmen des Recovery-Ansatzes spielen Peer-to-Peer-Unterstützungsangebote eine wichtige Rolle. Menschen, die sich Möglichkeiten erschlossen haben, trotz einschneidender psychischer Erkrankungen ein persönlich sinnvolles Leben zu führen, können in Ex-In-Schulungen (Experienced Involvement) lernen, ihre Erfahrungen an andere Betroffene und an Fachkräfte weiterzugeben und soziale Inklusion zu fördern (Genesungsbegleiter*innen).

Die Unterstützung von Menschen mit psychischen Beeinträchtigungen nach der Coronakrise sollte sich jedoch nicht nur auf gut geplante Einzelinterventionen und Organisationsentwicklung in Institutionen konzentrieren, sondern braucht auch neue kommunale Teilhabeplanungen, welche die durch die Pandemiemaßnahmen verstärkten Teilhabebeeinträchtigungen adressiert. Hierbei sollten auf jeden Fall geschulte Genesungsbegleiter*innen, Angehörige und Menschen aus anderen Herkunftskulturen einbezogen werden. Im Mai 2009 wurde die UN Behindertenrechtskonvention ratifiziert, diese sieht einen umfassenden Schutz vor Diskriminierung vor und fordert die Anpassung von Rechtsnormen und die Entwicklung einer barrierefreien öffentlichen Infrastruktur auch für

Menschen mit psychischen und geistigen Behinderungen. Im Rahmen der Pandemie und der getroffenen Eindämmungsmaßnahmen ist es zu erheblichen Benachteiligungen für bereits psychisch belastete Bevölkerungsgruppen gekommen. Hierbei spielen kumulierte Belastungssituationen bei intersektional benachteiligten Menschen (z. B. alleinerziehende Eltern mit psychischen Erkrankungen, traumatisierte Migrant*innen in Gemeinschaftsunterkünften, hochbetagte Pflegeheimbewohner*innen mit Demenz) eine ganz besondere Rolle. Gefragt sind nun neue Handlungskonzepte, die, im Sinne einer aktualisierten kommunalen Teilhabeplanung, entstandene und zugespitzte Benachteiligungen ausgleichen und Inklusion, das heißt ein selbstbestimmtes Leben in sozialen Bezügen für alle Altersgruppen fördern.

Hierzu braucht es zunächst eine differenzierte Datenerhebung auf kommunaler Ebene mit Erfassungsinstrumenten, die auch die intersektional kumulierten Belastungen während der Pandemiemaßnahmen berücksichtigen und die am schlimmsten betroffenen, stark isolierten Zielgruppen tatsächlich erreichen. Hilfreich könnten in diesem Zusammenhang auch gut zugängliche Tools sein, in die Betroffene und Angehörige selbst digital Probleme und Lösungsvorschläge einspeisen können. Solche partizipativen Erhebungsinstrumente verlangen allerdings personelle Ressourcen, die vermutlich angesichts der durch die Hygiene-, Test- und Nachverfolgungsmaßnahmen verbrauchten kommunalen Ressourcen knapp sein werden. Es gilt also bei der im Zuge der Pandemie geplanten Modernisierung und Aufstockung der öffentlichen Gesundheitsdienste zu berücksichtigen, dass die Sozialpsychiatrischen Dienste und die PSAGs (Psychosoziale Arbeitsgemeinschaften) so ausgestattet werden, dass sie derartigen Aufgaben gewachsen sind. In Zeiten der Pandemie waren im Gegenteil Ressourcen der Sozialpsychiatrischen Dienste zugunsten der Infektionsnachverfolgung abgezogen worden (siehe Kap. 3).

Dann sollten auf der Grundlage aktueller und partizipativ gestalteter Erhebungen vielfältige Maßnahmen ergriffen werden, wie zum Beispiel die Förderung von Patenschaften, digitale Beratungskonzepte mit niedrigschwelligem Zugang auch für weniger medienaffine Bevölkerungsgruppen oder die Ausarbeitung von Krisenplänen. Beim Wegbrechen bestimmter Hilfsangebote (z. B. Tagesstätten, Gruppenangebote) dürfen die Klient*innen nicht einfach allein gelassen werden, sondern es braucht dann verstärkt aufsuchende Hilfen, Unterstützung für vernachlässigte Zielgruppen (z. B. psychisch kranke Eltern oder Menschen mit FASD, s. u.) und neue Interventionsangebote im Freien (siehe auch Psychiatrie in Bewegung). Vermutlich kann auch die Ausweitung von psychiatrischen Regionalbudgets dazu beitragen, ambulante Behandlungen und individuelle aufsuchende Hilfen gegenüber stationären Hilfen zu stärken. Derzeit werden stationäre Behandlungstage oder pauschalierte stationäre Behandlungen bei bestimmten Diagnosen honoriert, jedoch sollte es möglich werden, dass im Rahmen von Regionalbudgets das ausgehandelte Budget unabhängig von den durchgeführten stationären Behandlungen gezahlt wird. Dies setzt Anreize, präventiv und niedrigschwellig Hilfen anzubieten, um schwere Erkrankungen und stationäre Behandlungen überflüssig zu machen. Weiterhin stärken Akutbehandlungen im häuslichen Umfeld und intensiv aufsuchende Behandlungen (vgl. Weinmann et al. 2021) das Verständnis der Behandler*innen für die Realität vor Ort und den Respekt gegenüber der Lebenswelt und den Beziehungsgefügen der Patient*innen.

Selbst wenn die aktuellen, pandemiebedingten Einschränkungen in absehbarer Zeit überwunden sind, braucht es eine Aufarbeitung der entstandenen, verstärkten und möglicherweise fortdauernden Teilhabebeeinträchtigungen und eine Adressierung von Ängsten und Schuldgefühlen. Hier sehe ich insbesondere Kinder und Hochbetagte in Pflegekontexten im Fokus.

Stärkung von Care Arbeit und Förderung guter Kommunikation am Beispiel marte meo

Eine wichtige Rolle können in den notwendigen Erneuerungsprozessen nach der Pandemie Menschen mit hohen intuitiven Kompetenzen spielen. Sie können jenseits der verbalen Interaktion auf einer tieferen non-verbalen Ebene Verbindung herstellen. Über gelingende Abstimmungen stärken sie das Vertrauen in die Möglichkeit mitmenschlicher Verbindung und lassen in Begegnungen Resonanzerfahrungen entstehen. Hierbei spielt auch ein neues Verhältnis zur eigenen Leiblichkeit eine wichtige Rolle. So wird der Leib nicht als „Körperding" verstanden, sondern als Zentrum unserer räumlichen Existenz und Ausgangsbasis unserer Beziehungen. Den Körper können wir kontrollieren, aber leiblich sind wir.

Für Fachkräfte, beispielsweise in Pflegeheimen, in den Frühen Hilfen oder auch in gemeindenahen sozialpsychiatrischen Hilfesystemen könnten videobasierte Interaktionsanalysen im Zusammenhang mit dem entwicklungsorientierten Verfahren marte meo (Aarts 2019) Chancen bieten, passgenaue Hilfs- und Unterstützungsangebote für Menschen zu entwickeln, die während der Pandemie durch Isolation nachhaltig psychisch beeinträchtigt wurden. Beim marte meo Ansatz werden Bezugspersonen mit ihren Klient*innen in alltäglichen Interaktionen gefilmt. Marte meo Kollegentrainer*innen heben dann im Review gelingende Interaktionen deutlich hervor und zeigen Gelegenheiten, wie die Bezugspersonen ihre intuitiven und professionellen Kompetenzen noch weiter ausbauen können. Im marte meo Konzept gibt es sehr ausführliche videobasierte Beschreibungen gelingender Interaktionen. Hierbei wird einerseits auf bestimmte Elemente, wie freundlicher Gesichtsausdruck, Tonfall oder Beantworten von Initiativen des Gegenübers geschaut, zum anderen werden die sozial-emotionalen Reaktionen der Interaktionspartner*innen genau beobachtet, beispielsweise Zeichen von Anspannung, Aufregung, Freude oder auch die Bereitschaft zum Kontakt (Blickzuwendung) oder Initiativen zur Beendigung einer Interaktion, wie sie zum Beispiel in der Blickabwendung eines Säuglings oder eines Menschen mit Demenz zum Ausdruck kommen kann. Das heißt, es spielt nicht nur eine Rolle, was die Bezugspersonen im Interaktionsprozess tun, sondern insbesondere, ob dies im passenden Augenblick geschieht: Zunächst braucht es Kontaktmomente, das heißt die Bereitschaft, sich gegenseitig achtsam wahrzunehmen. Ein aufmerksames Warten auf die Initiativen des Klienten spielt beim Entstehen einer gelingenden Interaktion eine wichtige Rolle. Wenn dann Initiativen sichtbar werden, auch wenn sie sehr diskret sind, kann die Bezugsperson diese benennen, spiegeln oder beantworten und so ihrem Gegenüber zunächst einmal soziale Verbindung erfahrbar werden lassen.

Der marte meo Ansatz kann auch eingesetzt werden, um Angehörige zu stärken. Bei diesem Ansatz liegt ein zentraler Schwerpunkt darauf, zu beobachten, wie Menschen in ihrem Lebensumfeld auf die Initiativen anderer antworten. Verbindung entsteht, wenn ein Mensch in seinen Initiativen in einem freundlichen Umfeld wahrgenommen und beantwortet wird. Hierbei gibt es sehr unterschiedliche Möglichkeiten der Beantwortung: Bezugspersonen kleiner Kinder können begleitend zu Spielinitiativen Spielgeräusche machen und so dem Kind signalisieren, dass sie die Spielinitiativen freundlich begleiten. Bezugspersonen können Handlungen oder Gefühle des anderen benennen oder Initiativen durch ein Lächeln oder durch Worte bestätigen. Auch komplementäre Handlungen wie das Entgegennehmen eines gereichten Gegenstandes oder das Einnehmen eines für die andere Person angenehmen Abstandes wären Möglichkeiten der Beantwortung. Eine wichtige Rolle spielt zudem ein angemessenes Timing, das abwechselnde Initiativen ermöglicht. Hierbei ist das aufmerksame Warten auf die Initiative eines weniger wirkmächtigen Kommunikationspartners besonders bedeutend, sodass er/sie Initiative entfalten kann und nicht direkt unterbrochen wird (vgl. Jost 2009). Wenn Fachkräfte gezielt Interventionen entwickeln, die in der Interaktion mit vereinsamten, eventuell apathischen oder von Ängsten getriebenen Klient*innen Verbindung fördern, dann können sie dazu beitragen, dass extremere Beeinträchtigungen, die unter Umständen während der Pandemie verstärkt worden sind, zurückgehen. Manche Menschen haben nur (noch) begrenzte Möglichkeiten, nach Isolationsmaßnahmen aus eigener Kraft wieder Verbindung herzustellen, sie brauchen dabei Unterstützung. Auch haben Menschen, die lange in Institutionen (z. B. Pflegeheimen) gelebt haben, weniger Fähigkeiten, untereinander Verbindung herzustellen, sie beziehen sich mit zunehmender Aufenthaltsdauer in Institutionen stärker auf das Personal. Hier gilt es nicht nur, die Verbindung zwischen Klient*innen und Personal zu stärken, sondern auch dazu beizutragen, dass die Menschen untereinander wieder besser in Kontakt kommen. In der marte meo Sprache wird dies als Linking up bezeichnet (vgl. Aarts 2019). Linking up gelingt beispielsweise, indem man die Initiativen, Handlungen oder Gefühle eines Klienten/einer Klientin in Gegenwart der/des anderen benennt und freundlich hervorhebt. So kann ein Mensch mit Demenz sich selbst besser registrieren und die andere in der Einrichtung lebende Person wird aufmerksam und nimmt ihr Gegenüber genauer wahr. So wird einerseits die soziale Aufmerksamkeit der Klient*innen gefördert und zugleich entsteht eine bessere Vorhersehbarkeit der Handlungen der anderen Klient*innen.

Es braucht insgesamt deutlich mehr Wertschätzung für gute Care- und Sorgearbeit, für die Kindererziehung ebenso wie für die Pflege kranker und gebrechlicher Menschen. Gerade Menschen aus diesen Berufen sollten nach der Pandemie besonders unterstützt werden durch gute Arbeitsverträge und passgenaue Weiterbildungsangebote. Da absehbar ist, dass durch den zunehmenden Einsatz Künstlicher Intelligenz in zahlreichen Branchen in erheblichem Umfang Arbeitskräfte „entbehrlich" werden, braucht es eine gesellschaftliche Diskussion, wie diese Ressourcen an Zeit und Engagement dem Wohl der Menschen zu Gute kommen können. Potenziale sehe ich hier in einer neuen Beziehungskultur, die insbesondere in der frühen Kindheit beginnt. Provoziert von technokratischen Machbarkeitsphantasien stellt sich die Frage, ob die zentrale Metapher in der Kindererziehung und der Gesundheitsförderung eher die eines Gärtners oder eher die eines Bildhauers ist: Bemühen wir uns um gute Bedingungen, dass Menschen sich aus eigener Kraft entwickeln, oder versuchen wir durch immer mehr technokratische Interventionen und Kontrolle, die Menschen zu formen? Letzteres würde in eine Kultur narzisstischer Selbstüberschätzung passen und ersteres setzt Vertrauen, Liebe, intuitive Kompetenzen und eine gesundheitsförderliche Umwelt voraus. Ich möchte hier die *Gärtner*innenmetapher* verfolgen und dafür plädieren, den Kindern einen guten Nährboden und geeignete Wachstumsbedingungen zu bereiten.

Die Bereitstellung guter Entwicklungsbedingungen für belastete Familien

Schwangerschaft

Gute Entwicklungsbedingungen zu setzen, beginnt in der Schwangerschaft: In Deutschland kommen jährlich etwa 10.000 Neugeborene mit alkoholbedingten Schädigungen (FASD) und 2000 mit dem Vollbild FAS (= Fetales Alkoholsyndrom) zur Welt, welche schwere lebenslange Beeinträchtigungen nach sich ziehen. In den letzten Jahren hat diese Problematik insbesondere in der Jugendhilfe, der Schule, der Kinderheilkunde und bei den Frauenärzt*innen mehr Aufmerksamkeit erreicht. Gestartet wurden Aufklärungskampagnen in Frauenarztpraxen und Schulprojekte (Bundesgesundheitsministerium 2018), die allerdings im Zuge von Homeschooling ins Stocken gerieten. Insgesamt werden Interventionen zur Vermeidung von lebenslangen Behinderungen, die vermutlich knapp ein Prozent der deutschen Bevölkerung betreffen und auch im Erwachsenenalter hoch bedeutsam bleiben, erstaunlich wenig finanziell untersetzt.

Dabei wäre – sofern man Nudging-Strategien trotz der in Kapitel 7 geäußerten prinzipiellen Bedenken staatlich vorantreiben will – bei der Prävention von Schädigungen Ungeborener im Mutterleib eine breit angelegte Nudging-Strategie in der Bevölkerung möglich, die gut von der Arbeitsgruppe „Wirksam regieren“ der Bundesregierung aufgegriffen werden könnte (Bundesregierung 2021). Moderne Nudging-Strategien basieren auf einer Analyse von Einstellungen und Werten der Zielgruppe. Hier haben Binder et al. (2021) erste Grundsteine gelegt, indem sie unter anderem Diskussionsthreads in Onlineforen qualitativ ausgewertet haben. Manche Frauen leiden darunter, dass sie selbst in ihrer Autonomie nicht mehr ausreichend gewürdigt, sondern verstärkt im Hinblick auf das Kind im Mutterleib betrachtet werden, sodass es bei entsprechenden Kampagnen auch bedeutsam ist, die Bedürfnisse der Frau zu adressieren.

In der GEDA-Studie (RKI 2012) wurde deutlich, dass bei Männern und Frauen der Anteil an Risikokonsument*innen von Alkohol in der Altersgruppe zwischen 18 und 29 Jahren am höchsten ist. 33 Prozent der Frauen dieser Altersgruppe und 17 Prozent der 30- bis 44-jährigen Frauen gehörten zu den Risikokonsumentinnen. Daher brauchen wir gezielte Kampagnen, den Alkoholkonsum bereits bei möglicher Schwangerschaft vollkommen einzustellen sowie nicht stigmatisierende Ausstiegshilfen für Frauen, die dies nicht ohne Weiteres können. Gemeinsam mit der Bundeszentrale für gesundheitliche Aufklärung haben Tübinger Forscher*innen als Unterstützung die Plattform IRIS (2021) entwickelt, die online Informationen und erste Interaktionen für Frauen bereitstellt, die Unterstützung bei der Abstinenz von Tabak und Alkohol benötigen. Die Plattform wurde nach den Ergebnissen der qualitativen Analysen von Binder et al. (2021) noch einmal überarbeitet und adressiert jetzt sowohl den Schutz des Ungeborenen, mögliche Schuldgefühle und Selbststigmatisierungen als auch die Bedürfnisse der schwangeren Frau. Binder et al. (2021) arbeiteten zudem heraus, dass gerade nach Feststellung einer Schwangerschaft die Beziehungsgestaltung zwischen Frauenärztin und Patientin besonders bedeutsam ist. Nötig sind Gespräche auf Augenhöhe, Zeit für non-direktive motivierende Beratung und ausführliche Informationsvermittlung. Unterstützungsangebote für Frauen, die eine Abstinenz anstreben, müssten ausgebaut werden. Angesichts der Zunahme von Alkoholkonsum von Müttern während der Pandemie sollten weitere zielgruppenspezifische Unterstützungsangebote, die auch die werdenden Väter einbeziehen, eine hohe Priorität haben. In den Blick zu nehmen ist auch das generationenübergreifende Problem, dass Frauen mit FASD besonders suchtgefährdet sind und sich in einer Schwangerschaft schwerer regulieren können. Der Suchtprävention für vulnerable Zielgruppen widmet sich im Rahmen des GKV Bündnisses für Gesundheit die Brandenburgische Landesstelle für Suchtfragen (BLS 2021).

Menschen mit FASD leiden lebenslang an Impulskontrollstörungen, Aufmerksamkeitsdefiziten, sozialen Kompetenzdefiziten, Gedächtnisbeeinträchtigung und Störungen der sogenannten Exekutivfunktionen. Letztere beeinträchtigen die Handlungsplanung und strukturierte Durchführung in allen Lebensbereichen, sodass vielfältige Probleme erwachsen können: Schul- und Ausbildungsabbrüche, Arbeitslosigkeit, Schwierigkeiten im Umgang mit Geld, Sucht- und Depressionsgefährdung und ein deutlich erhöhtes Risiko, straffällig zu werden, um nur einige Folgeprobleme zu benennen (Jost 2020). Allerdings ist dies eine Behinderung, die keine Profite durch medikamentöse Behandlungsmaßnahmen verspricht und auch nicht technokratisch addressierbar ist. Die Debatte um das Virus und die mRNA-basierten Impfungen hat die Aufmerksamkeit für solche Gesundheitsstörungen weiter geschwächt. So braucht es meiner Meinung nach Gegenbewegungen, um bislang vernachlässigte Gesundheitsgefahren mehr in die Öffentlichkeit zu rücken.

FASD und die mediale Darstellung in der Öffentlichkeit pflegen jedoch eine janusköpfige Beziehung. Auf der einen Seite bedeutet mediale Aufmerksamkeit für FASD bessere Chancen, den Anliegen der Betroffenen sowie ihrer Familien Gehör zu verschaffen und die Gesellschaft für das Thema FASD zu sensibilisieren. Auf der anderen Seite tendiert die Berichterstattung allzu häufig dazu, die besonders dramatischen Fälle in die öffentliche Wahrnehmung zu rücken. Gewollt oder ungewollt werden so Stereotype aufgegriffen, die biologischen Mütter stigmatisiert und die Beeinträchtigungen der Kinder möglicherweise dramatisiert, ohne deren Stärken hervorzuheben.

Eine Studie von Eguiagaray et al. (2016, S. 50 f.) untersuchte australische Zeitungsartikel, Aspler et al. (2018) analysierten kanadische Zeitungsartikel zum Thema FASD. In den australischen Artikeln wurde unter anderem ein Gefangensein der Betroffenen im eigenen Schicksal und ein Bild von Ungerechtigkeit, Verzweiflung sowie Trostlosigkeit vermittelt, ein Bild, das Menschen mit FASD in die Rolle des wehrlosen Opfers drängt. Die kanadischen Wissenschaftler konnten acht Schlüsselthemen identifizieren: Hierbei erwies sich das Themenfeld „FASD-assoziierte Kriminalität" als besonders stark vertreten. Zwar wurde in einigen Zeitungsartikeln explizit gegen das Label „kriminell" argumentiert und die begrenzte Schuldfähigkeit hervorgehoben, jedoch kann sich bei diesem medialen Fokus leicht das Bild eines gefährlichen Menschen festsetzen, mit der Folge einer verstärkten Ausgrenzung von FASD-Betroffenen. Weiterhin wurden in den Zeitungsartikeln Menschen mit FASD aufgrund ihrer physischen, psychischen sowie sozial-interaktiven Andersartigkeit zur Belastung für die jeweilige Familie erklärt. Auch dieses Bild ist nicht wirklich hilfreich, obgleich es die Erziehungspersonen entlastet.

So brauchen Interventionen zur Prävention und zur fairen Behandlung von FASD-Betroffenen eine sorgfältige Planung. Sie sollten mit einer sehr sensiblen Wortwahl und gut ausgewählten Fallgeschichten durchgeführt werden und Betroffene und ihre Angehörigen beteiligen, damit die Menschen nicht als wehrlose Opfer oder aggressive Täter*innen, sondern als an der Gesellschaft teilhabende Akteur*innen wahrgenommen werden. Auch eine Darstellung in gut gemachten Spielfilmen könnte dazu führen, dass die gesellschaftliche Aufmerksamkeit und die Empathie für die Betroffenen und ihre Familien zunimmt.

Frühkindliche Entwicklung

Um die aktuelle Situation nicht ungebührlich zu dramatisieren, sei dem Folgenden vorangestellt, dass sich in den letzten 70 Jahren einige Grundbedingungen für psychisch gesundes Aufwachsen in Deutschland erheblich verbessert haben: Die Zahl der Kinder und Jugendlichen, die ohne körperliche, seelische und sexuelle Gewalterfahren aufwachsen, ist ganz erheblich angestiegen. Fuchs (2019, S. 119) fasst seine Analysen dahingehend zusammen, dass man davon ausgehen könne, dass die aktuelle Kindergeneration zu deutlich über 70 Prozent gewaltfrei (bezogen auf körperliche Gewalt) aufwachse. Im Jahr 2000 trat in Deutschland ein Gesetz zur Ächtung von körperlicher Gewalt in der Erziehung in Kraft. Weltweit gehören die europäischen Länder, allen voran Schweden, zu den Vorreitern bei der Ächtung von Gewalt in der Erziehung. Auch sexuelle Gewalterfahrungen seien gemäß einer repräsentativen Studie des Kriminologischen Forschungsinstitutes Niedersachsen in Deutschland rückläufig; und 80 bis 90 Prozent der Kinder und Jugendlichen fühlten sich in ihren Familien wohl (Fuchs 2019, S. 120 ff.).

In den letzten 10 bis 20 Jahren wurden in Deutschland die Frühen Hilfen flächendeckend deutlich ausgebaut. Unterstützungsangebote für Schwangere und Familien mit Kindern von null bis drei Jahren wurden in koordinierten Anstrengungen von Jugendhilfe, Hebammen/Geburtshilfe, Kinderheilkunde/Sozialpädiatrischen Zentren, Heilpädagogik/Frühförderung, KiTa-Pädagogik, Schwangerschaftsberatung und ehrenamtlichen Pat*innen etabliert, um freiwillige, niedrigschwellige und kostenfreie Unterstützung und Beratung und Begleitung zu etablieren und ein gesundes und gewaltfreies Aufwachsen zu unterstützen. Dies erfordert multiprofessionelle Kooperation und Netzwerkarbeit. Frühe Hilfen beziehen sich auf die UN Kinderrechtskonvention und auf Art. 6 Abs. 2 des Grundgesetzes, in dem das Recht und die Pflicht der Eltern zur Pflege und Erziehung ihrer Kinder gesichert, aber auch ein Wachen der staatlichen Gemeinschaft über deren Betätigung verankert ist. Im Vordergrund stehen hierbei die Ressourcenstärkung und die Mobilisierung von Selbsthilfepotenzial. Als Voraussetzung dafür wird zunächst die Sicherung der familiären Grundversorgung genannt. Die Förderung der Erziehungs- und Beziehungskompetenz der Eltern als Vorrausetzung für eine gelingende Bindungsentwicklung ist ein zentrales Ziel der Frühen Hilfen (Nationales Zentrum Frühe Hilfen 2021). Da gerade während der Pandemiezeiten umfangreiche Erhebungen zur Qualitätssicherung der Frühen Hilfen laufen, bietet dies die Chance, noch einmal in besonderer Weise auf die Belastungen von intersektional benachteiligten Zielgruppen aufmerksam zu machen, zum

Beispiel auf die Belastungen von Familien mit psychisch kranken Eltern(teilen) oder auf traumatisierte oder gesundheitlich beeinträchtigte Eltern mit Migrationshintergrund.

An dieser Stelle möchte ich noch einmal die besondere Bedeutung des ersten Lebensjahres für die psychische Gesundheit betonen. Die frühe Kindheit ist nicht nur in Bezug auf das Urvertrauen und die Bindungsentwicklung eine besonders vulnerable Zeit und prägt so ganz entscheidend die Beziehungen zu wesentlichen Bezugspersonen, sondern diese Entwicklungsphase spielt auch für die Entstehung sozialkognitiver Kompetenzen eine zentrale Rolle. Tomasello (2006) arbeitet deutlich heraus, wie im ersten Lebensjahr „Szenen gemeinsamer Aufmerksamkeit" entstehen. Sie sind intentional definiert, das heißt das Kind lernt bereits im ersten Lebensjahr, dass Menschen zielgerichtet handeln. Dem Blick des Gegenübers zu folgen, bedeutet zu verinnerlichen, dass wir nur das Gleiche sehen, wenn wir in die gleiche Richtung blicken. Nur durch geteilte Aufmerksamkeit entsteht ein gemeinsamer Fokus. So entsteht durch die geteilte Aufmerksamkeit ein grundlegendes Verständnis für kommunikative Absichten, welches den sozialkognitiven Hintergrund für symbolische und sprachliche Kommunikation abgibt.

Der menschliche Spracherwerb unterscheidet sich ganz entscheidend von den Sprachzugängen der Künstlichen Intelligenz, denn es geht nicht nur um die Bedeutung von Gesten, Ausdrücken und Wörtern, sondern ganz entscheidend um die diesen zugrundeliegenden Intentionen von Menschen. Psychische Gesundheit hat meiner Auffassung nach sehr viel mit der Fähigkeit zu tun, *den anderen als ein Du mit eigenen Absichten und Initiativen wahrzunehmen*, das heißt als Person und nicht als zu manipulierendes Objekt. Es gilt, von frühester Kindheit an diese spezifisch menschliche Wahrnehmung zu stärken und sowohl in den Familien als auch in den frühen Kinderbetreuungseinrichtungen den Fokus auf die Initiativen des Kindes und deren Beantwortung zu richten. Da nun über fast zwei Jahre Frühe Hilfen nicht wie zuvor bei vulnerablen Zielgruppen angekommen sind und Familien mit Kindern während der Pandemie noch einmal unter besonderem Stress standen, braucht die Alterskohorte der 2020 und 2021 in vulnerablen Familien Geborenen in den Folgejahren eine besonders sensible Unterstützung.

In den Fokus der Forschung rücken derzeit auch die generationenübergreifenden Zusammenhänge: wie Traumata der Eltern an Kinder weitergegeben werden, wie sich epigenetische Veränderungen bei hohen Stressbelastungen von werdenden Eltern auf die nächste Generation auswirken und welche weiteren Traumatisierungen in der Säuglingszeit mit langfristigen psychischen und biologischen Folgen möglich sind. Wir waren vor der Pandemie in Europa auf einem guten Weg, die Bedingungen für das psychisch gesunde Aufwachsen in der Schwangerschaft und frühen Kindheit zu verbessern. Nun gilt es, die Frühen Hilfen entschlossen zu stärken, damit durch die Pandemiemaßnahmen in diesem wichtigen Feld keine weiteren Rückschläge entstehen.

Eltern mit psychischen Erkrankungen

Kinder psychisch kranker Eltern wurden auch in einer Expertenkommission im Auftrag des Deutschen Bundestages zum Thema gemacht: Im Ergebnis entstanden bereits vor der Pandemie vier Kernthesen zum Unterstützungsbedarf von Kindern psychisch kranker und/oder suchtkranker Eltern (AFET 2020, S. 7, 9, 14, 20):

- „Die Leistungen sind sowohl individuell als auch am Bedarf der Familie ausgerichtet flächendeckend auf- und auszubauen und für die betroffenen Kinder über alle Altersgruppen hinweg und ihre Eltern zugänglich zu machen.“
- „Präventive Leistungen sollten für Kinder und Jugendliche aller Altersgruppen sowie für deren Familien zugänglich sein.“
- „Um komplexen Bedarfslagen eines oder mehrerer Familienmitglieder gerecht zu werden, müssen die bestehenden Hilfs- und Unterstützungsangebote besser ineinandergreifen.“
- „In den örtlichen und regionalen Netzwerken müssen Lotsen die Zugänge zu (weiteren) Hilfen und jeweils bedarfsgerechten Unterstützungsmaßnahmen an den Schnittstellen unterschiedlicher Leistungssysteme erleichtern.“

Schätzungen gehen davon aus, dass etwa 10 bis 15 Prozent der Kinder und Jugendlichen (2,65 Millionen) zumindest zeitweilig von einer elterlichen Suchterkrankung betroffen sind und zwei bis drei Millionen (Überschneidungen möglich) Kinder und Jugendliche mindestens einen Elternteil mit psychischen Erkrankungen haben (AGJ 2010). Diese Kinder tragen ein deutlich erhöhtes Risiko, selbst psychisch krank oder suchtkrank zu werden.

Bereits vor der Pandemie wurde wiederholt insistiert, dass diese Zielgruppe dauerhaft finanzierte, koordinierte und niedrigschwellige Hilfen benötigt, bei gleichzeitiger Entstigmatisierung psychischer Erkrankungen im Elternhaus. Nun sind in den Jahren 2020 und 2021 zahlreiche Ressourcen in den

Infektionsschutz geflossen und etablierte Projekte zur Unterstützung von Kindern aus belasteten Elternhäusern zeitweilig völlig weggebrochen, sodass nun eine Ressourcenumverteilung zu Gunsten des gesunden Aufwachsens von Kindern und Jugendlichen – besonderen Leidtragenden der Eindämmungsmaßnahmen – erfolgen müsste. Hierbei sollten neben der psychischen Gesundheit und ihrer Gefährdung durch gewachsenen Medienkonsums auch die Themen Ernährung und Bewegung fokussiert werden.

In diesem Zusammenhang sind auch die Planungen zu langfristigen Präventionsstrategien der Bundesregierung von Interesse. Wie ich aus internen Kreisen im Herbst 2021 erfuhr, soll bei der nationalen Präventionsstrategie unter anderem das Thema „psychische Gesundheit im familiären Kontext" in den Vordergrund rücken und in jährlichen Berichten einen wichtigen Stellenwert erhalten. Hierbei geht es einerseits um Finanzierungsstrukturen im Hilfesystem und um die bessere Vernetzung zwischen Kinder- und Jugendhilfe und Suchthilfe/Erwachsenenpsychiatrie und andererseits um die langfristige Etablierung von Unterstützungsangeboten, möglicherweise auch um Abhilfe bei Kinderarmut. Abzuwarten bleibt, ob auch die Zusammenhänge zwischen den Be- und Entlastungen für Familien durch andere politische Strategien (wie z. B. Eindämmungsmaßnahmen im Rahmen der Pandemie oder auch Belastungen durch Wohnraum- und Wohnumfeldprobleme, Belastungen von Eltern durch einen große Flexibilität erfordernden Arbeitsmarkt) genügend Berücksichtigung finden. Beim Abwägen zwischen wirtschaftlichen Interessen einflussreicher Akteure und den psychischen Bedürfnissen von Kindern braucht es eine starke Lobby für die psychische Gesundheit von Kindern. Dies hat noch viel weitreichendere Folgen, als auf den ersten Blick deutlich wird, denn – wie Fuchs (2019) immer wieder betont – ist die Misshandlung und Vernachlässigung von Kindern eine nicht zu vernachlässigende Teilursache bei der Entstehung von Kriminalität, Terrorismus und politischen Verwerfungen, möglicherweise bis hin zur Begünstigung von Kriegen. Fuchs (2019) stellt in seinem Buch „Die Kindheit ist politisch" ausführlich die Biografien politischer Führer, Diktatoren, führender NSDAP-Gefolgsleute und Kriegsherren dar und stellt die Frage (S. 266): „Wer weiß, was aus diesen begabten Menschen geworden wäre, wenn sie liebevoll und gewaltfrei aufgewachsen wären?"

Es lohnt, bei der Arbeit mit Kindern aus belasteten Elternhäusern auch Kulturschaffende einzubeziehen. So ist beispielsweise im Paranus Verlag ein schönes Kinderbuch mit dem Titel „Ein Schlüssel für Mama" (Gliemann 2021) erschienen: In diesem Bilderbuch erzählt das Mädchen Frieda, wie ihre Mutter – eine Künstlerin, die immer ganz viel unterwegs war – sich im Laufe der Pandemie verändert und depressiv wird. Frieda macht sich große Sorgen und fühlt sich schuldig. Kinderbücher, Filme und Theaterstücke erleichtern es, mit Kindern über ihre Sorgen und Gefühle ins Gespräch zu kommen. Das Netzwerk HopeLit (2021) stellt Materialien (Bücher für Kinder und Erwachsene, verfilmte Geschichten) zusammen, die sich eignen, miteinander über die Belastungen während der Pandemie ins Gespräch zu kommen. Einige Kulturschaffende wie zum Beispiel Claudia Gliemann bieten auch – unterstützt durch die AOK und die Deutsche Depressionsliga – Lesungen mit Musikuntermalung in Schulklassen zum Thema Kinder psychisch kranker Eltern an. Diese Veranstaltungen konnten zu Pandemiezeiten wegen der Schulschließungen und Hygieneauflagen nicht stattfinden, während sich gleichzeitig der Gesprächsbedarf der Kinder enorm erhöht hat.

Körperliche Gesundheit von Kindern

In Bezug auf die körperliche Gesundheit stellen Allergien eine der häufigsten chronischen Gesundheitsstörungen bei Kindern und Jugendlichen dar (RKI 2018). Bislang ließen sich in Studien keine eindeutigen Unterschiede, die mit dem Impfstatus der Kinder zusammenhängen, nachweisen (Schmitz et al. 2011). Ob sich dies im Zusammenhang mit den Impfempfehlungen für Kinder und Jugendliche gegen Covid-19 ändern wird, bleibt abzuwarten.

Ein weiteres Gesundheitsproblem im Kindes- und Jugendalter stellen Übergewicht, Adipositas und Bewegungsmangel dar. Durch die pandemiebedingten Einschränkungen des Aufenthalts im Freien, des Schul- und Vereinssports, des sozialen Austausches, auch durch vermehrtes stressbedingtes Essen (Naschen, Fast Food) kann es hier zu bleibenden Fehlentwicklungen bei anfälligen Kindern und Jugendlichen gekommen sein. Nach den Einschränkungen durch die Eindämmungsmaßnahmen sind nun gerade für benachteiligte Kinder im Freizeitbereich zusätzliche Angebote zur Förderung der körperlichen Gesundheit nötig: Es bedarf einer Unterstützung von KiTas, Horten, Stadtteilfamilienzentren und Sportvereinen, um attraktive Freizeit- und Bewegungsangebote zu entwickeln und hierbei insbesondere familiär belastete, adipöse oder stark medienaffine Kinder zu begeistern, es braucht eine neue Verbindung von Kultur- und Bewegungsangeboten und bewegungs- und abenteuerorientierten Urlaubsmaßnahmen, um pandemiebedingte Gewohnheiten zu adressieren und eventuell entstandene Ängste abzubauen.

Kommunen und Psychiatrie in Bewegung

Im Kinder- und Jugendbereich scheint im Herbst 2021 die Erkenntnis angekommen zu sein, dass nicht nur kognitive, sondern auch motorische Lerndefizite entstanden sind, denn Sportlehrer*innen stellten nach den Lockdownmaßnahmen gravierende Probleme in den Bereichen Kondition, Koordination und Kraft fest. In vielen Kommunen nutzte man Förderlinien, um gerade auch im Hortbereich oder in Kooperation mit Vereinen Bewegungsangebote, zum Teil gepaart mit kulturellen Verknüpfungen (Tanz) anzubieten. Allerdings war/ist es nicht immer leicht, Übungsleiter*innen zu finden, denn gerade ältere engagierte Übungsleiter*innen hatten die Pandemie zum Anlass genommen, ihre ehrenamtliche Tätigkeit einzustellen. Auch auf Bundes- und Länderebene entstanden Initiativen. Erwähnt sei hier die Bewegungskampagne „Move“, die die Deutsche Sportjugend mit Unterstützung des Bundesfamilienministeriums startete (DSJ 2021): Diese verfolgt das Ziel, Kinder und Jugendliche wortwörtlich wieder in Bewegung zu bringen. Hier geht die Deutsche Sportjugend (dsj) neue Wege und wird vor allem auf die Kombination von Musik und Sport setzen. In diesem Zusammenhang sind bundesweit Aktionstage geplant, die vor Ort von Sportvereinen mit Unterstützung durch Fördermittel ausgerichtet werden.

Wünschenswert wären zudem besondere kommunale und landespolitische Anstrengungen, sichere Radwege zu bauen, um alltägliche Bewegungsanreize gerade auch für Kinder zu setzen. Angesichts leerer Kassen und Preisanstiegen im Baugewerbe drohen aber gerade derartige Planungen verschoben zu werden. Auch eine Belebung einer gruppenbezogenen Parkkultur, wie man sie beispielsweise in Ländern wie China vorfindet, böte Möglichkeiten von Bewegungsanreizen.

Auch im Erwachsenenbereich sollte die Bewegung besonders fokussiert werden, gerade auch für ältere Zielgruppen und in sozialpsychiatrischen Arbeitsfeldern. Die Bundeszentrale für gesundheitliche Aufklärung (BZgA 2021) hatte bereits 2019 das AlltagsTrainingsProgramm (ATP) ins Leben gerufen, das Frauen und Männern ab 60 Jahren zeigt, wie sie nachhaltig mehr Bewegung in ihren Alltag integrieren können. Das Programm zielt darauf ab, Alltagssituationen und Alltagsfertigkeiten als Trainingsmöglichkeit zu erkennen und zu nutzen – überall und zu jeder Zeit. Die BZgA kooperiert hier mit Vereinen und Senioreneinrichtungen vor Ort und bietet Übungsleiterschulungen an. Auch im sozialpsychiatrischen Bereich und in der Arbeit mit Menschen mit Behinderungen bedarf es nun entschlossener Initiativen, denn gerade chronisch psychisch Kranke sind, wie bereits in Kapitel 3 und 4 erwähnt, ganz besonderen Risiken ausgesetzt und mussten während der Pandemie auf Unterstützungsangebote verzichten.

An dieser Stelle möchte ich hervorheben, dass die Pandemiemaßnahmen und ihre Folgen Chancen bieten, erfolgreiche psychiatrisch relevante Therapiekonzepte, die zudem einen positiven Einfluss auf die körperliche Gesundheit und immunologische Situation haben, weiter auszubauen und bekannter zu machen. Dies soll am Beispiel der Bewegungsunterstützung verdeutlicht werden. Der positive Einfluss von sportlicher Bewegung auf psychiatrische Erkrankungen ist in den letzten 10 Jahren Gegenstand zahlreicher Forschungen, insbesondere wird die antidepressive Wirkung hervorgehoben. So schreibt Krien (2014, S. 41) in ihrer Dissertation:

> „Eigene Daten und aktuelle wissenschaftliche Literatur stellen relativ sicher einen positiven Zusammenhang her zwischen aktiver körperlicher Bewegung und deren Auswirkung auf die depressive Symptomatik bei Menschen mit depressiven Erkrankungen."

Es gibt Krien zufolge jedoch noch zahlreiche offene Forschungsfragen, wie die Auswahl der Sportart und des Ortes (indoor/outdoor), die Häufigkeit, Dauer und Intensität der Durchführung. Viele kleine variable Faktoren seien am Ende möglicherweise der Grund für den Erfolg oder Nichterfolg von körperlicher Aktivität in der therapeutischen Behandlung von depressiven Erkrankungen.

Hier stellt sich auch die Frage nach der Art des forschenden Zugangs: Sollten eher standardisierte Lösungen evaluiert und dann anerkannt werden oder wäre es besser, partizipativ vor Ort mit den beteiligten Menschen, ihren Interessen und je nach den örtlichen Gegebenheiten unterschiedliche Varianten zu entwickeln (siehe auch das Praxisbeispiel weiter unten)?

Krien (2014, S. 41 f.) schränkt den standardisierten Ansatz auch forschungsmethodisch ein, plädiert jedoch zugleich für eine breitere Anwendung von Bewegungstherapien:

> „Hohe ‚Dropout'-Zahlen und die Motivationsfrage stellen weitere große Herausforderungen bei der Durchführung von Forschungsarbeiten zu körperlicher Aktivität für depressive Patienten dar und sollten bei der Gestaltung künftiger Studien genauso beachtet werden, wie eine gute methodische Robustheit der Studien. Abschließend soll jedoch appellierend erwähnt werden, dass unsere Studie im Kontext mit der derzeitigen Stu-

> dienlage bereits eindeutig auf die positive Wirkung von körperlicher Bewegung hinweist und somit als praktische Konsequenz dieser Aussage in keinem therapeutischen Behandlungskonzept für Patienten mit depressiven Störungen fehlen sollte".

Ergänzen möchte ich hier noch, dass auch die präventive Wirkung von regelmäßigen Bewegungsangeboten für Menschen mit der Neigung zu leichteren und mittelschweren Depressionen eine große Bedeutung hat, hinzu kommt die Wirkung auf Übergewicht und Adipositas und somit auch eine gewisse Schutzwirkung vor schweren Covid-19-Verläufen, denn Menschen mit Adipositas zählen zu einer bedeutsamen Risikogruppe für schwerere Verläufe. Leider wurde in den ersten Phasen der Pandemie dieser präventiven Wirkung wenig Rechnung getragen. Fitnessstudios wurden geschlossen und auch Sport- und Bewegungsangebote im Freien wurden viel zu wenig forciert, weder von der Fitnessbranche noch von dem mit Kontaktnachverfolgungen beschäftigten öffentlichen Gesundheitsdienst. Private Initiativen wurden eher behindert, denn auch im Außenraum wurden Ängste erzeugt und Gruppenzusammenschlüsse verhindert, obgleich recht schnell deutlich wurde, dass die Ansteckungsgefahr draußen ausgesprochen gering war. So wurden die Menschen in ihren sportlichen Aktivitäten vereinzelt, was gerade für Menschen mit Antriebsproblemen dazu führte, dass sie Bewegung reduzierten.

Eine aus der Praxis entwickelte konstruktive Vorgehensweise, die sich darüber hinaus explizit auf die Folgen der Pandemiemaßnahmen bezieht, sei hier dargestellt (die Informationen verdanke ich der stellvertretenden Vereinsvorsitzenden Frau Alla Sumin):

Praxisbeispiel

Der gemeinnützige Sportverein Mein Happy Body – Harmonie durch Bewegung e. V. aus Cottbus – vereinigt die Tätigkeitsbereiche ambulante Rehabilitation (Orthopädie, Lungensport, Seelische Gesundheit/Psychiatrie) und Prävention (Haltung und Bewegung, Ausdauertraining, Stressbewältigung und Entspannung) mit einem kleinen Fitnessbereich, der im Pandemiejahr auch unter Mitwirkung von frühberenteten Vereinsmitgliedern renoviert wurde. Im Jahr 2020 hatte eine Befragung zur Outdoorbereitschaft eine deutlich ablehnende Haltung der Teilnehmer*innen ergeben. Nach der langen Schließung fiel im Jahr 2021 eine erneute Befragung deutlich zustimmender aus. Die Schließung hatte auf der einen Seite viele Austritte zur Folge gehabt, jedoch auch die verbleibenden Vereinsmitglieder stärker zusammengeschweißt. Der Verein hatte in dieser Zeit viele kostenlose Digitalangebote gemacht, was dankbar angenommen wurde, und hierfür einige Spenden erhalten. Basierend auf Erkenntnissen der Umweltimmunologie und Öko-Psychosomatik (Arvay 2020) hat der Verein in der Pandemiezeit eine neue Ausrichtung erarbeitet: Einige der bestehenden Gesundheitskurse werden nun auch im Outdoorbereich angeboten. So wird neben der Bewegungs- und Musiktherapie ein drittes methodisches Element – die Natur – eingebunden. Dabei geht es nicht nur um die gesundheitsfördernde Wirkung von Licht und Sauerstoff, sondern auch um die Wirkung von sekundären Pflanzenstoffen. Die Aufnahme gasförmiger Pflanzenstoffe aus der Gruppe der Terpene über die Atemwege und die Haut hat Arvay (2016) zufolge eine starke positive Einwirkung auf das Immunsystem und eine entspannende Wirkung auf das Nervensystem. Außerdem wirke die visuelle Wahrnehmung bestimmter Naturbilder sehr positiv auf die Psyche, was sogar somatische Heilungsprozesse fördern könne. Bei der Entwicklung des neuen Bereichs bezieht der Verein Rehabilitationssportteilnehmer*innen mit ein und unterstützt Trainerausbildungen und ehrenamtliche Vereinstätigkeit. Im Voraus wird auf Basis der Vorschläge von Teilnehmenden gemeinsam besprochen, welche Naturplätze infrage kommen. Im Bereich der psychischen Rehabilitation/seelischen Gesundheit sind bereits Qi Gong/Tai Chi Kurse umgesetzt worden, es folgt im Bereich sanfte Aktivierung/Antriebsförderung ein spezielles Zumba-Format für Menschen mit gesundheitlichen Einschränkungen mit leichten tänzerischen Elementen und stimmungsaufhellender Musik. Das Endziel ist es, den Outdoorbereich in alle Reha-, Präventions- und Fitnesskurse mit zu integrieren.

Sterbekultur

Während der Pandemie sind viele Menschen allein, ohne ihre Angehörigen in Institutionen gestorben.

Seit dem 19. Jahrhundert wird der Umgang mit Toten zunehmend den Einflussbereichen von Familie und Kirche entzogen, in professionelle Hände (Ärzte und Bestatter) gegeben und unter bürokratische Regeln gestellt. Die Institutionalisierung des Sterbens erfolgte ab etwa Mitte des 20. Jahrhunderts, spezielle Einrichtungen wie Krankenhäuser und Pflegeeinrichtungen übernahmen die Gestaltung der letzten Lebensphase. Hierdurch kann ein sogenannter *sozialer Tod* vor dem biologischen Tod entstehen, bei dem kein Kontakt mehr zwischen dem/der Sterbenden und seiner/ihrer sozialen Umwelt stattfindet und die Sterbenden als soziale Wesen kaum noch wahrgenommen werden. Inzwischen sterben in Deutschland etwa 80 Prozent in Institutionen, obgleich sich etwa 90 Prozent der Menschen wünschen, zu Hause zu sterben. Der Anblick von Sterbenden stellt für die Menschen inzwischen nichts Alltägliches mehr dar, dies führt zu einem Kreislauf aus Erfahrungsmangel und Vermeiden: Weil man den Umgang mit ihnen nicht mehr kennt, wird auch der Kontakt mit Sterbenden vermieden (Frahnow 2013).

Als Gegenbewegung entstanden Hospizarbeit und Palliative Care, um Menschen am Lebensende ein ihren Wünschen und Bedürfnissen entsprechendes Umfeld zu gestalten. Allerdings spielen Hospize und Palliative Care Stationen als Sterbeorte, obgleich sie häufiger als früher gewählt werden, zahlenmäßig insgesamt nur eine untergeordnete Rolle: Ein Vergleich von je etwa 12.000 Todesbescheinigungen der Jahre 2001 und 2011 zeigte, dass 2011 23 Prozent im häuslichen Umfeld, 51,2 Prozent im Krankenhaus, 19 Prozent im Pflegeheim, ein Prozent auf Palliativstationen und 4,6 Prozent im Hospiz verstarben (Dasch et al. 2015).

Beginnend mit der Studie „Interaktion mit Sterbenden“ von Glaser und Strauss in den 1960er Jahren sind qualitative Studien durchgeführt worden, die den Einfluss von Institutionen und den dort etablierten Arten der Kommunikation mit Sterbenden zum Gegenstand gemacht haben. Hanses (2018) führte mit seinen Mitarbeiter*innen im Rahmen eines DFG-Projekts zum Thema „Konstruktionen des Sterbens“ neben 99 Expert*inneninterviews 81 biografische Interviews mit schwer erkrankten/sterbenden Menschen in Hospizen, Palliativstationen, Altersheimen und Krankenhausstationen der Inneren Medizin. Die Analyse der biografischen Interviews mit den schwer erkrankten und sterbenden Menschen hat deutlich gemacht, dass Menschen am Lebensende im Kontext des Hospizes und der

Palliativstationen ihre Lebensgeschichte neu konzeptionalisieren, das heißt das Leben auf neue Art und Weise erzählen – dies sei allerdings nicht Ausdruck des Sterbens selbst, sondern den institutionellen Rahmungen geschuldet. Menschen, die beim Sterben gut, jedoch nicht direktiv professionell begleitet werden, erzählten kurz vor ihrem Tod weniger von Konflikten, legten weniger Wert auf stringente Ereignisverkettungen, ließen aber auch angesichts des zu erwartenden Lebensendes kaum resignative Selbst-Evaluierungen erkennen. Im Umgang mit Sterbenden geht es Hanses (2018, S. 386) zufolge um ein wechselseitiges „Lassen Können" oder in meinen Worten um ein achtsames aufmerksames Warten Können, um einen großen Respekt der Fachkräfte vor der letzten Lebensphase, damit die Sterbenden ihre Biografie angesichts des Todes auf ihre eigene Weise erfassen können und sich ihre Identität vollenden kann.

In anderen Institutionen, wie Regelstationen in Krankenhäusern oder in Pflegeheimen, wurden in dem Forschungsprojekt von Hanses und seinen Mitarbeiter*innen in den Interviews viele Themen der medizinischen Versorgung und der alltäglichen Pflege angesprochen, sodass die existenziellen Fragen am Lebensende weniger Raum bekamen und die Neufassung der Lebensgeschichte nicht wie im Hospiz entstehen konnte.

Die Pandemie hat diese Situation noch einmal verschärft. Hygieneanforderungen standen im Vordergrund, Angehörigenbesuche waren limitiert oder unmöglich und an Beatmungsmaschinen war gar kein Gespräch mehr möglich.

Die Bedürfnisse und Wünsche Sterbender sind recht umfangreich erforscht worden. Nach Frahnow (2013, S. 181 f.; mit eigenen aktuellen Ergänzungen) gruppieren sie sich um vier Dimensionen.

- *Die soziale Dimension*: Der bedeutendste Wusch ist, zu Hause und von nahestehenden Menschen umgeben zu sterben. Sterbende wünschen sich Helfer*innen, die angstfrei mit dem Tod umgehen können und den Sterbeprozess aushalten können. Gerade dieses Aushalten des Sterbeprozesses schwindet in einer technokratischen Kultur, die den Fokus nicht ausreichend auf soziale, persönliche und spirituelle Fragen richtet.
- *Die körperliche Dimension*: Menschen wünschen sich, ohne gravierende körperliche Belastungen und geistige Beeinträchtigungen zu sterben. Viele Betroffenen möchten keinen Einsatz invasiver, schmerzhafter oder nicht sicher lebensverlängernder Maßnahmen. Lindernde und die Lebensqualität verbessernde Maßnahmen sind immer willkommen. An dieser Stelle möchte ich anmerken, dass man angesichts der Atemnotgefahren für ältere Menschen bei einer Covid-19-Infektion auch in Pflegekontexten eine umfangreichere Patientenaufklärung hätte betreiben sollen, als es sie gab. Bestehende Patientenverfügungen hätte man im Hinblick auf eine gegebenenfalls notwendige Beatmung vor dem Hintergrund der konkret eingeschätzten Chancen und Risiken anpassen bzw. neu aufsetzen können. Es gab dazu zwar im Internet einige Handreichungen, allerdings fanden fachlich fundierte Gespräche mit den betroffenen hochaltrigen Menschen nur sehr begrenzt statt.
- *Die psychische Dimension*: Sterbende haben das Bedürfnis, genügend Zeit und Raum zu haben, letzte Dinge zu regeln und Beziehungen zu klären, um

schließlich loszulassen und losgelassen zu werden. Sie möchten die Fähigkeit entwickeln, den eigenen Tod anzunehmen. Während der Pandemiemaßnahmen konnte auch diesem Bedürfnis nur unzureichend Rechnung getragen werden, was auch für die hinterbliebenen Angehörigen eine große Belastung dargestellt hat. Hier braucht es nun verstärkte Anstrengungen der Hinterbliebenenberatung, um ungeklärte Beziehungsfragen, Schuldgefühle und komplizierte Trauerprozesse in Einzelgesprächen oder Trauergruppen anzugehen.

- *Die spirituelle Dimension*: Am Lebensende stellen sich die Fragen des Seins und die nach dem Sinn des Lebens und Sterbens. So haben final Erkrankte ein besonderes Bedürfnis, spirituelle Ressourcen zu finden, unabhängig davon, ob sie in Religionsgemeinschaften eingebunden sind oder nicht. Religiöser Glaube kann jedoch dabei helfen, schwere Erkrankungen zu verarbeiten. Dies sollte Anlass geben, die spirituellen Dimensionen des Sterbens nach bald zwei von der Pandemie geprägten Jahren wesentlich deutlicher in den Blick zu nehmen. Im öffentlichen Diskurs stand 2020 und 2021 die Angst sehr im Vordergrund, und Bilder vom kommunikationslosen Sterben an Beatmungsmaschinen auf Intensivstationen prägten die Berichterstattung.

Angst verengt den Blick. Wir haben auf die Vermeidung von Infektionen und schweren Infektionsverläufen gestarrt und aktionistisch immer mehr Maßnahmen ergriffen. Nun gilt es, den Blick zu weiten und neben den Naturwissenschaften wieder die Geisteswissenschaften zu Wort kommen zu lassen. Es gilt, Angststarre und überhöhte Größen- und Kontrollvorstellungen zu überwinden und inklusiv neu zu verorten, was wir im Kern unter Menschlichkeit verstehen und wie wir als Gesellschaft und als Einzelne mit der Sterblichkeit und den Grenzen des Mach- und Verantwortbaren umgehen wollen. Die Steigerung technischer Möglichkeiten bis hin zur Beeinflussung des Alterungsprozesses zwingt uns, diese Grenzen immer wieder neu zu ziehen.

So möchte ich an dieser Stelle noch einmal auf Rohde-Dachser (2021, S. 49 f.) zurückkommen: Die Hoffnungen des modernen Menschen richten sich ihr zufolge weniger auf ein Seelenheil im Jenseits, sondern auf die maximale Ausschöpfung der Lebensmöglichkeiten im Diesseits. Je näher der Tod heranrücke, desto mehr Möglichkeiten müssten noch ausgeschöpft werden, so entstünde eine zunehmende Beschleunigung, die zu einem rasenden Stillstand und einem erschöpften Selbst führen könne, und zu einer Verdrängung des Todes, der bestenfalls als Funktionsstörung wahrgenommen werde und über den man kaum mehr zu sprechen vermöge. „Wer aus dem Lebensrausch erwacht, stirbt einsam." (Rohde-Dachser 2021, S. 54) Eine reifere Beziehung zum Tod wurzele in frühen Kindheitserfahrungen, die auch durch den drohenden Tod nicht zerstörbare innere Objekte entstehen ließen, Personen, die der Mensch gleichsam in seine Psyche aufgenommen hat und die ihm im Sterben behutsam schützend zur Seite stehen. Solche durch liebevolle Beziehungen seit frühester Kindheit entstandenen inneren Objekte ermöglichen lebenslang dialogische Präsenzerfahrungen und liebevolle Beziehungsgestaltung und bilden ein Fundament, die eigenen Grenzen anzunehmen.

Ein sterblichkeitsverdrängender technokratischer Aktionismus am Lebensende verlängert zwar möglicherweise die Lebenszeit, birgt jedoch die Gefahr, dabei eine Sterbekultur zu verlieren, die die Menschen am Lebensende zu sich selbst führen könnte. Das Urteil darüber ist nicht einfach, denn Intensivmedizin kann manchmal Erstaunliches vollbringen, und Menschen, die bereits aufgegeben waren, können sich urplötzlich mit intensivmedizinischen Maßnahmen erholen. So sind Patientenverfügungen nicht einfach zu erstellen; und ich möchte hier auch keine unkritische Ablehnung der intensivmedizinischen Möglichkeiten am Lebensende oder der zukünftigen gentechnischen Potenziale propagieren, sondern dafür plädieren, die notwendigen Diskurse achtsam zu führen und sich dabei nicht von einseitigen Kampagnen, sondern von der Fülle der kulturellen Errungenschaften leiten zu lassen. Es geht hierbei nicht nur um Patientenverfügungen und selbstbestimmtes Sterben bzw. assistierten Suizid, das heißt nicht nur um die Entscheidung, welche Handlungsoptionen geboten oder verboten sein sollten, sondern um viel mehr: Welche inneren Bilder der eigenen Grenzen und der Vergänglichkeit lassen wir persönlich und kulturell entstehen und wie ist die individuelle Sterblichkeit eingebettet in größere spirituelle Zusammenhänge und mitmenschliche Geborgenheitserfahrungen bis zum Lebensende? Am Lebensende zu sich selbst zu finden und zugleich in Transzendentales eingebettet zu sein, setzt einen Entwicklungsprozess voraus, der nicht eindimensional bestimmt werden kann. Leichter bestimmen lassen sich naturwissenschaftliche Zugänge, Willenserklärungen zu Behandlungsmaßnahmen und Diskurse um das selbstbestimmte Sterben.

Das Recht auf selbstbestimmtes Sterben umfasst das Recht, Behandlungsmaßnahmen abzulehnen und „erstreckt sich auch auf die Entscheidung des Einzelnen, sein Leben eigenhändig zu beenden", wie das Bundesverfassungsgericht am 26.02.2020 urteilte (2 BvR 2347/15 Rn. 209). Kulturell propagieren wir die Kontrolle, einerseits das Leben mit zahlreichen Interventionen gentechnologisch, präventiv und intensivmedizinisch zu verlängern und andererseits den Zeitpunkt des eigenen Todes selbst zu bestimmen und hierbei unter Umständen Hilfestellungen wie den assistierten Suizid in Anspruch zu nehmen. Neigen wir dabei dazu, die eigenen Kontrollmöglichkeiten zu überschätzen? Es mag Erleichterung bieten, zu wissen, dass wir jederzeit in einer unerträglich erscheinenden Lage den eigenen Tod herbeiführen können. Vielleicht ist, wie Ringel (1981) ausführt, die Flucht in eine Phantasie von der Kontrollierbarkeit des eigenen Abgangs durch Suizid aber letztlich eine Falle, denn sie bringt drei große Gefahren mit sich: Der Phantasierende gibt erstens Bemühungen auf, die Realität zu verbessern, und zweitens wird im Vergleich mit einem phantasierten Ende ohne Leiden der Unterschied zur bitteren Wirklichkeit dann umso stärker, qualvoller und unerträglicher empfunden. Drittens kann es Ringel zufolge dazu kommen, dass sich die Vorstellung, man könnte ja Selbstmord begehen, der Kontrolle des Trägers entziehe und zu passiv sich aufdrängenden Selbstmordgedanken führe. „Nach Art von Krebszellen können diese Selbstmordgedanken dann in einem Menschen zu wuchern beginnen und immer größere Teile seiner Persönlichkeit in Beschlag nehmen." (Ringel 1981, S. 74)

Immer wieder kann man beobachten, dass Kontrollversuche sich verselbstständigen: Wenn Angst zum Motor der Kontrolle wird, bietet die Kontrolle oft nicht die gewünschte Sicherheit, sondern führt in eine Spirale von immer größeren Anstrengungen, die Kontrolle zu behalten, und zu einer immer häufigeren

Beschäftigung mit diesen Themen. In paradox anmutender Weise können wir dies bei Zwangsneurosen beobachten: Menschen müssen immer wieder kontrollieren, ob sie die Tür auch wirklich abgeschlossen haben, oder sie waschen sich immer wieder die Hände, weil sie sich durch Berührungen infiziert haben könnten. Ein Unterlassen dieser immer absurder werdenden Rituale löst starke Ängste aus. Ein Ausweg liegt nicht im Verstärken der Kontrollbemühungen, sondern im Aushalten der Ängste. Diese Ängste auszuhalten, wird in verhaltenstherapeutischen Interventionen schrittweise unterstützt. Bei der Zwangsneurose handelt es sich um individuelle neurotische Ängste. In der Pandemie scheinen kollektiv Ängste geschürt worden zu sein, die Kontrollbemühungen hervorgebracht haben, die zum Teil wie ritualisierte Angstabwehrbemühungen wirken. Vielleicht hilft es bei der Angstbewältigung, wenn wir uns in umfassenderer Art und Weise der eigenen Sterblichkeit stellen und weniger von abstrakten Risiken zu einer kindlichen Erwartungshaltung gegenüber Autoritäten verleiten lassen. Eine angstvoll verzweifelte Überlebensstrategie mag zwar in Extremsituationen angezeigt sein, jedoch führt sie, wenn wir von Krise zu Krise schlittern, zu einer leicht manipulierbaren Selbstverzwergung. Zugleich verspricht das technokratische Narrativ eine immer größere Lebenserwartung mit immer weniger Schmerzen. Wir schaffen maximale Kontrollmöglichkeiten über körperliche Teilfunktionen und verlieren Ganzheitlichkeit, ökologische Zusammenhänge und spirituelle Gesundheit dabei aus den Augen. Hoffnungen richten sich aktuell auf die Künstliche Intelligenz, auf dass sie für uns nicht zugängliche komplexe Zusammenhänge identifizieren möge und besser darin sei, die Neben- und Wechselwirkungen unserer Eingriffe zu kalkulieren. So werden hochkomplexe Modellierungen erzeugt, die vorgeben, was zu tun sei und warum, und die einflussreicher werden als unsere eigenen Erfahrungen. Abgesehen davon, dass die Algorithmen, auf denen die KI basiert, interesse- und profitorientiert angelegt sein können, müssen wir uns noch einer viel schwierigeren Thematik stellen:

- In welchen Bereichen können wir mit unseren begrenzten Möglichkeiten der selektiven Wahrnehmung und der subjektiven Perspektive die Narrative, die in Wechselwirkung mit den Modellierungen entstehen, überhaupt noch hinterfragen?
- Welchen Stellenwert haben die persönlichen Identitätskonstruktionen in einer medial von Propaganda und Nudging geprägten, global ähnlich gestalteten digitalen Wirklichkeit? Wie behaupten sie sich gegen Gleichförmigkeit und Lenkung?

Der psychische Aufwand, sich selbst zu finden und die eigene Freiheit zu verorten, wächst. In dem Maße, in dem sich Menschen von einer digital vermittelte Wirklichkeit absorbieren lassen, schrumpfen leibliche Erfahrungen in Natur und Umwelt. Wir können der eigenen Erfahrung immer weniger trauen. Ein unsichtbares Virus, das uns täglich in den Medien vorgeführt wird, stellt die Welt auf den Kopf. Elon Musk sieht in seinen YouTube-Botschaften den Ausweg darin, sich digital mit der Künstlichen Intelligenz zu vernetzen und versucht, Gehirn-Computer-Schnittstellen voranzutreiben, damit Menschen überhaupt noch mit der Künstlichen Intelligenz Schritt halten können. Sind die Narrative der reichsten Digitalkonzerneigner tatsächlich das Beste, was eine Weltgemeinschaft mit jahrtausendealten kulturellen Traditionen und enorm angewachsenen Kommunikationsmöglichkeiten hervorbringen kann? Können die globalen Thinktanks Auswege aufzeigen oder sind auch sie zu sehr von reichen Geldgebern abhängig? Welchen Stellenwert haben die persönliche Freiheit und die mitmenschlichen Austauschprozesse mit wesentlichen Anderen? Was bedeutet das alles angesichts des Todes?

Allerdings war die Selbstfindung noch nie einfach, in früheren Zeiten setzte die (gedeutete) Religion die Leitplanken, nun sind Naturwissenschaft und mediale Aufbereitung der Wirklichkeit an ihre Stelle getreten. Und immer schon hat es Machtverflechtungen gegeben, in denen wenige versuchten, die Deutungshoheit und die damit verbundenen Privilegien zu erhalten.

An dieser Stelle endet meine Argumentation mit einem Kierkegaard-Zitat:

> „Das verzweifelte Selbst baut also beständig nur Luftschlösser […] Das sieht brillant aus, mit all diesen experimentierenden Tugenden, sie bezaubern einen Augenblick […] Das Selbst will verzweifelt die ganze Befriedigung davon genießen, sich zu sich selbst zu machen, sich selbst zu entwickeln, sich selbst zu sein, es will die Ehre für diese dichterische, meisterliche Anlage haben, wonach es sich selbst verstanden hat. Und doch bleibt es im letzten Grunde ein Rätsel, was es unter sich selbst versteht; gerade in dem Augenblick, in dem Augenblick, wo es scheint, daß es am nächsten dran ist, den Bau fertig zu stellen, kann es willkürlich das Ganze in nichts auflösen." (Kierkegaard 1959, S. 58)

Fazit

Zunächst erscheint es wichtig, zu erkennen, dass nur mündige, liebesfähige, selbstwirksame und kooperativ agierende Bürger in der Lage sind, die Grundbedingungen für psychische Gesundheit angesichts globaler interessengeleiteter psychologischer Manipulationsversuche zu verteidigen. Die Pandemiesituation hat Ängste geweckt, und Kontrollstrategien wurden propagiert, die erhebliche Nebenwirkungen hatten und weiterhin haben. Im Umgang mit dieser Unsicherheit neigten die einen dazu, unkritisch Autoritäten zu vertrauen, und die anderen, gerade in diesen Autoritäten den Feind wahrzunehmen. Um handlungsfähig zu bleiben, braucht es die Fähigkeit – wie es schon in der Aufklärung von Kant propagiert wurde –, aus der selbstverschuldeten Unmündigkeit herauszutreten, was angesichts von gezielter psychologischer Beeinflussung durch Nudging-Strategien jedoch nicht so ganz einfach ist. Es droht, dass wir in digitalen Blasen einseitige Informationen empfangen, von medialen Strategien fehlgeleitet werden und so weder den Autoritäten noch den Kritiker*innen vertrauen können. Ohnmachtserfahrungen bergen die Gefahr des Abgleitens in Pseudoaktionismus oder Ablenkungsschleifen.

Die Kritikfähigkeit sollten wir trotz der ständigen Wiederholung bestimmter Botschaften stärken. Wir kommen nicht umhin, inne zu halten, uns gegen psychologische Angst- und Schuldstrategien zu wappnen, selbst zu denken, nein zu sagen und herauszuarbeiten, wo realistische Einflussmöglichkeiten liegen, zugleich auf die eigene Gesundheit zu achten. Dies kann niemand allein. Es braucht solidarisches Handeln und Teilhabechancen für alle Menschen. Zugleich gilt es, nicht narzisstisch überhöhten Heilsversprechen zu erliegen, sondern im täglichen Handeln psychische Gesundheit und Teilhabe zu fördern, sich weder zu überschätzen noch selbst zu verzwergen.

Ganz entscheidend ist hierbei, wie wir mit den Kindern umgehen. Die Kinder sind das Wertvollste, was es in der Gesellschaft gibt. Wie beantworten wir ihre Initiativen und Gefühle? Welche Basis geben wir unseren Kindern zur Entwicklung eines Urvertrauens, das sie lebenslang bis zum eigenen Tod tragen kann? Welche Entwicklungsbedingungen stellen wir bereit? Wie schützen wir sie individuell und gesamtgesellschaftlich vor Gewalt und Vernachlässigung, vor Armut und Ausgrenzung? Wie können wir nach den Pandemieeindämmungsmaßnahmen wieder einen ausreichenden Fokus auf ein psychisch gesundes Miteinander richten und in Bewegung bleiben? Hierbei braucht es einen großen Aufbruch mit vielen kleinen Puzzlesteinen. Im Spannungsfeld zwischen Kontrolle und Vertrauen gilt es, krankmachende Kontrollspiralen zu identifizieren und vertrauensvolle Beziehungen von Kindheit an zu stärken. Ein Urvertrauen in die Möglichkeit authentischer Beziehungen und die Einbettung der Menschheit in transzendentale Zusammenhänge kann ein Gegengewicht setzen gegen Allmachtsphantasien und Kontrollszenarien, die sich immer mehr verselbstständigen. Es gilt, mehr Liebe zu wagen und in den persönlichen Beziehungen den anderen/die andere wirklich wahrzunehmen und zu beantworten, anstatt zu kontrollieren. Es gilt gesamtgesellschaftlich empathisches und solidarisches Miteinander und Teilhabe vor Ort zu leben, gewaltfrei zu kommunizieren und unterscheiden zu können, wann Begriffe wie Solidarität benutzt werden, um manipulativ Interessen durchzusetzen. Es gilt narzisstische Manipulationsversuche und Gaslighting (siehe Kap. 8) zu erkennen, um sich davon abgrenzen zu können und nicht komplementärnarzisstisch die eigene Entwicklung zurückzustellen.

Ich hoffe, dass ich mit diesem Buch die Dringlichkeit des persönlichen und gesamtgesellschaftlichen Aufbruchs deutlich machen konnte und einige Ideen, wo Handlungsmöglichkeiten liegen, herausarbeiten konnte. Allerdings werden einige meiner Ausführungen sicherlich Widerspruch erzeugen. Manches wird vielleicht im Lichte der zukünftigen Entwicklungen noch Anpassungen und Veränderungen erfordern. Vergessen sollte man jedoch nicht, dass es einen erheblichen psychischen Aufwand bedeutet, sich damit auseinanderzusetzen, dass ein System, in das man Vertrauen gesetzt hat, dysfunktionale, übergriffige oder ausbeuterische Züge entwickelt. Aus der Forschung zu familiärer Gewalt ist bekannt, dass (erwachsene) Kinder oft ihre Eltern idealisieren, selbst wenn sie von ihnen misshandelt wurden (zur ausführlichen Darstellung von frühen Traumafolgen vgl. van der Kolk 2021). Kinder sind existenziell von ihren Eltern abhängig und vertrauen ihnen. Wenn von diesen Vertrauenspersonen selbst Missbrauch ausgeht, führt dies zu unerträglichen kognitiven Dissonanzen, die verdrängt oder auf andere projiziert werden müssen. Hinzu kommt, dass nicht selten diejenigen ausgegrenzt werden, die den Missbrauch öffentlich machen, sodass sich (erwachsene) Kinder aus missbrauchenden Familien zwischen Wahrheit und Familienzugehörigkeit entscheiden müssen.

In ähnlicher Weise erzeugt es kognitive Dissonanzen, wenn jemand behauptet, in dem System, in das wir bislang recht gut integriert waren, entwickelten sich im großen Stil Übergriffe auf die psychische Gesundheit. Solange man nicht selbst existenziell davon betroffen ist, scheint es doch naheliegend, dies zunächst nicht wahrhaben zu wollen und den Überbringer der Botschaft anzugehen, sich vielleicht auch zusammenzuschließen und sich gegenseitig zu vergewissern, dass die Situation doch völlig normal sei, oder sich gemeinsam abzulenken. Ich möchte mit diesem Argument nicht berechtigte Kritik an meinen Ausführungen abwehren, denn auch ich bin Teil dieses Systems und habe genauso wenig die Möglichkeit, alles von außerhalb zu betrachten. Auswege finden sich besonders, wenn alle bereit sind, den eigenen Standort selbstkritisch zu reflektieren, eigene mögliche Traumatisierungen und Ängste aufzuarbeiten, vertrauensvolle Beziehungen zu erhalten und von der ständigen Wiederholung von Botschaften abzusehen. Es gilt, zunächst die eigene psychische Gesundheit zu stärken und nicht der Illusion zu verfallen, man könne den Gang der Geschichte kontrollieren. Wir sind in unserer Perspektive begrenzt und sterblich. Dennoch können wir gemeinsam zu einer Gesellschaft beitragen, die die psychische Gesundheit verteidigt.

Hippokrates werden folgende Zeilen zugeschrieben, die gerade heute, trotz allem wissenschaftlichen Fortschritt, besonders aktuell erscheinen.

> Das Leben ist kurz,
> die Kunst lang,
> die Gelegenheit flüchtig,
> die Erfahrung trügerisch und
> das Urteil schwierig.

Literatur

Aarts, M./Aarts, J. (2019): *Das goldene Geschenk*. Eindhoven: Aarts Production.

AFET (2020): *Abschlussbericht Arbeitsgruppe Kinder psychisch- und suchtkranker Eltern*. www.ag-kpke.de/wp-content/uploads/2020/02/Abschlussbericht-der-AG-Kinder-psychisch-kranker-Eltern.pdf (Abfrage: 01.11.2021).

AGJ (2010): *Kinder von psychisch erkrankten und suchtkranken Eltern*. www.agj.de/pdf/5/Kinder_psychisch_kranker_Eltern (2).pdf (Abfrage: 01.11.2021).

Amering, M./Schmolke, M. (2012): *Recovery. Das Ende der Unheilbarkeit*. 5. überarbeitete Auflage. Köln: Psychiatrie.

Antonovsky, A. (1997): *Salutogenese: zur Entmystifizierung von Gesundheit*. Tübingen: DGVT.

AP Archiv (2015): *AP CEO Tom Curley says the Bush administration turned the U.S. military into a global propaganda machine*. www.youtube.com/watch?v=GU4JYoC8LgI (Abfrage: 12.11.2021)

aqtivator (2021): Website. www.aqtivator.de (Abfrage: 03.11.2021).

Arendt, H. (1955): *Elemente und Ursprünge totaler Herrschaft*. Frankfurt am Main: Europäische Verlagsanstalt.

Arendt, H. (2021): *Elemente und Ursprünge totaler Herrschaft*. München: Piper.

Arvay, C. G. (2016): *Der Heilungscode der Natur*. München: Riemann.

Arvay, C. G. (2020): *Der Biophilia-Effekt. Heilung aus dem Wald*. 7. Auflage. München: Ullstein.

Asch, S. E. (1951): Effects of group pressure upon the modification and distortion of judgments. In: Guetzkow, H. (Hrsg.): *Groups, leadership and men; research in human relations*. Pittsburgh: Carnegie Press, S. 177–190.

Aspler, J./Zizzo, N./Di Pietro, N./Racine, E. (2018): Stereotyping and stigmatising disability: A content analysis of Canadian print news media about fetal alcohol spectrum disorder. In: *Canadian Journal of Disability Studies* 7 (3), S. 89–121. www.cjds.uwaterloo.ca/index.php/cjds/article/view/452 (Abfrage: 01.11.2021).

Barz, M. (2021): *Die Pandemie in Rohdaten*. www.youtube.com/watch?v=nEPiOEkkWzg (Abfrage: 01.11.2021).

Behavioural Insights Team (o. J.): Website. www.bi.team (Abfrage: 01.11.2021).

Bernays, E. (1928/2021): *Propaganda*. 13. Auflage, deutsche Übersetzung. Freiburg: Orange Press.

Bernard, E. (2021): *Menschliche Zellen: RNA zu DNA geht doch*. https://www.scinexx.de/news/medizin/menschliche-zellen-rna-zu-dna-geht-doch/ (Abfrage: 11.01.2022).

Bernhard, A. (2021): Lockdown und soziale Distanzierung – Anmerkungen zu einem (unfreiwilligen?) gesellschaftspädagogischen Experiment und seinen Folgen. In: Lutz, R./Steinhaussen, J./Kniffki, J. (Hrsg.): *Corona, Gesellschaft und Soziale Arbeit*. Weinheim, Basel: Beltz Juventa, S. 49–60.

Bidermann, A. D. (1957): Communist Attempts to Elicit False Confessions from Air Force Prisoners of War. In: *Bulletin of the New York Academy of Medicine* 33 (9), S. 616–625. www.ncbi.nlm.nih.gov/pmc/articles/PMC1806204/?page=4 (Abfrage: 01.11.2021).

Binder, A./Hanke, S./Petersen, K. U./Huber, C./Banabak, M./Preiser, C./Batra, A. (2021): Meinungen zum Alkoholkonsum in der Schwangerschaft und zur diesbezüglichen ExpertInnenrolle von medizinischem Fachpersonal. In: *Zeitschrift für Geburtshilfe und Neonatologie* 225 (3), S. 216–225.

Black, N. (2021): *An Outpatient Strategy To Effectively Treat Covid 19 with Dr. Shankara Chetty*. www.youtube.com/watch?v=v-815JK2hVwo (Abfrage: 04.01.2022).

BlackRock (2021): *Aladdin Enterprise*. www.blackrock.com/aladdin (Abfrage: 01.11.2021).

BLS (2021): *Selbstbestimmt – Suchtprävention für vulnerable Zielgruppen im Land Brandenburg*. www.blsev.de/fachbereiche/vulnerable-zielgruppen.html (Abfrage: 01.11.2021).

BMBF (2020): *Bekanntmachung des Förderschwerpunkts „Erkennen und Bekämpfung von digitalen Desinformationskampagnen"*. www.bmbf.de/bmbf/shareddocs/bekanntmachungen/de/2020/07/3077_bekanntmachung.html (Abfrage: 27.08.2021).

Borges-Machado, F./Barros, D./Ribeiro, O./Carvalho, J. (2020): The Effects of Covid-19 Home Confinement in Dementia Care: Physical and Cognitive Decline, Severe Neuropsychiatric Symptoms and Increased Caregiving Burden. In: *American Journal of Alzheimer's Disease & Other Dementias* 35, S. 1–9. www.journals.sagepub.com/doi/pdf/10.1177/1533317520976720 (Abfrage: 01.11.2021).

Bourdieu, P. (1992/2015): *Die verborgenen Mechanismen der Macht*. Hamburg: VSA: Verlag.

Bundesgesundheitsministerium (2018): *Schwanger? Dein Kind trinkt mit! Alkohol? Kein Schluck – kein Risiko!* www.bundesgesundheitsministerium.de/service/publikationen/praevention/details.html?bmg %5Bpubid %5D=3204 (Abfrage: 01.11.2021).

BVPG (2021): *COPSY Studie: Ergebnisse der zweiten Befragungsrunde*. www.bvpraevention.de/cms/index.asp?inst=newbv&snr=13313 (Abfrage: 01.11.2021).

BZgA (2021): *Älter werden in Balance.* www.aelter-werden-in-balance.de/bewegungfuer-aeltere/aelter-werden-in-balance/ (Abfrage: 01.11.2021).

Canadian Covid Care Alliance (2021): *Concerns regarding the efficacy and safety of BNT162b2 mRNA coronavirus disease (COVID-19) vaccine through six months.* https://www.canadian-covidcarealliance.org/wp-content/uploads/2022/01/Final-CC-CA-Critique-Thomas-COVID-19-Vaccines-6-months-NEJM-Jan-10-22.pdf (Abfrage: 23.01.2022).

Center for Health Security (o. J.): *Event 201.* www.centerfor-healthsecurity.org/event201/event201-resources/comms-fact-sheet-191014.pdf (Abfrage: 01.11.2021).

Chen, Y./Tong, P./Whiteman, N. B./Moghaddam, A. S./Zuiani, A./Habibi, S./Gautam, A./Xiao,T./Cai, Y./Chen, B./Wesemann, D. R. (2021): *Differential antibody dynamics to SARS-CoV-2 infection and vaccination.* Preprint Online (ohne peer review): www.biorxiv.org/content/10.1101/2021.09.09.459504v1.full.pdf (Abfrage: 01.11.2021).

Corman, V./Landt, O./Kaiser, M./Molenkamp, R./Meijer, A./Chu, D./Bleicker, T./Brünink, S./Schneider, J./Schmidt, M./Mulders, D./Haagmans, B./van der Veer, B./van den Brink, S./Wijsman, L./Goderski, G./Romette, J./Ellis, J./Zambon, M./Peiris, M./Goossens, H./Reusken, C./Koopmans, M./Drosten, C. (2020:) Detection of 2019 novel coronavirus (2019-nCoV) by real-time RT-PCR. In: *Eurosurveillance* 25 (3), S. 23–30. www.eurosurveillance.org/content/10.2807/1560-7917.ES.2020.25.3.2000045 (Abfrage: 01.11.2021).

Crane, E. (2021): *NIH admits US funded gain-of-function in Wuhan – despite Faucis denials.* https://nypost.com/2021/10/21/

nih-admits-us-funded-gain-of-function-in-wuhan-despite-faucis-repeated-denials/ (Abfrage: 01.11.2021).

CVN (Clinical Virology Network 2022): *RSV: Saisonale Aktivität in Prozent der untersuchten Proben*. https://clinical-virology.net/de/charts/chart/ctype/activity/network/resp/section/viruses/virus/rsvpos (Abfrage 05.02.2022). Das CVN baut auf dem Respiratory Viruses Network auf und hat dessen Daten auf seiner Website integriert.

Dasch, D./Blum, K./Gude, P./Bausewein, C. (2015): Sterbeorte. Veränderung im Verlauf eines Jahrzehnts: Eine populationsbasierte Studie anhand von Totenscheinen der Jahre 2001 und 2011. In: *Deutsches Ärzteblatt* 112, S. 496–504.

Destatis (2021): *Kinderschutz und Kindeswohl.* www.destatis.de/DE/Themen/Gesellschaft-Umwelt/Soziales/Kinderschutz/_inhalt.html (Abfrage: 01.11.2021).

Destatis (2021b:) *Pressemitteilung Nr. 327*. www.destatis.de/DE/Presse/Pressemitteilungen/2021/07/PD21_327_23211.html# (Abfrage: 01.11.2021).

Deutsches Ärzteblatt (2016): *Ausland*. www.aerzteblatt.de/nachrichten/70687/WHO-Weltweit-jaehrlich-drei-Millionen-Todesfaelle-durch-Feinstaub-in-der-Aussenluft (Abfrage: 01.11.2021).

Deutsches Ärzteblatt (2020a): *Politik: EU Genomregister soll Informationen über Covid Verläufe liefern*. www.aerzteblatt.de/nachrichten/114735/EU-Genomregister-soll-Informationen-ueber-COVID-19-Verlaeufe-liefern (Abfrage: 01.11.2021).

Deutsches Ärzteblatt (2020b): *Hochschulen: Zentrale Datenbank für Covid-19-Impfstudien im Aufbau*. www.aerzteblatt.de/nachrichten/118656/Zentrale-Datenbank-fuer-COVID-19-Impfstudien-im-Aufbau (Abfrage: 01.11.2021).

Deutsches Krankenhausinstitut (2021): *Psychiatrie Barometer Umfrage 2020/2021*. www.dkgev.de/fileadmin/default/Mediapool/1_DKG/1.7_Presse/1.7.1_Pressemitteilungen/2021/2021-07-09-PM-Anlage_Psychiatrie-Barometer.pdf (Abfrage: 01.11.2021).

Die Bundesregierung (2021): *wirksam regieren*. www.bundesregierung.de/breg-de/themen/wirksam-regieren/mit-buergern-fuer-buerger (Abfrage: 01.11.2021).

DocCheck Insights (2021): *#nahforschen*. https://www.doccheck.com/de/detail/articles/30436-ueber-uns (Abfrage: 24.01.2021).

Dodsworth, L. (2021): *A State of Fear*. London: Pinter & Martin.

Dolgin, E. (2021): *The tangled history of mRNA vaccines*. https://www.nature.com/articles/d41586-021-02483-w (Abfrage: 04.01.2022).

DSJ (2021): *Move*. www.dsj.de/bewegungskampagne/ (Abfrage: 01.11.2021).

Eggert, S./Teubner, C. (2021): *Die SARS-CoV-2 Pandemie in der professionellen Pflege. Perspektive stationärer Langzeitpflege und ambulanter Dienste*. www.zqp.de/wp-content/uploads/ZQP-Analyse-Corona-Langzeitpflege.pdf (Abfrage: 01.11.2021).

Eguiagaray, I./Scholz, B./Giorgi, C. (2016): Sympathy, shame, and few solutions: News media portrayals of fetal alcohol spectrum disorders. In: *Midwifery* 40, S. 49–54. www.sciencedirect.com/science/article/pii/S0266613816300894?via %3Dihub (Abfrage: 01.11.2021).

EMA (2021a): *Cormirnaty*. https://www.ema.europa.eu/en/documents/overview/comirnaty-epar-medicine-overview_de.pdf (Abfrage: 04.01.2022).

EMA (2021b): *Cormirnaty: Procedural steps taken and scientific information after the authorisation*. https://www.ema.europa.eu/en/documents/procedural-steps-after/comirnaty-epar-procedural-steps-taken-scientific-information-after-authorisation_en.pdf (Abfrage: 04.01.2022).

Euromomo (2021): *Graphs and Maps*. www.euromomo.eu/graphs-and-maps (Abfrage: 01.11.2021).

Europäische Kommission (2020): *Pressemitteilung*. ec.europa.eu/germany/news/20200421-coronavirusforschung_de (Abfrage: 01.11.2021).

Falkei, P./Wittchen, H. U. (Hrsg.) (2015): *Diagnostisches und Statistisches Manual Psychischer Störungen DSM 5*. 2. Auflage. Göttingen: Hogrefe.

Focus Gesundheit (2020): *Top-Virologe Drosten nennt Sterblichkeitsrate – die liegt weit weg vom RKI-Wert*. https://www.focus.de/gesundheit/news/corona-in-deutschland-top-virologe-drosten-nennt-zahl-fuer-corona-sterblichkeit-in-deutschland-die-liegt-weit-vom-echten-wert-entfernt_id_12524995.html (Focus-Online 10.10.2020, Abfrage: 12.01.2022).

Foucault, M. (1972/1991): *Die Ordnung des Diskurses*. 16. Auflage. Frankfurt/Main: Fischer Taschenbuch.

Frahnow, B. (2013): Soziale Arbeit am Lebensende als wichtiger Bestandteil würdevoller Sterbebegleitung im Sinne von Palliative Care. In: Jost, A. (Hrsg.): *Gesundheit und Soziale Arbeit*. Stuttgart: Kohlhammer, S. 173–191.

Fuchs, S. (2019): *Die Kindheit ist politisch!* Heidelberg: Mattes.

Ganz, K./Hausotter, J. (2020): *Intersektionale Sozialforschung*. Bielefeld: Transcript.

GAVI (o. J.): *Board members*. www.gavi.org/governance/gavi-board/members (Abfrage: 01.11.2021).

Giesselmann, K. (2021): Klinikpersonal psychisch belastet. In: *Deutsches Ärzteblatt* 118 (43), S. B 1642–1643.

Gliemann, C. (2021): *Ein Schlüssel für Mama*. Karlsruhe: Monterosa.

Goffman, E. (1973): *Asyle*. Frankfurt am Main: Suhrkamp.

Great Barrington Declaration (2020): *Great Barrington Declaration*. https://gbdeclaration.org/ (Abfrage: 04.01.2021).

Hanses, A. (2018): Biografie und Institutionen. In: Lutz, H./Schiebel, M./Tuider, E. (Hrsg.): *Handbuch Biographieforschung*. Wiesbaden: Springer Fachmedien, S. 379–389.

Hartung, S./Rosenbrock, R. (2015): *Settingansatz/Lebensweltansatz*. www.leitbegriffe.bzga.de/systematisches-verzeichnis/kernkonzepte-und-entwicklungen-der-gesundheitsfoerderung/settingansatz-lebensweltansatz/ (Abfrage: 01.11.2021).

Haug, N./Geyrhofer, L./Londei, A./Dervic, E./Desvars-Larrive, A./Loreto, V./Pinior, B./Thurner, S./Klimek, P. (2020): Ranking the effectiveness of worldwide Covid-19 government interventions. In: *Nature Human Behaviour* 4, S. 1303–1312. www.nature.com/articles/s41562-020-01009-0.pdf (Abfrage: 01.11.2021).

HNE (2021): *Logbuch der Veränderungen*. https://logbuch-der-veraenderungen.org/ (Abfrage: 24.01.2022).

Hobsbawn, E. (1995): *The Age of Extremes*. London: Abacus.

Hof, W. (2021): *Die Wim Hof Methode*. München: Integral.

HopeLit (2021): Website. www.hopelit.de (Abfrage: 01.11.2021).

Horkheimer, M./Adorno, T. (1994): *Dialektik der Aufklärung*. Frankfurt am Main: Fischer.

Illich, I. (1975): *Die Enteignung der Gesundheit*. Reinbek: Rowohlt.

Ioannidis, J. (2021): Infection fatality rate of COVID-19 inferred from seroprevalence data. In: *Bull World Health Organ* 99, S. 19–33. https://www.who.int/bulletin/volumes/99/1/20-265892.pdf (Abfrage: 11.01.2022).

IRIS (2021): *Dein persönliches Onlineprogramm für eine gesunde Schwangerschaft*. www.iris-plattform.de (Abfrage: 01.11.2021).

Jost, A. (2000): *Zeitstörungen*. Bonn: Psychiatrie.

Jost, A. (2009): *Rhythmen der Kommunikation*. Göttingen: Vandenhoeck & Ruprecht.

Jost, A. (2013): *Gesundheit und Soziale Arbeit*. Stuttgart: Kohlhammer.

Jost, A. (2020): Schwierigkeiten im Umgang mit Gesetzen und Normen. In: Becker, G./Hennicke, K./Klein, M./Landgraf, M. (Hrsg.): *Erwachsene mit fetalen Alkohol-Spektrumstörungen*. Berlin: De Gruyter, S. 44–55.

Jost, A./Wirth, V. (Hrsg.) (2017): *Mehrperspektivisches Arbeiten in der Kinder- und Jugendhilfe. „Steven M." – ein Junge mit FASD*. Stuttgart: Kohlhammer.

Jothimani, D./Kailasam, E./Danielraj, S./Nallathambi, B./Ramachandran, H./Sekar, P./Manoharan, S./Ramani, V./Narasimhan, D./Kaliamoorthy, I./Rela, M. (2020): Covid-19: Poor outcomes in patients with zinc deficiency. In: *International Journal of Infectious Diseases* 100, S. 343–349. www.doi.org/10.1016/j.ijid.2020.09.014.

Jude, E./Ling, S./Allcock, R./Yeap, B./Pappachan, J. (2021): Vitamin D deficiency is associated with higher hospitalisation risk from Covid-19: A retrospective case-control study. In: *Journal of Clinical Endocrinology and Metabolism*, S. 1–8. www.researchgate.net/publication/352495157_Vitamin_D_Deficiency_Is_Associated_With_Higher_Hospitalization_Risk_From_COVID-19_A_Retrospective_Case-control_Study (Abfrage: 01.11.2021).

Kahnemann, D. (2011): *Schnelles Denken, langsames Denken*. 13. Auflage. München: Siedler.

Kennedy, M./Helfand, B./Gou, R./Gartaganis, S./Webb, M./Moccia,J./Bruursema, S./Dokic, B./McCulloch, B./Ring, H./Margolin, J./Zhang, E./Anderson, R./Babine, R./Hshieh, T./Wong, A./Taylor, A./Davenport, K./Teresi,

B./Fong, T./Inouye, S. (2020): Delirium in Older Patients With Covid-19 Presenting to the Emergency Department. In: *JAMA Network Open* 3 (11). www.jamanetwork.com/journals/jamanetworkopen/fullarticle/2773106 (Abfrage: 01.11.2021).

Kierkegaard, S. (1959): *Die Krankheit zum Tode/Furcht und Zittern.* Frankfurt am Main: Fischer.

Kleve, H./Roth, S./Simon, F. (2020): *Lockdown: das Anhalten der Welt. Debatte zur Domestizierung von Wirtschaft, Politik und Gesundheit.* Heidelberg: Carl-Auer.

Kozubek, J. (2018): *Modern Prometheus. Editing the Human Genome with Crispr-Cas9.* Revised and updated edition. Cambridge: Cambridge University Press.

Kreiß, C. (2020): *Gekaufte Wissenschaft.* Hamburg: tredition.

Krien, D. (2014): *Therapeutische Effekte körperlicher Aktivität bei depressiven Patienten.* Dissertation zur Erlangung des Doktorgrades der Medizin der Medizinischen Fakultät der Universität Ulm. www.oparu.uni-ulm.de/xmlui/bitstream/handle/123456789/3826/vts_9923_15128.pdf?sequence=1&isAllowed=y (Abfrage: 01.11.2021).

Kuehner, C./Schultz, K./Gass, P./Meyer-Lindenberg, A./Dressing, H. (2020): Psychisches Befinden in der Bevölkerung während der Covid-19-Pandemie. In: *Psychiatrische Praxis* 47 (7), S. 361–369.

Langemann Medien (2021): *Hirnforscher: Wie Masken Verhalten ändern. Prof. Hüther. Das ganze Interview zum Coronakomplex.* www.youtube.com/watch?v=YqTGlZdIjpY (Abfrage: 05.11.2021).

Lee, K. F. (2018): *AI Super Power- China, Silicon Valley and the New World Order.* New York: Houghton Mifflin Harcourt.

Lenzen-Schulte, M. (2021): Der Virenwinter beginnt schon im Sommer. In: *Deutsches Ärzteblatt* 118, S. 35–36, S. B 1309–1310.

Lutz, R./Steinhaussen, J./Kniffki, J. (Hrsg.) (2021): *Corona, Gesellschaft und Soziale Arbeit. Neue Perspektiven und Pfade.* Weinheim, Basel: Beltz Juventa.

Maaz, H. J. (2021): Pandemie – Panikdemie – Plandemie. In: Maaz, H. J./Czycholl, D./Czycholl, A. (Hrsg.): *Corona – Angst.* Berlin: Frank & Timme, S. 19–57.

Manthey, J./Kilian, C./Schomerus, G./Kraus, L./Rehm, J./Schulte, B. (2020): Alkoholkonsum in Deutschland und Europa während der SARS COV 2 Pandemie. In: *Sucht* 66 (5), S. 247–258.

Max Planck Gesellschaft (2016): *Gen-editing mit CRISPR/Cas9.* www.youtube.com/watch?v=ouXrsr7U8WI (Abfrage: 01.11.2021).

Max Planck Gesellschaft (2021): *Mütterliche Gene beeinflussen das Altern der Kinder.* www.mpg.de/7507058/mitochondriale_dna_altern (Abfrage: 01.11.2021).

Merten, M. (2016): Poliomyelitis-Impfungen in Indien und Pakistan: Die Angst vor dem „Gift der Amerikaner". In: *Deutsches Ärzteblatt* 113 (4), S. A 128–129.

Mindstrong (2021): *How it works.* www.mindstrong.com/how-it-works/ (Abfrage: 01.11.2021).

Moderna (2013): *Presseerklärung.* www.investors.modernatx.com/news-releases/news-release-details/darpa-awards-moderna-therapeutics-grant-25-million-develop (Abfrage: 01.11.2021).

Mojtahedzadeh, N./Rohwer, E./Lengen, J./Harth, V./Mach, S. (2021): Gesundheitsfördernde Arbeitsgestaltung im Homeoffice im Kontext der Covid-19-Pandemie. In: *Zentralblatt für Arbeitsmedizin, Arbeitsschutz und Ergonomie* 71, S. 69–74.

Moriyama, M./Hugentobler, W./Iwasaki, A. (2020): Seasonality of Respiratory Viral Infections. In: *Annual Review of Virology*

7, S. 83–101. www.annualreviews.org/doi/10.1146/annurev-virology-012420-022445 (Abfrage: 01.11.2021).

Muzik, O./Reilly, K./Diwadkar, V. (2018): „Brain over body“ – a study on the willful regulation of autonomic function during cold exposure. In: *Neuroimage* 172, S. 632–641.

Nationales Zentrum Frühe Hilfen (2021): Website. www.fruehehilfen.de (Abfrage: 01.11.2021).

Nudgestock (o. J): Website. www.nudgestock.co.uk/ (Abfrage: 01.11.2021).

Nutcracker (2021): *Transformational mRNA Therapeutics at the Push of a Button.* www.nutcrackerx.com (Abfrage: 01.11.2021).

Osterloh, F. (2021): Das stille Leiden der Kinder und Jugendlichen. In: *Deutsches Ärzteblatt* 118 (39), S. B 1441–1444.

Paardekooper, C. (2021): *Death by Lottery – 5% of V Batches are Highly Toxic*. https://howbad.info/deathbylottery.pdf (Abfrage: 11.01.2022).

Paschke, K./Austermann, M. I./Simon-Kutscher, K./Thomasius, R. (2021): Adolescent gaming and social media usage before and during the Covid-19 pandemic. Interim results of a longitudinal study. In: *Sucht* 67 (1), S. 13–22.

Pirkis, J./John, A./Shin, S./DelPozo-Banos, M./Arya, V./Analuisa-Aguilar, P./Spittal, M. J. et al. (über 50 Autor*innen) (2021): Suicide trends in the early months of the Covid-19 pandemic: an interrupted time-series analysis of preliminary data from 21 countries. In: *The Lancet Psychiatry* 8 (7), S. 579–588.

Pörksen, B. (2020): Das Aushalten der Welt. In: Kleve, H./Roth, S./Simon, F. (Hrsg.): *Lockdown: das Anhalten der Welt. Debatte zur Domestizierung von Wirtschaft, Politik und Gesundheit.* Heidelberg: Carl-Auer, S. 192–203.

project-syndicate (2021): Website. www.project-syndicate.org/ (Abfrage: 01.11.2021).

Redecker, A. (2021): Das Unbehagen am Unternehmerischen – Erwachsene Rationalität zwischen fremdbestimmter Selbststeuerung und eigensinniger Widerständigkeit. In: Noack Napoles, J./Schemmann, M./Zirfas, J. (Hrsg.): *Pädagogische Anthropologie der Erwachsenen.* Weinheim, Basel: Beltz Juventa, S. 97–113.

Reichardt, A. (2021): Lernen im Schwarm. In: *Deutsches Ärzteblatt* 118, S. 35–36, S. B 1306–1308.

Reichert, J./Berner, R. (2021): Familiär verinselt im Lockdown. In: *Deutsches Ärzteblatt* 118 (8), S. B 345–347.

Riedel Heller, S./Richter, D. (2020): Covid 19 Pandemie trifft auf Psyche der Bevölkerung: Gibt es einen Tsunami psychischer Störungen? In: *Psychiatrische Praxis* 47 (8), S. 452–456.

Ringel, E. (1981): *Das Leben wegwerfen? Reflexionen über Selbstmord.* Wien: Herder.

RKI (2012): *Faktenblatt zu GEDA 2012. Ergebnisse der Studie „Gesundheit aktuell 2012".* www.rki.de/DE/Content/Gesundheitsmonitoring/Gesundheitsberichterstattung/GBEDownloadsF/Geda2012/Alkoholkonsum.pdf?__blob=publicationFile (Abfrage: 01.11.2021).

RKI (2018): *Allergische Erkrankungen bei Kindern und Jugendlichen – Querschnittsergebnisse aus KIGGS Welle 2 und Trends.* www.rki.de/DE/Content/Gesundheitsmonitoring/Gesundheitsberichterstattung/GBEDownloadsJ/Focus/JoHM_03_2018_Allergische_Erkrankungen_KiGGS-Welle2.pdf?__blob=publicationFile (Abfrage: 01.11.2021).

RKI (2020): *Modellierung von Beispielszenarien der SARS-CoV-2-Epidemie 2020 in Deutschland.* https://www.rki.de/DE/Content/InfAZ/N/Neuartiges_Coronavirus/Modellierung_Deutschland.pdf?__blob=publicationFile (Abfrage: 04.01.2022).

Rohde-Dachser, C. (2021): Die Wahl, die wir haben. In: Rohde-Dachser, C. (Hrsg.): *Was sich verändert und was bleibt. Psychoanalytische Beiträge über Vergänglichkeit, den Wunsch nach Unsterblichkeit und das Leben im Augenblick.* Gießen: Psychosozial, S. 325–340.

Rönnau-Böse, M./Fröhlich-Gildhoff, K. (2015): *Resilienz und Resilienzförderung über die Lebensspanne.* Stuttgart: Kohlhammer.

Röper, T. (2022): *Inside Corona. Die Pandemie, das Netzwerk & die Hintermänner.* Gelnhausen: J.K. Fischer.

Roth, S. (2020): Simulation und Einschwörungstheorie. In: Kleve, H./Roth, S./Simon, F. (Hrsg.): *Lockdown: das Anhalten der Welt. Debatte zur Domestizierung von Wirtschaft, Politik und Gesundheit.* Heidelberg: Carl-Auer, S. 85–87.

Rubin, Y. (2020): Zur Biologie der Solidarität. Oder: Fehlende theoretische Perspektiven Sozialer Arbeit während der Corona-Pandemie. In: Lutz, R./Steinhaussen, J./Kniffki, J. (Hrsg.): *Corona, Gesellschaft und Soziale Arbeit. Neue Perspektiven und Pfade.* Weinheim, Basel: Beltz Juventa, S. 342–353.

RWI – Leibniz-Institut für Wirtschaftsforschung (TU Berlin) (2021): *Analysen zum Leistungsgeschehen der Krankenhäuser und zur Ausgleichspauschale in der Corona-Krise. Ergebnisse für den Zeitraum Januar bis Dezember 2020. Im Auftrag des Bundesministeriums für Gesundheit.* https://www.bundesgesundheitsministerium.de/fileadmin/Dateien/3_Downloads/C/Coronavirus/Analyse_Leistungen_Ausgleichszahlungen_2020_Corona-Krise.pdf (Abfrage 20.11.2021)

Sahinol, M./Coenen, C./Motika, R. (Hrsg.) (2020): *Upgrades der Natur, künftige Körper.* Wiesbaden: Springer VS.

Samson, D. (2022): *Eklatanter Interessenkonflikt bei Reuters Faktencheck-Chef.* https://reitschuster.de/post/eklatanter-interessenkonflikt-bei-reuters-faktencheck-chef/ (Abfrage: 23.01.2022).

Scb (2021): *Livslängden i Sverige 2011-2020.* https://www.scb.se/contentassets/f71836afa6a54689973eb6336347650c/be0701_2011i20_br_be51br2104.pdf (Abfrage: 12.01.2022).

Schlenger, R. (2021): Die Impfentscheidung für Kinder soll wohl individuell bleiben. In: *Deutsches Ärzteblatt* 118 (51–52), S. B 2005–2009.

Schmitz, H. (2021): Zukunftsvision ohne Konnektoren. In: *Deutsches Ärzteblatt* 118 (43), S. B 1641.

Schmitz, R./Poethko-Müller, C./Reiter, S./Schlaud, M. (2011): Vaccination status and health in children and adolescents—findings of the German health interview and examination survey for children and adolescents (KiGGS). In: *Deutsches Ärzteblatt International* 108(7), S. 99–104. www.doi.org/10.3238/arztebl.2011.0099.

Schneider, P. (2020): *Normal, gestört, verrückt.* Stuttgart: Schattauer.

Schreyer, P. (2020): *Chronik einer angekündigten Krise.* Frankfurt: Westend.

Schützwohl, M./Mergel, E. (2020): Teilhabemöglichkeit, Partizipation, Inklusion und psychisches Befinden im Zusammenhang mit Ausgangsbeschränkungen aufgrund SARS-CoV-2. In: *Psychiatrische Praxis* 47 (6), S. 308–318.

Segreto, R./Deigin, Y. (2021): The genetic structure of SARS-CoV-2 does not rule out a laboratory origin. In: *BioEssays* 43 (3) www.onlinelibrary.wiley.com/doi/epdf/10.1002/bies.202000240 (Abfrage: 01.11.2021).

Seithe, M. (2021): Jugendhilfe und Corona – Schicksalsschlag, Kollateralschäden oder Strategie? In: Lutz, R./Steinhaussen, J./Kniffki, J. (Hrsg.): *Corona, Gesellschaft und Soziale Arbeit.*

Neue Perspektiven und Pfade. Weinheim, Basel: Beltz Juventa, S. 35–48.

Simonetti, A./Pais, C./Jones, M./Cipriani, M./Janiri, D./Monti, L./Landi, F./Bernabei, R./Liperoti, R./Sani, G. (2020): Neuropsychiatric Symptoms in Elderly With Dementia During Covid-19 Pandemic: Definition, Treatment, and Future Directions. In: *Front Psychiatry* 11. https://www.frontiersin.org/articles/10.3389/fpsyt.2020.579842/full (Abfrage: 19.02.2022).

Stahl, B. C. (2021): *Artificial Intelligence for a Better Future*. Cham: Springer.

Statista (2021): *Anzahl der durch Jugendämter festgestellten Kindeswohlgefährdungen in Deutschland von 2013 bis 2020*. www.statista.com/statistik/daten/studie/1175170/umfrage/festgestellte-kindeswohlgefaehrdung-in-deutschland/ (Abfrage: 01.11.2021).

Stiftung Charite (2021): *Vorstand und Mitarbeiter*. www.stiftung-charite.de/stiftung-charite/vorstand-und-mitarbeiter (Abfrage: 03.11.2021).

STIKO Empfehlung (2022): *Beschluss der STIKO zur 16. Aktualisierung der COVID-19-Impfempfehlung*. www.rki.de/DE/Content/Infekt/EpidBull/Archiv/2022/Ausgaben/02_22.pdf?__blob=publicationFile (Abfrage: 04.01.2022).

Stonawski, V./Frey, S./Golub, Y./Moll, G./Heinrich, H./Eichler, A. (2017): *Affektive Belastungen der Mutter in der Schwangerschaft und assoziierte epigenetische Veränderungen beim Kind: Eine Übersicht*. https://econtent.hogrefe.com/doi/10.1024/1422-4917/a000515 (Abfrage: 11.01.2022).

Storm, A. (2021): *Kinder- und Jugendreport 2020*. www.dak.de/dak/gesundheit/kinder--und-jugendreport-2020-2433524.html#/ (Abfrage: 01.11.2021).

Tablet Magazine (2021): *How the pandemic is changing the norms of science.* www.tabletmag.com/sections/science/articles/pandemic-science (Abfrage: 03.11.2021).

Tenoftheday (2021): *Die 10 größten Werbeagenturen der Welt.* www.tenoftheday.de/die-10-groessten-werbeagenturen-der-welt/ (Abfrage: 01.11.2021).

Thacker, P. D. (2021): Covid-19: Researcher blows the whistle on data integrity in Pfizer's vaccine trial. *BMJ* 2021;375:n2635. www.bmj.com/content/375/bmj.n2635 (Abfrage: 01.11.2021).

Thaler, R./Sunstein, C. (2010): *Nudge: Wie man kluge Entscheidungen anstößt.* Berlin: Ullstein.

Tomasello, M. (2006): *Die kulturelle Entwicklung des menschlichen Denkens.* Frankfurt: Suhrkamp.

Transcript (2020): *Die Coronagesellschaft.* www.youtube.com/watch?v=JGPX3OyLmP8 (Abfrage: 01.11.2021).

UKE (2020): *Pressemitteilung: UKE-Studie zeigt erhöhte Rate von Thrombosen und Lungenembolien bei Covid-19-Patienten.* www.uke.de/allgemein/presse/pressemitteilungen/detailseite_94336.html (Abfrage: 01.11.2021).

Van der Kolk, B. (2021): *Verkörperter Schrecken.* 17. Auflage. Lichtenau: Probst.

Vanguard (2021): *Facts about Vanguard.* www.about.vanguard.com/who-we-are/fast-facts/ (Abfrage: 01.11.2021).

Vejon Health (2021): *Meeting of the Covid 19 Giants.* www.youtube.com/watch?v=qP31cfD3YOY (Abfrage: 01.11.2021).

Weinmann, S./Bechdolf, A./Greve, N. (2021): *Psychiatrische Krisenintervention zu Hause. Das Praxisbuch zu StäB & Co.* Köln: Psychiatrie.

Welthungerhilfe (2020): 28.12.2020 *Pressemitteilung „Corona ist Brandbeschleuniger für Hunger und Armut".* www.welthungerhilfe.

de/presse/pressemitteilungen/2020/corona-ist-brandbeschleuniger-fuer-hunger-und-armut/ (Abfrage: 01.11.2021).

WHO (o. J.): *Constitution of the World Health Organisation.* https://apps.who.int/gb/bd/PDF/bd47/EN/constitution-en.pdf (Abfrage: 04.01.2022).

WHO (2008): *Closing the gap in a generation: health equity through action on the social determinants of health*. www.who.int/publications/i/item/9789241563703 (Abfrage: 01.11.2021).

WHO (2021): *Audited financial statements.* www.cdn.who.int/media/docs/default-source/documents/about-us/accountability/a74_29-en.pdf?sfvrsn=13ad4db1_1&download=true (Abfrage: 01.11.2021).

WHO Europa (2007): *Towards Health Security*. www.euro.who.int/__data/assets/pdf_file/0006/78990/E90175.pdf (Abfrage: 01.11.2021).

WHO Europa (2018): *Gesundheit als Menschenrecht*. www.euro.who.int/de/about-us/partners/news/news/2018/12/health-is-a-human-right (Abfrage: 01.11.2021).

WHO Europa (o. J.): *Ottawa Charta*. www.euro.who.int/__data/assets/pdf_file/0006/129534/Ottawa_Charter_G.pdf (Abfrage: 01.11.2021).

Wikipedia (o. J.): *Clemens Arvay*. https://de.wikipedia.org/wiki/Clemens_Arvay (Abfrage: 01.11.2021).

Wise, T. (2019): *Eating Tomorrow. Agribusiness, Family Farmers, and the Battle for the Future of Food*. New York: The New Press.

World Bank (2020): *Covid-19 to add as many as 150 Million Extreme Poor by 2021*. www.worldbank.org/en/news/press-release/2020/10/07/covid-19-to-add-as-many-as-150-million-extreme-poor-by-2021 (Abfrage: 01.11.2021).

World Council for Health (2021): *Early Covid-19 Treatment Guidelines: A Practical Approach to Home-based Care for*

Healthy Families. www.worldcouncilforhealth.org/wp-content/uploads/2021/09/WCH-At-Home-Treatment-Guide_30-Sept-2021.pdf (Abfrage: 01.11.2021).

Worm, N. (2009): *Heilkraft D – Wie das Sonnenvitamin vor Herzinfarkt, Krebs und anderen Zivilisationskrankheiten schützt.* Lünen: systemed.